Krüger

Lateinisches Unterrichtswerk

Text- und Übungsbuch
für Latein als 2. Fremdsprache

Zweiter Teil

Neufassung
von Hans Jürgen Hillen
in Zusammenarbeit mit Gerd Schäfer

Verlag Moritz Diesterweg
Frankfurt am Main

Genehmigt für den Gebrauch in Schulen.
Genehmigungsdaten teilt der Verlag auf Anfrage mit.

ISBN 3-425-06818-0

Umschlagentwurf: Atelier Richter, Seeheim-Jugenheim
Umschlagfoto: Hirmer Fotoarchiv, München
Kartographie: Joachim Zwick, Gießen
Satz und Druck: Appl, Wemding
Bindung: Großbuchbinderei Monheim

Inhaltsverzeichnis

Erklärung der Symbole:

A   Arbeitstext der Lektion

S   Sprichwörter, Sentenzen, geflügelte Worte u. ä.

📖   Leseabschnitt

ZT   Zusatztext

Vorwort

Nach dem Durcharbeiten der *Texte* des 2. Bandes dürften die Schüler – sowohl was das Sprachwissen als auch was die Fähigkeit zur Texterschließung angeht – für die Lektüre der Schriftsteller gerüstet sein. Als Anfangslektüre ist vor allem, aber nicht ausschließlich, Caesar ins Auge gefaßt.

Bei den *grammatischen Pensen* sind aufgrund sprachstatistischer Untersuchungen und in Anlehnung an die Richtlinien der einzelnen Bundesländer deutliche Akzente gesetzt. Die große Materialfülle des Übungsteils gestattet es dem einzelnen Lehrer, das in den Texten Gebotene nach eigener Entscheidung zu festigen und zu vertiefen.

Nachdem im 1. Band schon eine Menge Verse und Versgruppen, auch kurze Epigramme und Strophen vorkamen, werden im 2. Band als *Zusatztexte* in sich geschlossene Proben lateinischer Dichtung aus der Antike und dem Mittelalter vorgeführt. Ihre Behandlung ist fakultativ. Alle unbekannten Vokabeln sind hier in Fußnoten angegeben und werden im folgenden nicht vorausgesetzt; neue grammatische Erscheinungen kommen in den Zusatztexten nicht vor*.

Die Zahl der Lernvokabeln in beiden Bänden des Unterrichtswerks beträgt insgesamt ca. 1470; darunter sind 313 Verben (einschließlich Komposita) mit Stammformen. 1000 dieser Vokabeln, darunter 139 Verben mit Stammformen, haben die Schüler bereits im 1. Teil des Lehrgangs gelernt. Der systematischen Wiederholung dieser Vokabeln soll die *Zusammenstellung der Vokabeln des 1. Teiles nach Wortfamilien* (S. 126 ff.) dienen. Dadurch, daß im Wörterverzeichnis der einzelnen Lektionen von Anfang an ständig auf bereits bekannte Vokabeln hingewiesen wird, und durch die wortkundlichen Übungen sind die Schüler auf diese Methode der Festigung des Vokabelschatzes gut vorbereitet.

Im *Grammatischen Beiheft* (Best.-Nr. 6823) sind die in beiden Teilen des Unterrichtswerkes vorkommenden sprachlichen Erscheinungen übersichtlich zusammengefaßt. Durch die enge Anlehnung an das Grammatische Beiheft des 1. Teiles wird dem Schüler deutlich, daß die grammatischen Stoffe des 2. Teiles sich organisch dem System des im 1. Teil Gelernten ein- und anfügen.

Ein herzlicher Dank gilt den vielen Fachkollegen, die unsere Arbeit durch schriftliche oder mündliche Anregungen gefördert haben, ganz besonders abermals Herrn Uwe Theiß (Wesel) für eine äußerst gewissenhafte und gründliche Durchsicht des gesamten Manuskripts und Herrn Prof. Dr. Willibald Heilmann (Mühlheim/Main) für seine wertvollen Ratschläge zur Gestaltung auch des 2. Teiles unseres Unterrichtswerkes.

---

* Eine Ausnahme bildet der abhängige Fragesatz im „Dies irae" (XLI ZT), der an dieser Stelle erklärt werden muß und zugleich eine Vorübung für XLII bildet.

Übersicht über die Themen und Lernziele der einzelnen Lektionen

—

VIII

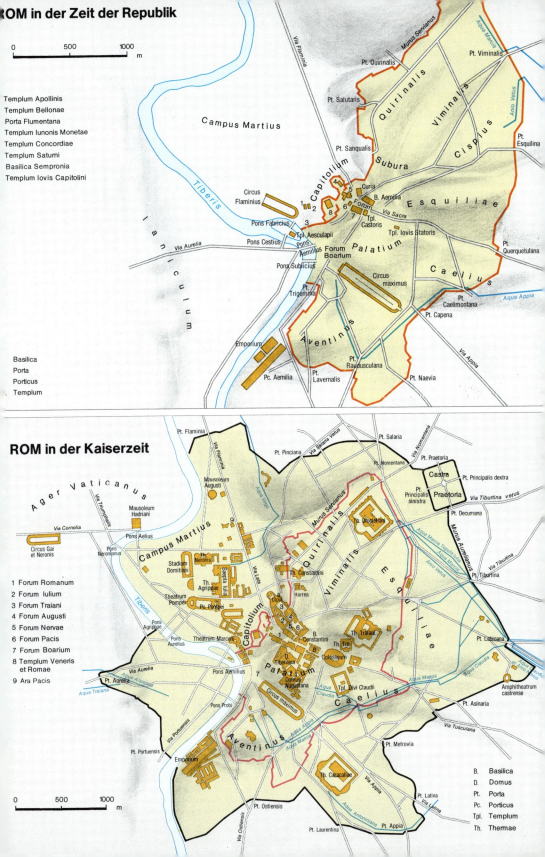

ROM in der Zeit der Republik

0 500 1000 m

Templum Apollinis
Templum Bellonae
Porta Flumentana
Templum Iunonis Monetae
Templum Concordiae
Templum Saturni
Basilica Sempronia
Templum Iovis Capitolini

Basilica
Porta
Porticus
Templum

Campus Martius

Tiberis

Ianiculum

Via Aurelia

Via Flaminia

Murus Servianus

Aqua Marcia

Anio Vetus

Pt. Quirinalis
Pt. Viminalis
Pt. Salutaris
Quirinalis
Viminalis
Cispius
Pt. Esquilina
Pt. Sanqualis
Subura
Esquiliae
Capitolium
Curia
B. Aemilia
Forum
Via Sacra
Tpl. Iovis Statoris
Pt. Querquetulana
Tpl. Castoris
Tpl. Aesculapii
Pons Aemilius
Forum Boarium
Palatium
Caelius
Pons Fabricius
Pons Cestius
Pons Sublicius
Circus Flaminius
Circus maximus
Aqua Appia
Pt. Trigemina
Pt. Caelimontana
Pt. Capena
Via Appia
Emporium
Aventinus
Pt. Raudusculana
Pc. Aemilia
Pt. Lavernalis
Pt. Naevia

ROM in der Kaiserzeit

1 Forum Romanum
2 Forum Iulium
3 Forum Traiani
4 Forum Augusti
5 Forum Nervae
6 Forum Pacis
7 Forum Boarium
8 Templum Veneris et Romae
9 Ara Pacis

Ager Vaticanus
Via Cornelia
Via Triumphalis
Circus Gai et Neronis
Mausoleum Hadriani
Pons Aelius
Pons Neronianus
Campus Martius
Mausoleum Augusti
Pt. Flaminia
Pt. Pinciana
Pt. Salaria
Pt. Salaria Vetus
Via Flaminia
Aqua Virgo
Via Salaria Vetus
Via Nomentana
Pt. Nomentana
Pt. Praetoria
Castra
Praetoria
Pt. Principalis dextra
Pt. Principalis sinistra
Via Tiburtina vetus
Pt. Decumana
Tiberis
Stadium Domitiani
Th. Neronis
Th. Agrippae
Saepta Iulia
Via Lata
Th. Constantini
Tpl. Diocletiani
Quirinalis
Viminalis
Esquiliae
Murus Servianus
Aqua Marcia Tepula Iulia
Anio Vetus
Aqua Claudia
Aqua Marcia
Murus Aurelianus
Via Tiburtina
Pt. Tiburtina
Theatrum Pompei
Pc. Pompei
Horrea
Theatrum Marcelli
B. Ulpia
Capitolium
B. Constantini
Th. Traiani
Th. Titi
Colosseum
Pt. Labicana
Pons Agrippae
Pons Aurelius
Via Aurelia
Pt. Aurelia
Aqua Traiana
Pons Aemilius
Pons Probi
Palatium
Tiberiana
Domus Augustana
Circus maximus
Tpl. Divi Claudii
Aqua Claudia
Caelius
Aqua Appia
Aqua Marcia
Amphitheatrum castrense
Aqua Claudia et Anio novus
Pt. Asinaria
Aqua Alsietina
Pt. Portuensis
Emporium
Aventinus
Aqua Marcia
Pt. Metrovia
Via Tusculana
Via Appia
Th. Caracallae
Via Ostiensis
Pt. Ostiensis
Aqua Antoniniana
Pt. Latina
Via Latina
Pt. Appia
Pt. Laurentina

0 500 1000 m

B. Basilica
D. Domus
Pt. Porta
Pc. Porticus
Tpl. Templum
Th. Thermae

IMPERIUM ROMANUM

Oceanus

Oceanus

Germanicus

Hibernia

Atlanticus

BRITANNIA

Vallum
Hadrianum

Suebi

Londinium

Germ.
inf. **GERMANIA**

Belgica Colonia
Agr.

Limes

Lutetia Mogontiacum

Castra Regina

Cenabum Augusta
Trev.

Limes

GALLIA

Vesontio

Augusta
Vindel.

Vindobona

Noricum

Germania sup.

Raetia

Burdigala

Legdunum

Dravus

Mediolanum

Aquileia

Pannoni

Aquitania

Gallia cisalpina

Ravenna

Savus

ILLYR

Narbonensis

Dalmatia

Narbo

Massilia

Genua

Mare Adriaticum

HISPANIA

Corsica

ITALIA

Toletum

ROMA

Brundi

Tarraco

Tarent

Saguntum

Sardinia

Mare

Neapolis

Corduba

Baleares

Thyrrhenum

Baetica

Gades

Nova Carthago

Panormus

Sicilia

Ion

Mauretania

Agrigentum

Syracusae

Carthago

A F R I C A

Numidia

Thapsus

Sy
ma

Syrtis
minor

Africa proconsularis

IMPERIUM ROMANUM

0   500
             km

S A R M A T I A

Tanais

Borysthenes

Tyras

Mare Caspium

D a c i a

Hister

Moesia

Thracia

Byzantium

Nicomedia

Macedonia

Thessalonice

Pergamum

Mare

Lydia

Ephesus

Athenae

Miletus

Corinthus

mpia

Sparta

Aegaeum

Creta

Pontus   Euxinus

Colchis

Cyrus

A r m e n i a

Pontus

Bithynia

Ancyra

Halys

A S I A

C i l i c i a

Tarsus

Lycia

Rhodus

Cyprus

Mesopotamia

Euphrates

Tigris

Arazes

REGNUM
PARTHORUM

Ctesiphon

Antiochia

Syria

Palmyra

Babylon

Sidon

Damascus

Tyrus

Phoenicia

Babylonia

Galilaea

Nazareth

Judaea

Hierosolyma

Bethlehem

e   r   n   u   m

Cyrene

renaica

Pharus

Alexandria

Naucratis

Arabia

Memphis

Nilus

A R A B I A

Aegyptus

Sinus
Arabicus

cia

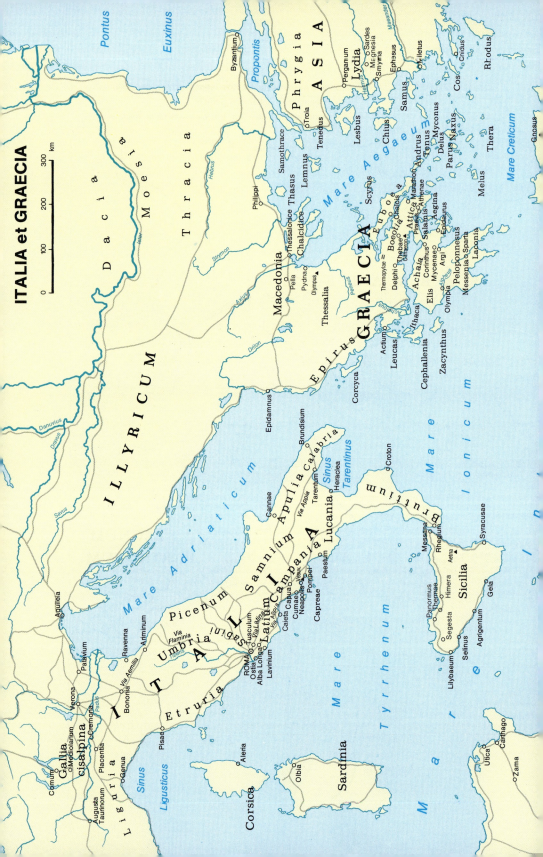

ITALIA et GRAECIA

km
300
200
100
0

Pontus *Euxinus*

Propontis
Byzantium

D a c i a
M o e s i a
Ister
T h r a c i a
Hebrus
Philippi
Strymon

P h r y g i a   A S I A
Pergamum
Sardes
Magnesia
Smyrna
Ephesus
Lydia
Miletus
Troia
Tenedus
Lesbus   Chius
Maeander

Mare Aegaeum
Samothrace
Thasus
Samus
Lemnus
Andrus   Myconus
Tenus   Delus
Naxus
Parus
Scyrus
Thessalonice
Chalcidice
Melus
Thera
Mare Creticum
Cnosus

Pella
Macedonia
Pydna
Olympus▲
Thessalia
Peneus

G R A E C I A
Euboea
Thermopylae =
Delphi   Boeotia   Chalcis
Thebae   Marathon
Phocis   Attica
Athenae
Piraeus   Salamis
Achaia   Corinthus
Elis   Mycenae   Aegina
Olympia   Argi   Epidaurus
Peloponnesus
Messenia   Sparta
Laconia
Ithaca

Epirus
Aous
Actium
Leucas
Corcyca
Cephallenia
Zacynthus

Drilon

I L L Y R I C U M
Danuvius
Savus
Dravus
Aquileia

Mare Adriaticum

Epidamnus
Brundisium
Tarentum
Sinus Tarentinus
Heraclea
Calabria
Apulia
Via Appia
Lucania
Mare
Croton
Rhegium
Messana
Aetna▲
Ionicum
Mare
Ionium

Cannae
Samnium
Campania
Picenum
Via Flaminia
Sabini
Latium
Paestum
Neapolis
Pompei
Capreae
Caieta   Cumae   Capua   Via Latina
Tusculum
ROMA   Via Appia
Ostia   Alba Longa
Lavinium
Tiberis
Umbria
I T A L I A
Via Aemilia
Bononia
Ravenna
Ariminum
Etruria
Pisae

Syracusae
Panormus
Thermae   Himera
Segesta
Lilybaeum   Selinus   Agrigentum   Gela
Sicilia
Mare Tyrrhenum

Patavium
Verona
Padus
Cremona
Comum
Mediolanum
Placentia
Gallia cisalpina
Liguria
Genua
Augusta Taurinorum

Aleria
Sinus Ligusticus
Corsica
Olbia
Sardinia
Utica
Carthago
Zama

Mare

Texte

XXXII

Epistula L. Annaei Senecae

A

SENECA LVCILIO SVO SALVTEM.

Quaeris a me: „Quid maxime vitare debeo?" – Turbam. Multa agitans, multa legens atque audiens hoc comperi. Turbae nos mandantes corrumpimur. Quo maior est multitudo, cui miscemur, eo plus periculi est. Nihil vero plus nocet bonis moribus quam spectaculo[1] interesse. Quid me existimas dicere? Crudelior
5 redeo et inhumanior, quia inter homines fui.

Nuper in meridianum[2] spectaculum veni aliquid laxamenti[3] exspectans; nam meridie[2] caedem intermittere solent, ut hominum oculi a sanguine quiescant. Sed falsam habui opinionem. Usque ad meridiem homines cum leonibus[4] et ursis[5] pugnaverant; nunc gladiatores[6] nulla munimenta[7] habentes totum cor-
10 pus ictibus[8] praebent. Non galea[9], non scuto[10] repellitur ferrum. Quid munimenta? Nihil nisi mortis mora sunt. Victores statim a multitudine furente[11] ad

---

1 spectāculum – das Schauspiel (vgl. spectāre) **2 merīdiēs, merīdiēī, *m.*** – der Mittag (vgl. medius, a, um; diēs); **merīdiānus, a, um** – zur Mittagszeit, Mittags- **3 laxāmentum** – die Erholung, Entspannung **4 leō, leōnis, *m.*** – der Löwe **5 ursus** – der Bär **6 gladiātor, gladiātōris, *m.*** – der Gladiator, Fechter (vgl. gladius) **7 mūnīmentum** – das Schutzmittel, der Schutz (vgl. mūnīre) **8 ictus, ūs** – der Schlag, Hieb, Stoß **9 galea** – der Helm **10 scūtum** – der Schild **11 furere, furō** – wüten, rasen, toben (vgl. furor)

Gladiatoren im Kampf mit wilden Tieren

1

Gladiatorenkampf; *Mosaik aus dem Moselland*

aliam caedem mittuntur; exitus pugnantium mors est. „Sed scelus commisit hic,
ille occidit hominem." Quid ergo? Quia occidit, ille meruit, ut hoc modo vexa-
retur. Tu quid meruisti miser, ut hoc spectes? Interea voces e turba audiuntur:
15 „Vulnera, occide! Quare tam timide pugnat? Quare parum audacter occidit?
Quare parum libenter mortem subit?"

    Nemo arcere potest vitia tanto impetu venientia; si inibis periculum a turba
imminens, corrumperis. Cave igitur turbam, ne tibi noceat. Sed vide, ne multos
oderis, quia tibi dissimiles sunt. Cum iis vitam age, qui te meliorem reddent;
20 illos admitte, quos tu potes reddere meliores. Hoc, mi Lucili, in animo con-
serva, ut contemnas voluptatem e turbae consensu venientem. Vale!

MVLTA PETENTIBVS MVLTA DESVNT.
SEMPER ALIQVID HAERET.
NE QVID NIMIS!

Grabinschrift:
DIC, ROGO, PRAETERIENS: SIT TIBI TERRA LEVIS.

Hausinschrift:
PAX INTRANTIBVS, SALVS EXEVNTIBVS.

Die Römer haben die Gladiatorenkämpfe von den Etruskern und Kampanern übernommen. Ursprünglich fanden solche Kämpfe nur bei Begräbnisfeiern angesehener Männer statt. Zum erstenmal geschah das 264 v.Chr., als die Söhne des D.Iunius Brutus Pera bei den Leichenspielen für ihren Vater drei Gladiatorenpaare auftreten ließen. Das Volk fand daran Gefallen, und seit dem 2.Jahrhundert v.Chr. wurden die Gladiatorenkämpfe, die es zunächst nur vereinzelt gegeben hatte, häufiger, und es traten mehr Gladiatoren auf als anfangs. Für 174 v.Chr. wird berichtet, daß in diesem Jahr mehrere Gladiatorenspiele stattfanden, die aber alle durch die Leichenfeier für T.Quinctius Flamininus in den Schatten gestellt wurden. Diese Leichenfeier dauerte insgesamt vier Tage; es gab ein großes Leichenmahl und eine Fleischspende an das Volk, Bühnenspiele wurden aufgeführt, und bei den Gladiatorenkämpfen, die sich über drei Tage hinzogen, traten 74 Kämpfer gegeneinander an.

Seit 105 v.Chr. wurden Gladiatorenkämpfe auch offiziell vom römischen Staat veranstaltet. Fortan waren sie eines der sichersten Mittel, die Gunst des Volkes zu gewinnen.

Die Gladiatoren waren Kriegsgefangene, Sklaven, Verurteilte oder Berufskämpfer. Die Kämpfe wurden zuerst auf öffentlichen Plätzen durchgeführt, seit der Mitte des 1.Jahrhunderts v.Chr. wurden für die Gladiatorenkämpfe und andere Veranstaltungen eigene Amphitheater errichtet.

Gladiatorenspiele und Amphitheater gab es nicht nur in der Stadt Rom, sondern in allen Teilen des Römischen Reiches. Obwohl die Christen die blutigen Schauspiele strikt ablehnten, war die Abschaffung der bei der Masse beliebten Gladiatorenkämpfe schwierig. Erst im 6.Jahrhundert n.Chr. hörten sie ganz auf.

Das Amphitheater
von Trier
(um 100 n.Chr.)
*Rund 20 000 Zu-
schauer fanden
hier auf steinernen
Sitzreihen Platz.*

XXXIII

A De Papirio puero

Antiquis temporibus mos fuit senatoribus curiam cum praetextatis[1] filiis intra-
re. Hoc modo pueri munera senatorum et instituta civitatis cognoverunt atque
artem dicendi non ex praeceptis magistrorum, sed ex orationibus patrum didi-
cerunt.

5 Tum, cum in senatu res maior acta est eaque uno die decerni non potuit,
patribus placuit, ut ea res postero die perageretur et ut omnes de ea re tacerent.

Papirium puerum, qui cum patre in curia fuerat, mater res novas cognoscen-
di cupida interrogavit: „Quid, Papiri, in senatu patres egerunt?" Puer respondit:
„Id dici non licet; senatus enim statuit, ut omnes de ea re tacerent." Hoc re-
10 sponso mulier audiendi cupidior fuit: secretum[2] rei et silentium pueri animum
eius ad inquirendum[3] incitaverunt. Acrius interrogando igitur puerum ursit.
Tum puer lepidi[4] mendacii[5] consilium iniit. „In senatu", inquit, „alii censuerunt
rei publicae utilius esse unum duas uxores habere, alii unam duobus nuptam[6]
esse." Hoc illa ubi audivit, vehementissime sollicitata est, domum trepidans[7]
15 reliquit, ceteris matronis[8] audita nuntiavit.

Postridie ad senatum matrum familiae turba confluxit. Lacrimantes[9] atque
obsecrantes oraverunt, una potius ut duobus nupta esset quam ut uni duae.
Cum patres curiam intrantes causam illius tumultus nescirent, Papirius puer in
mediam curiam prodiit[10] et rem, sicut fuerat, narravit. Senatus fidem atque in-
20 genium pueri valde laudavit et constituit, ne posthac[11] pueri cum patribus curiam intrarent praeter illum unum Papirium, atque puero postea honoris causa
cognomen Praetextati additum est ob tacendi et dicendi in aetate praetextae[1]
prudentiam.

---

1 praetextātus – mit der **praetexta** bekleidet; vgl. den Lesetext   **2 sēcrētum** – das Geheim-
nisvolle, das Geheimnis   **3 inquīrere, inquīrō, inquīsīvī, inquīsītum** – untersuchen, nach-
forschen (vgl. quaerere)   **4 lepidus, a, um** – nett; witzig, geistreich   **5 mendācium** – die
Lüge   **6 nupta** – verheiratet *(von der Frau gesagt)*   **7 trepidāre** – in Unruhe sein, sich un-
ruhig bewegen   **8 mātrōna** – die verheiratete Frau (vgl. māter)   **9 lacrimāre** – weinen
(vgl. lacrima)   **10 prōdīre, prōdeō, prōdiī, prōditum** – vortreten (vgl. prō; īre)   **11 post-
hāc** – von nun an, in Zukunft (vgl. post; hic, haec, hoc)

S DOCENDO DISCIMVS.
NIHIL AGENDO HOMINES MALE AGERE DISCVNT.
FAMA CRESCIT EVNDO.
TVM TVA RES AGITVR, PARIES CVM PROXIMVS ARDET.

paries, parietis, *m.* – die Wand, Mauer

Otto von Bismarck (1815–1898):
PATRIAE SERVIENDO CONSVMOR.

Das Hauptkleidungsstück der Römer war die Tunica, ein hemdartiges Gewand, das bis zu den Knien reichte und durch einen Gürtel zusammengehalten und gerafft wurde. Ursprünglich war die Tunica ärmellos, später hatte sie kurze Ärmel. Die Tunica des einfachen Bürgers war einfarbig (häufig weiß oder blau, bei Handwerkern gewöhnlich braun).

Der römische Mann trug darüber in der Öffentlichkeit die Toga, einen halbrund geschnittenen weißen Umwurf mit etwa 5 m Durchmesser und 3 m Breite, der nach genauen Regeln angelegt wurde. Die Toga unterschied den römischen Bürger vom Nichtrömer und vom Unfreien.

Senatoren trugen auf der Vorder- und Rückseite einer weißen Tunica vom Hals abwärts zwei breite, Ritter zwei schmale Purpurstreifen; die Tunica mit den Purpurstreifen wurde ohne Gürtel getragen. Bei den hohen Staatsbeamten vom kurilischen Ädil an aufwärts (s. S. 22) war dazu auch noch die Toga am Rand mit einem Purpurstreifen besetzt (toga praetexta, von praetexere, praetexō, praetexuī, praetextum – vorn anweben, vorn ansetzen).

Auch die Jungen trugen bis zum 15. oder 16., manchmals sogar bis zum 17. Lebensjahr die Toga praetexta. Dann legten sie feierlich die weiße Männertoga (toga virīlis) an; gewöhnlich geschah das am 17. März, manchmal auch am Geburtstag. Von diesem Tage an galten sie als erwachsen und als Vollbürger.

Die römischen Frauen trugen ebenfalls eine Tunica, die aber im Gegensatz zu der Männertunica bis zu den Knöcheln ging. Darüber kam die Stola, ein bis zu den Füßen reichendes Kleid, das am Saum verziert war. Außerhalb des Hauses legte die Römerin oft noch die Palla um, einen breiten, prächtigen Umwurf.

Römer und Römerin
(um 75 n. Chr.)

A *Die Helvetier waren ein besonders kriegerischer gallischer Stamm. Sie hatten sich von Orgetorix, ihrem reichsten und mächtigsten Mann, einreden lassen, ihr Gebiet, das von den Alpen, dem Rhein, dem Jura und der Rhone begrenzt wurde, sei für ihre Bevölkerung zu eng und entspreche nicht ihrer Bedeutung. Deshalb wollten sie auswandern und sich neue und bessere Wohnsitze suchen. Drei kleinere Nachbarstämme, die Rauracer, die Tulinger und die Latobriger, schlossen sich ihrem Zuge an, ebenso eine Gruppe der Bojer, die ihre Wohnsitze in Böhmen verlassen und sich ohne rechten Erfolg in Noricum festzusetzen versucht hatte.*

De bello Helvetiorum

Anno a. u. c.[1] sescentesimo nonagesimo sexto Helvetii sociique eorum ad ripam Rhodani conveniebant, ut domo exirent. Oppida sua omnia, numero ad[2] duodecim, vicos[3] ad quadringentos, reliqua privata ac separata aedificia incenderant, ut omnia pericula subire paratiores essent.

5 Caesari cum id nuntiatum esset, ab urbe quam celerrime in Galliam Ulteriorem contendit. Helvetii, ubi eum adesse compererunt, legatos ad eum miserunt rogatum, ut per provinciam Romanam ire sibi liceret. Id Caesar provinciae periculosum esse putabat. Tamen moram quaerens legatis respondit, ut post diem quintum decimum redirent.

10 Interea a lacu Lemanno ad montem Iuram milia passuum undeviginti vallum in altitudinem pedum sedecim fossamque perduxit[4]. Ubi ea dies, quam constituerat cum legatis, venit et legati ad eum redierunt, negavit se more et exemplo populi Romani posse iter iis per provinciam dare.

Gallischer Adliger
Denar aus der Zeit Caesars

Römischer Legionär

Helvetii, postquam munitiones Romanorum nonnullos dies frustra tempta-
verunt, per fines Sequanorum suas copias in Haeduorum fines traduxerunt et
eorum agros vastaverunt. Haedui, cum se suaque ab iis defendere non possent,
legatos ad Caesarem miserunt rogatum auxilium. Hac re adductus Caesar Hae-
duos ab Helvetiorum iniuriis prohibere constituit et exercitum in fines Haeduorum duxit. Duobus proeliis Caesar Helvetios vicit et magnam partem eorum occidit. Qui superfuerunt, denique omnium rerum inopia adducti legatos
de deditione[5] ad eum miserunt. Caesar Helvetios sociosque eorum in fines suos
redire iussit, et quod omnes fruges[6] amiserant, Allobrogibus finitimis imperavit, ut eos frumento iuvarent.

In castris Helvetiorum tabulae repertae sunt, in quibus nominatim[7] ratio
habita erat armatorum et item separatim[8] puerorum, senum mulierumque.
Summa erat capitum Helvetiorum milia ducenta sexaginta tria, Tulingorum
milia triginta sex, Latobrigorum quattuordecim, Rauracorum viginti tria,
Boiorum triginta duo; ex his armatorum ad milia nonaginta duo. Summa omnium fuerunt ad milia trecenta duodeseptuaginta. Eorum, qui domum redierunt, fuit numerus milium centum et decem.

---

1 a. u. c. = ab urbe condita – seit Gründung der Stadt (Rom wurde nach der Sage am
21. April 753 v. Chr. gegründet.) **2 ad** *(bei Zahlen)* – an die, ungefähr **3 vicus** – das
Dorf **4 perducere, perduco, perduxi, perductum** – hinführen; (einen Wall) anlegen (vgl.
ducere) **5 deditio, deditionis,** *f.* – die Unterwerfung (vgl. dare) **6 fruges, frugum,** *f. pl.* –
die Feldfrüchte (vgl. fructus) **7 nominatim** *(Adv.)* – namentlich (vgl. nomen, nomi-
nare) **8 separatim** *(Adv.)* – getrennt, gesondert (vgl. separare)

VLTRA POSSE NEMO OBLIGATVR.

PRINCIPIBVS PLACVISSE VIRIS NON VLTIMA LAVS EST.

DISCIPVLVS EST PRIORIS POSTERIOR DIES.

ultrā *b. Akk.* – jenseits, über … hinaus   **obligāre** – verbinden, verpflichten   **posterior, posterius** *(Komparativ)* – der spätere, folgende (vgl. post, posterus)

Ovid über die Frauen im Theater:

Spectatum veniunt; veniunt, spectentur ut ipsae.

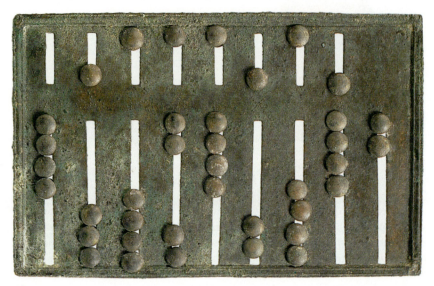

Abacus

 Als Rechenhilfe benutzten die Römer das Rechenbrett (abacus). Es war gewöhnlich aus Bronze und hatte etwa die Größe einer Postkarte. Für die Einer, Zehner, Hunderter usw. hatte der Abacus je einen langen Schlitz mit vier Gleitknöpfen (calculī*) und einen kurzen mit einem Gleitknopf. Der Gleitknopf in dem kurzen Schlitz bedeutete jeweils fünf Einheiten. Hatte man eine Fünferzahl erreicht oder überschritten, wurde jedesmal der zugehörige Fünferknopf verschoben. Entsprechend verschob man einen Knopf des nächsten Schlitzes, wenn eine Zehnerzahl erreicht oder überschritten wurde. Rechts von den Einern hatte der Abacus noch Schlitze und Gleitknöpfe für die Bruchrechnung (Rechensteinchen für $\frac{1}{12}$, $\frac{1}{24}$, $\frac{1}{36}$ und $\frac{1}{48}$).

---

* Ursprünglich Kalksteinchen; vgl. calx, calcis, f. – der Kalk

BRITANNIA

Oceanus Britannicus

Tamesis

Batavi

Neviomagus

Lupia

Morini
Menapii

Atrebates

Scaldis

Nervii

Eburones

Atuatuca

G
E
R
M
A
N
I
A

Sugambri

Ubii

Ambiani

Atuatuci

Belgae

Mosella

Treveri

Samarobriva

Mosa

Isara

Parisii

Durocortorum

Axona

Mediomatrici

Remi

Rhenus

Suebi

Nicer

Eburovices

Aulerci

Lutetia

Matrona

Leuci

Danuvius

Redones

Gallia

Sequana

Senones

Liger

Carnutes

Cenabum

Haedui

Alesia

Vesontio

Dubis

Sequani

Lacus Venetus

Veneti

Pictones

Avaricum

Bibracte

Mons Iura

Helvetii

RAETIA

Arar

Aventicum

Lacus Lemannus

Santoni

Bituriges

Gergovia

Arverni

Genava

Oceanus Atlanticus

Cadurci

Garunna

Vienna

Valentia

Alpes montes

Mediolanum

Rhodanus

Taurinorum urbs

Padus

Burdigala

Aquitani

Gallia Provincia

Gebenna mons

Arausio

Avennio

Gallia Citerior

Genua

Tolosa

Nemausus

Pompaelo

Carcaso

Narbo

Arelate

Massilia

Vascones

Pyrenaei montes

Hiberus

Emporiae

Corsica

Tarraco

Gallien zur Zeit Caesars

HISPANIA

Mare Internum

XXXV

A *Im zweiten Jahre seines Kommandos in Gallien griff Caesar die Belger an (vgl. Bd. I, S. 68). Ihre südlichen Stämme konnte er rasch zur Unterwerfung zwingen. Dann zog er ins Gebiet der Nervier, die östlich der Schelde lebten und als besonders wild und tapfer galten. Ihm war berichtet worden, daß sie ihre Streitkräfte an der Sambre zusammengezogen hatten. Sobald er den Fluß erreichte, begann er auf einer Anhöhe sein Lager aufzuschlagen. Das gegenüberliegende Ufer war hügelig; nur die ersten 300 m vom Ufer weg war das Gelände offen, dann schlossen sich dichte Wälder an. In dem freien Gelände zeigten sich einzelne feindliche Reiter. Römische Reiter und Leichtbewaffnete gingen über den Fluß und griffen die belgischen Reiter an, wagten aber nicht, sie in die Wälder zu verfolgen.*

De Nervico proelio

Subito hostes omnibus copiis e silvis provolaverunt impetumque in nostros equites dederunt. Facillime hos pepulerunt et incredibili celeritate ad flumen decucurrerunt[1], ut paene uno tempore et ad silvas et in flumine hostes viderentur. Eadem celeritate etiam ad nostra castra atque eos, qui in opere occupati
5 erant, contenderunt.

Caesari omnia uno tempore erant agenda: vexillum[2] proponendum, signum tuba[3] dandum, ab opere revocandi milites, ii, qui paulo longius aggerem[4] petitum processerant, arcessendi, acies instruenda, militum animi confirmandi. Harum rerum magnam partem temporis brevitas et impetus hostium impedie-
10 bat. His difficultatibus duae res erant subsidio: scientia atque usus militum et quod a suis legionibus legatos Caesar discedere vetuerat. Hi propter celeritatem hostium non iam Caesaris imperium exspectabant, sed per se necessarias res administrabant. Caesar, quod imprimis milites confirmandos esse putabat, ad proximos decucurrit. Breviter eos de sua pristina[5] virtute admonuit et, quod
15 non longe hostes aberant, proelium committi iussit. Atque in alteram partem cum item admonendi causa veniret, pugnantibus occurrit.

Multis locis vario eventu pugnabatur. In sinistra parte aciei nostri celeriter hostes ad alteram ripam et in silvas pepulerunt. Item media in parte duae legiones hostes ex loco superiore depulerunt et in ipsis fluminis ripis pugnabant. At
20 tota fere castra nudata[6] erant. Nervii tantum commodum[7] praetermittendum non esse existimabant et confertissimo[8] agmine ad eum locum contenderunt. Pars eorum summum castrorum locum petivit, pars legiones, quae in dextro cornu constiterant, ab aperto[9] latere circumvenit.

Caesar, ubi suos urgeri et magno rem esse in periculo vidit, scutum ab novis-
25 simis[10] uni militi detraxit, quod ipse eo sine scuto venerat, in primam aciem

10

processit, centuriones nominatim appellavit militesque irrumpere[11] in hostes iussit. Eius adventu militibus spes augebatur atque audacius resistebant, cum sibi quisque in conspectu imperatoris summa virtute pugnandum esse putaret, et paulum hostium impetus tardatus[12] est. Interim T. Labienus legatus, qui castra hostium occupaverat, ex loco superiore nostra castra multitudine hostium compleri vidit et decimam legionem subsidio nostris misit. Hi, cum tanto in periculo et castra et legiones et imperatorem esse cognovissent, celeriter advolaverunt. Eorum adventu proelium restitutum est et Nervii, quamquam fortissime restiterunt, victi sunt.

1 dēcurrere, dēcurrō, dēcucurrī, dēcursum – hinablaufen (vgl. currere) **2** vexillum – die Fahne; vexillum prōpōnere – die Fahne (auf dem Feldherrnzelt) aufstecken **3** tuba – die Trompete, Posaune **4** agger, aggeris, *m.* – das Material zum Aufschütten eines Dammes (Erde, Steine, Holz); der Damm **5** prīstinus, a, um – früher, ehemalig (vgl. prae; prius) **6** nūdāre – entblößen **7** commodum – der Vorteil, die günstige Gelegenheit **8** cōnfertus, a, um – dicht **9** apertus, a, um – offen, ungedeckt (vgl. aperīre) **10** novissimī – die Soldaten in den hinteren Reihen; die Nachhut (vgl. novus, a, um) **11** irrumpere, irrumpō, irrūpī, irruptum – einbrechen, eindringen (vgl. corrumpere) **12** tardāre – aufhalten

Caesar

S FABER EST SVAE QVISQVE FORTVNAE.

IVRIS PRAECEPTA SVNT HAEC:
HONESTE VIVERE,
ALTERVM NON LAEDERE,
SVVM CVIQVE TRIBVERE.

A VERBIS LEGIS NON EST RECEDENDVM.

NON OMNIS ERROR STVLTITIA DICENDA EST.

recēdere, recēdō, recessī, recessum – zurückweichen, sich entfernen, abweichen (vgl. cēdere) error, errōris, *m.* – die Irrfahrt, der Irrtum (vgl. errāre) stultitia – die Torheit,
Dummheit (vgl. stultus, a, um)

Es dauerte acht Jahre, von 58 bis 51 v. Chr., bis Caesar die Widerstandskraft der Gallier gebrochen hatte. Dann fügte sich Gallien der römischen Herrschaft und erholte sich verhältnis-
mäßig rasch von den schweren Wunden des Krieges. In den folgenden drei Jahrhunderten
war fast durchweg Frieden im Land (pax Romana), und Gallien entwickelte sich zu einem der
blühendsten Gebiete des römischen Reiches. Die römische Lebensordnung und die lateinische Sprache wurden weitgehend übernommen, ebenso das römische Schulwesen. Eine
reiche Bautätigkeit zeugte vom Wohlstand des romanisierten Gallien; zahlreiche Städte wurden gegründet und im Land Straßen, Brücken und Aquädukte angelegt.

Als seit der Mitte des 3. Jahrhunderts n. Chr. germanische Scharen nach Gallien eindran-
gen, stellten Römer und Gallier sich ihnen gemeinsam entgegen, konnten aber am Ende
nicht verhindern, daß auf gallischem Boden germanische Stammesreiche entstanden. Auch
diese Germanenreiche übernahmen die Sprache und Kultur, die sie im römischen Gallien
vorfanden. Das Frankenreich, das als einzige germanische Macht die Jahrhunderte der Völ-
kerwanderungszeit überdauerte, gab dieses Erbe schließlich an die mittelalterliche Staaten-
welt in Europa weiter.

Das Amphitheater
von Nîmes

Der Pont du Gard bei Nîmes

Die Stadt Nemausus (heute Nîmes) im südlichen Gallien wurde durch eine Wasserleitung von fast 50 km Länge mit gutem Trinkwasser aus dem Gebiet von Uzès versorgt. Die tägliche Leistung des Kanals ist auf 20 000 m³ bis 30 000 m³ berechnet worden. Im allgemeinen verläuft die Leitung in enger Anlehnung an das Gelände dicht über oder unter der Erdoberfläche. Das tief eingeschnittene Tal des Gard wird auf einer dreigeschossigen Brücke von fast 49 m Höhe überquert. Das Obergeschoß trägt die rund 1,65 m hohe und rund 1,35 m breite mit Steinplatten abgedeckte Rinne der Wasserleitung.

XXXVI

A De C. Caesaris adulescentis memorabili[1] facto

C. Iulius Caesar vicesimo quinto aetatis anno in insulam Rhodum navigare statuit, ut Apollonium Molonem, clarissimum tunc dicendi magistrum, audiret. Iam navis a Mileto non longe aberat, cum a piratis oppressa est. Apud quos Caesar non sine summa indignatione[2] ad quadraginta dies mansit cum uno me-
5 dico et servis duobus; nam comites servosque ceteros initio statim ad civitates Asiae dimiserat, ut pecuniam, quam piratae postulabant, expedirent[3]. Per omne spatium Caesar tanta fuit animi magnitudine[4], ut saepe per minas[5] iis supplicium denuntiaret[6]. Quod illi ut iocum irridebant[7].

Cum civitates Asiae adulescentem nobilissima urbis Romae gente natum red-
10 emissent[8], Caesar in litore expositus est. Qui compluribus navibus, quas celerrime contraxerat[9], piratas postera nocte petivit et in suam potestatem redegit[10]. Captivos custodiae mandavit et ad M. Iuncum proconsulem, qui tum Asiam provinciam obtinebat, contendit petens, ut supplicium de captivis sumeret[11]. Quod cum ille negavisset, Caesar incredibili celeritate rediit ad mare et, prius-
15 quam de ea re a proconsule venirent litterae, omnes captivos affixit[12] cruci.

1 memorābilis, memorābile – erwähnenswert, denkwürdig (vgl. memoria) **2** indignātiō, indignātiōnis, *f.* – die Entrüstung, Verärgerung, der Unwille (vgl. dignus, a, um) **3** expedīre – losmachen (vgl. impedīre); pecūniam expedīre – Geld auftreiben **4** animī magnitūdo – das Selbstvertrauen **5** minae, *pl.* – die Drohungen **6** dēnūntiāre – ankündigen, prophezeien (vgl. nūntiāre) **7** irridēre, irrideō, irrīsī, irrīsum – verlachen, verspotten **8** redimere, redimō, redēmī, redēmptum – zurückkaufen, loskaufen (vgl. emere) **9** contrahere, contrahō, contrāxī, contractum – zusammenziehen (vgl. trahere) **10** redigere, redigō, redēgī, redāctum – zurücktreiben, (in einen Zustand) bringen (vgl. agere); in suam potestātem redigere – in seine Gewalt bringen **11** supplicium dē captīvīs sūmere – an den Gefangenen die Todesstrafe vollziehen **12** affīgere, affīgō, affīxī, affīxum – anheften

S QVOD DI BENE VERTANT!
QVOD DI OMEN AVERTANT!
QVOD ERAT DEMONSTRANDVM.

HOMINI PLVRIMA EX HOMINE SVNT MALA.

Motto im Wappen der Vereinigten Staaten:
E PLVRIBVS VNVM.

14

Pompejus

67 v. Chr. gelang es Cn. Pompejus, die Seeräuber zu unterworfen. Im folgenden Jahr rief
Cicero in der Rede „De imperio Cn. Pompei" den Römern noch einmal die Schrecken der
Seeräuberplage in Erinnerung:

Zeugen für die Tüchtigkeit des Pompejus sind alle Küsten und alle Länder, Stämme und Völ-
kerschaften, schließlich alle Meere und an den Küsten alle Buchten und Häfen. Denn welcher
Platz am ganzen Meere bot während der letzten Jahre so starken Schutz, daß man dort sicher war, welcher war so entlegen, daß er verborgen blieb? Wer reiste zur See, ohne sich der
Gefahr des Todes oder der Sklaverei auszusetzen? Denn er mußte ja entweder im Winter
oder auf einem von Piraten beherrschten Meer reisen. Wer hätte je geglaubt, daß sich dieser
arge Krieg, der so schimpflich, so langwierig und so weit verzweigt war, von allen unseren
Feldherrn in einem Jahr oder von einem Feldherrn in all seinen Jahren beendigen lasse?
Welche Provinz konntet ihr in diesen Jahren von Seeräubern freihalten? Welche Steuerein-
nahme war euch sicher? Welchen Bundesgenossen habt ihr beschützt? Wem habt ihr mit
euren Flotten Beistand gewährt? Wie viele Inseln mögen verlassen, wie viele verbündete
Städte aus Furcht aufgegeben oder von Seeräubern besetzt worden sein?

Doch warum führe ich an, was sich in weiter Ferne zutrug? Früher einmal war es eine Besonderheit des römischen Volkes, weitab von der Heimat Krieg zu führen und mit den Streit-
kräften des Reiches das Hab und Gut der Verbündeten, nicht den eigenen Herd zu verteidigen. Soll ich erwähnen, daß die See in diesen Jahren für eure Bundesgenossen gesperrt
war, wo eure Heere nur im tiefen Winter von Brundisium aus überzusetzen wagten? Soll ich
die Gefangenschaft der Boten bedauern, die von auswärtigen Völkern zu euch kamen, wo
Abgesandte des römischen Volkes freigekauft werden mußten? Soll ich anführen, daß Kni-
dos, Kolophon, Samos und noch unzählige andere Orte erobert wurden, wo ihr doch wißt,
daß eure Häfen, die für euch lebenswichtig sind, in der Gewalt der Seeräuber waren? Oder
blieb euch etwa unbekannt, daß die Piraten den von Schiffen wimmelnden Hafen von Cajeta
vor den Augen eines Prätors geplündert haben? Daß aus Misenum die Kinder eben des
Mannes, der zuvor mit den Seeräubern Krieg geführt hatte, von den Seeräubern entführt wurden? Denn wozu soll ich die Schlappe von Ostia, diese Schmach und Schande unseres
Staates, beklagen, als die Flotte, deren Befehlshaber ein Konsul des römischen Volkes war,
fast vor euren Augen von den Piraten genommen und versenkt wurde?

XXXVII

A De suovetaurilibus[1]

Cum ver[2] incipit, agros lustrare[3] sic oportet: Pater familiae cum filiis et servis
suem[1], ovem[1] taurumque[1] terminos[4] circumagat[5], ne agri damnum capiant.
Omnes, qui sacris intersunt, vetera carmina canentes ad aram accedant atque
Iano Iovique libent[6]. Deinde pater familiae, dum ministri hostias[7] interficiunt
et viscera[8] excipiunt, Martem advocet: „Mars pater, te rogo atque oro, ut sis
propitius mihi, domui familiaeque nostrae. Qua de causa haec sacra facio, quae
quotannis faciebam quaeque faciam, dum solem conspiciam. Mars pater, fac,
ne calamitates accipiamus, ne aestus[9], ne imbres[10] damno afficiant segetes[11]
arboresque, ne rapiant lupi pecora. Effice, ut morbi fugiant, ut bene crescant
fruges, frumenta, vineae[12]."

1 suovetaurīlia, suovetaurīlium, *n. pl.* – das Reinigungsopfer; **sūs, suis,** *m./f.* – das
Schwein; **ovis, ovis, (ium),** *f.* – das Schaf; **taurus** – der Stier   **2** **vēr, vēris,** *n.* – der Frühling   **3** **lūstrāre** – reinigen, sühnen, entsühnen   **4** **terminus** – der Grenzstein, die Grenze
5 **circumagere, circumagō, circumēgī, circumāctum** *(m. Akk.)* – um ... treiben (vgl. agere)
6 **lībāre** – das Trankopfer spenden   **7** **hostia** – das Opfertier   **8** **vīscera, vīscerum,** *n. pl.*
– die Eingeweide   **9** **aestus, ūs** – die Glut, Hitze   **10** **imber, imbris, (ium),** *m.* – der Regen,
Regenschauer   **11** **seges, segetis,** *f.* – das Saatfeld, die Saat   **12** **vīnea** – der Weinberg,
Weinstock (vgl. vīnum)

INCIPE; DIMIDIVM FACTI EST COEPISSE.

ACCIPERE QVAM FACERE PRAESTAT INIVRIAM.

INCIDIS IN SCYLLAM CVPIENS VITARE CHARYBDIM.

Auf Benjamin Franklin (1706–1790):
ERIPVIT CAELO FVLMEN SCEPTRVMQVE TYRANNIS.

Römische Kinderverse zu einem Geschicklichkeitsspiel:
Rex erit, qui recte faciet;
qui non faciet, non erit.

dīmidium – die Hälfte (vgl. medius, a, um)   **incidere, incidō, incidī** – hineinfallen, hinein-
geraten (vgl. cadere)   **scēptrum** – das Zepter, die Herrschaft

Die Römer waren von tiefer Gottesfurcht erfüllt. Sie erwiesen den göttlichen Mächten, von denen sie sich im privaten und öffentlichen Leben abhängig fühlten, ihre Verehrung und suchten sie gnädig zu stimmen und ihre Hilfe zu erlangen. Geopfert wurde den Göttern nicht nur zu ihren Festen im Ablauf des Jahres, sondern auch vor wichtigen Unternehmungen; ein Beispiel dafür ist das Opfer zu Beginn der Wachstumsperiode ebenso wie die Hochzeitszeremonien oder die feierlichen Opfer zu Beginn eines Amtsjahres oder eines Feldzuges. In Dankopfern und Tempelweihungen wurde den Göttern für geleisteten Beistand gedankt.

Dem römischen Opfer haftet etwas Geschäftsmäßiges an: wenn der Mensch seine Pflicht den Göttern gegenüber erfüllte, erwartete er auch von den Göttern eine entsprechende Gegenleistung. Das Kultzeremoniell und der Wortlaut der vorgeschriebenen Gebetsformeln mußten auf das genaueste beachtet werden. Schon geringfügige Abweichungen machten das Opfer unwirksam, und die ganze Kulthandlung mußte wiederholt werden.

Auch die Versuche, den Willen der Götter aus den Eingeweiden der Opfertiere, aus dem Flug der Vögel, aus Donner und Blitz und anderen Zeichen zu erkunden, sind Ausdruck der Gottesfurcht. Ungewöhnliche Ereignisse wurden als Zeichen des göttlichen Zornes angesehen; ein Priesterkollegium suchte dann in den seiner Obhut anvertrauten heiligen Schriften nach geeigneten Sühnemaßnahmen.

Eingeweideschau

17

ZT Frühlingslieder aus dem Mittelalter

Mädchenklage

Floret silva nobilis	Floret silva undique;
floribus et foliis.	nâch mîme gesellen ist mir wê!
Ubi est antiquus	Gruonet der walt allenthalben.
meus amicus?	Wâ ist mîn geselle alsô lange?
5 Hinc equitavit.	Der ist geriten hinnen,
Eia, quis me amabit?	ôwî, wer sol mich minnen?

flōs, flōris, *m.* – die Blume, Blüte (vgl. flōrēre)   folium – das Blatt   hinc – von hier (vgl. hīc)   equitāre – reiten (vgl. equus)   eia! – ach!

Das Bauernmädchen und der Student

Exiit diluculo
rustica puella
cum grege, cum baculo,
cum lana novella.

Str. 1: **dīlūculum** – die Morgenfrühe (vgl. lūx)
grex, gregis, *m.* – die Herde (vgl. ēgregius)
baculus – der Stock, Stab
lāna – die Wolle, das Wollkleid
novellus, a, um – neu (vgl. novus)

5 Sunt in grege parvulo
ovis et asella,
vitula cum vitulo,
caper et capella.

Str. 2: **parvulus, a, um** – klein (vgl. parvus)
asella – das Eselchen
vitulus; vitula – das Bullenkalb; das Kuhkalb
caper; capella – der Ziegenbock; das Zicklein

Conspexit in caespite
10 scholarem sedere:
„Quid tu facis, domine?
Veni mecum ludere!"

Str. 3: **caespes, caespitis,** *m.* – der Rasen
scholāris, scholāris, (ium), *m.* – der Student
(vgl. schola)

Frühling

Ecce gratum
et optatum
ver reducit gaudia:
purpuratum
5 floret pratum,
sol serenat omnia.
Iam iam cedant tristia!
Aestas redit,
nunc recedit
10 hiemis saevitia.

redūcere, redūcō, redūxi, reductum –
zurückführen (vgl. dūcere)
purpurātus, a, um – purpurn
prātum – die Wiese
serēnāre – erheitern
tristis, triste – traurig, verdrießlich
aestās, aestātis, *f.* – der Sommer
hiems, hiemis, *f.* – der Winter
saevitia – das Wüten (vgl. saevus)

18

Liebeserklärung (Miniatur um 1230)

Frühling und Liebe

Ver redit optatum
cum gaudio,
flore decoratum
purpureo.
5 Aves edunt cantus quam dulciter!
Revirescit nemus,
campus est amoenus
totaliter.

Iuvenes, ut flores
10 accipiant
et se per odores
reficiant,
virgines assumant alacriter
et eant in prata
15 floribus ornata
communiter.

Str. 1: decorāre – schmücken **purpureus, a, um** – purpurn **avis, avis, (ium),** *f.* – der Vogel **cantus, ūs** – der Gesang, das Lied (vgl. canere) **dulcis, dulce** – süß **revirēscere, revirēscō, reviruī** – wieder grün werden **nemus, nemoris,** *n.* – der Hain, Wald **amoenus, a, um** – schön, lieblich **tōtāliter** *(Adv.)* – gänzlich, ganz (vgl. tōtus)
Str. 2: **odor, odōris,** *m.* – der Duft **reficere, reficiō, refēcī, refectum** – wiederherstellen, erquicken (vgl. facere) **virgo, virginis,** *f.* – das Mädchen **assūmere, assūmō, assūmpsī, assūmptum** – an die Hand nehmen (vgl. sūmere) **alacer, alacris, alacre** – lebhaft, munter, freudig **commūnis, commūne** – gemeinsam

XXXVIII

A De C. Iulii Caesaris consulatu

Q. Caecilio Metello L. Afranio consulibus C. Iulius Caesar cum L. Lucceio et M. Bibulo consulatum petivit. E duobus competitoribus[1] Lucceium sibi adiunxit, et is, quoniam inferior gratia erat magnasque divitias habebat, nummos de suo communi nomine per centurias promisit. Qua re cognita optimates metue-
5 bant, ne Caesar in summo magistratu concordi[2] et consentiente collega omnia auderet; itaque Bibulo persuaserunt, ut tantundem[3] promitteret, ac plerique optimatium pecuniam ad eam largitionem praebuerunt. Ita factum est, ut Caesar cum Bibulo consul fieret.

Inito honore primus omnium instituit, ut et senatus et populi diurna acta[4]
10 fierent et publicarentur[5]. Lege autem agraria[6] promulgata[7] obnuntiantem[8] collegam armis foro expulit ac in eam egit desperationem[9], ut, quoad potestate abiit, domo abditus nihil aliud quam per edicta obnuntiaret.

Unus ex eo tempore omnia in re publica administravit, ut nonnulli, cum testimonium obsignarent[10], per iocum non Caesare et Bibulo, sed Iulio et Cae-
15 sare consulibus actum esse scriberent utque passim mox audirentur hi versus:
Non Bibulo quiddam nuper, sed Caesare factum est;
nam Bibulo fieri consule nil memini.

Die Curia

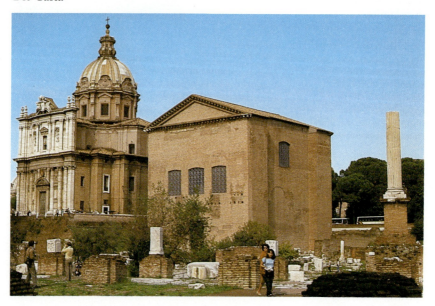

Caesar zum viertenmal Diktator
Denar, 44 v.Chr.

Maximas item largitiones ad arbitrium fecit contra dicente nullo. Omni enim modo adversarios terruit. M.Catonem interpellantem[11] extrahi curia per
20 lictorem ducique in carcerem iussit. L.Lucullo liberius resistenti tantum metum iniecit, ut veniam peteret.

Galliam Citeriorem et Illyricum provinciam accepit invitis adversariis; paulo post Gallia Ulterior quoque addita est.

Peracto consulatu Caesar celerrime in provinciam abiit. Mox postulatus[12]
25 per tribunos plebis effecit, cum rei publicae causa abesset, reus ne fieret.

---

1 competītor, competītōris, *m.* – der Mitbewerber (vgl. petere)   **2** concors, *Gen.* concordis – einig, einträchtig (vgl. concordia)   **3** tantundem – ebensoviel (vgl. tantum; īdem, eadem, idem)   **4** diurna ācta – der Tagesbericht (diurnus, a, um – zum Tag gehörig; vgl. diēs)   **5** pūblicāre – veröffentlichen (vgl. pūblicus, a, um)   **6** lēx agrāria – das Ackergesetz (agrārius, a, um – die Ackerverteilung betreffend; vgl. ager, agrī)   **7** prōmulgāre – (einen Gesetzesvorschlag) veröffentlichen   **8** obnūntiāre – (aufgrund ungünstiger Vorzeichen) Einspruch erheben (vgl. nūntiāre)   **9** dēspērātiō, dēspērātiōnis, *f.* – die Verzweiflung (vgl. dēspērāre)   **10** testimōnium obsignāre – in aller Form (schriftlich und mit Siegel) bestätigen (testimōnium – das Zeugnis; obsignāre – siegeln, vgl. signum)   **11** interpellāre – Einspruch erheben (vgl. appellāre)   **12** postulāre – *hier:* vor Gericht fordern

NON FIT SINE PERICLO FACINVS MAGNVM.   **S**
FACTVM FIERI INFECTVM NON POTEST.

Wahlspruch Papst Hadrians VI. (1522–1523)
und Kaiser Ferdinands I. (1556–1564):
FIAT IVSTITIA ET PEREAT MVNDVS.

Das erste Schöpfungswort:
Dixit Deus: „Fiat lux!" Et facta est lux.

perīclum = perīculum   īnfectus, a, um – ungeschehen (vgl. facere)   **mundus** – die Welt

21

Schimpfvers des Dichters Cn. Naevius:
Fato Metelli Romae fiunt consules.

Entgegnung des Konsuls Q. Caecilius Metellus:
Malum dabunt Metelli Naevio poetae.

Spottvers des Dichters Martial:
Omnia, Castor, emis; sic fiet, ut omnia vendas.

Rōmae – in Rom

 Die beiden Konsuln besaßen die oberste zivile und militärische Gewalt. Sie führten die Geschäfte in monatlichem Wechsel. Der nicht amtierende Konsul hatte gegen Maßnahmen seines Kollegen das Vetorecht.

Zur Zeit Caesars gab es jährlich acht Prätoren. Der Stadtprätor war für die Rechtsprechung unter römischen Bürgern zuständig, der Fremdenprätor für Streitigkeiten mit Ausländern; die übrigen sechs Prätoren hatten den Vorsitz in den ständigen Strafgerichtshöfen.

Nach ihrem Amtsjahr wurden die Konsuln und die Prätoren gewöhnlich als Statthalter in die Provinzen geschickt.

Die Ädilen hatten für die Sicherheit in der Stadt und für eine ausreichende Versorgung der Bevölkerung mit Wasser und Lebensmitteln zu sorgen; außerdem gehörte die sehr kostspielige Durchführung der öffentlichen Spiele zu ihren Aufgaben. Es gab zwei plebejische und zwei kurulische Ädilen (benannt nach der sella curūlis, dem Amtssessel der höheren Beamten).

Die Quästoren verwalteten die öffentlichen Gelder in der Stadt Rom, in den Provinzen und bei den Heeren. Zur Zeit Caesars gab es zwanzig Quästoren.

Die eigentliche Aufgabe der zehn Volkstribunen war es, die Plebejer gegen Übergriffe und Willkürmaßnahmen der Mächtigen zu schützen. Dazu besaßen sie das ius intercedendi, das Recht zum Einschreiten (intercēdere): sie konnten damit die Maßnahmen jedes Beamten bis hinauf zum Konsul verhindern.

Die genannten Beamten wurden jährlich gewählt, und zwar die Volkstribunen und die plebejischen Ädilen durch die concilia plebis, die Quästoren und die kurulischen Ädilen durch die Tribusversammlungen, in denen das ganze Volk nach 35 Bezirken (tribus, ūs, f.; vgl. trēs, tribuere) aufgeteilt war, die Prätoren und die Konsuln durch die Zenturienversammlungen, in denen das Volk in 193 Zenturien abstimmte, die aufgrund von Vermögensunterschieden eingerichtet waren.

Das gesetzlich vorgeschriebene Mindestalter betrug bei der Quästur 30, bei der Ädilität 36, bei der Prätur 39 und beim Konsulat 42 Jahre. Caesar hat die höchsten Ämter jedoch eher erreicht; wahrscheinlich durfte er sich als Träger der Bürgerkrone, eines Kriegsordens, der für die Rettung eines Bürgers in der Schlacht verliehen wurde, zwei Jahre vor der Zeit bewerben.

Die Konsuln und Prätoren hatten Liktoren als Amtsgehilfen, die Konsuln zwölf, die Prätoren sechs. Diese Liktoren trugen als Zeichen der Amtsgewalt die Fasces (fascēs, ium, f. pl.), Rutenbündel mit einem Richtbeil, das allerdings in der Stadt Rom aus Respekt vor dem römischen Volk als dem eigentlichen Souverän nicht gezeigt werden durfte.

Römer mit Büsten
seiner Ahnen

XXXIX

A *Die folgende Geschichte ist von Petrus Alfonsi im frühen 12. Jahrhundert in Spanien aufgezeichnet.*

De Maimundo servo

Senex: Visne aliquid audire de Maimundo nigro?

Puer: Libenter de illo homine guloso[1], pigro, garrulo[2] audire volo. Nam quidquid de eo est, ad ridendum incitat. Numquam facit, quod dominus suus vult. Si quid de eius dictis vel factis mente retines, narra et habebo pro
5   munere.

Senex: Quadam nocte dominus suus Maimundo, qui iam coeperat velle dormire, praecepit, ut clauderet ostium. Ille vero pigritia pressus surgere noluit et ideo dixit, quia[3] clausum erat ostium. Mane dixit dominus servo: „Maimunde, aperi ostium!" Cui servus: „Domine, sciebam, quod[3] volebas id ho-
10   die esse apertum, et ideo nolui id sero claudere." Tum comperit dominus, quod Maimundus propter pigritiam praeceptum suum neglexerat, et dixit: „Surge, fac opus tuum, quia dies est et sol iam altus est!" Cui servus: „Domine, si sol iam altus est, da mihi edere[4]!" Cui dominus: „Pessime serve, vis nocte edere?" Servus: „Si nox est, permitte me dormire!" Dominus noluit
15   metui, amari maluit; itaque servum pigrum et gulosum non punivit.

Visne alteram fabulam de Maimundo audire?

Puer: Nihil malo.

24

Senex: Alio tempore dominus suus veniebat de foro laetus pro lucro, quod fecerat. Et servus Maimundus obviam venit domino suo. Quem cum videret dominus, timuit, ne aliquos rumores, ut mos suus erat, diceret, et dixit: „Noli mihi rumores malos dicere!" Servus: „Nolo tibi dicere rumores malos, sed canis⁵ nostra Bispella mortua est." Cui dominus: „Quomodo vitam amisit?" Servus: „Mulus⁶ noster territus est et rupit laqueum suum et, dum fugit, sub pedibus suis canem obtrivit⁷." Dominus: „Quid actum est de mulo?" Servus: „In puteum⁸ cecidit et mortuus est." Dominus: „Quomodo territus est mulus?" Servus: „Filius tuus de solario⁹ cecidit ita, ut mortuus sit, et inde territus est mulus." Dominus: „Quid agit mater eius?" Servus: „Prae nimio dolore filii vitam amisit." Dominus: „Quis custodit domum?" Servus: „Nemo, quoniam combusta est¹⁰ et quidquid in ea erat." Dominus: „Quomodo combusta est?" Servus: „Eadem nocte, qua domina vitam amisit, serva, quae vigilabat pro domina, candelam¹¹ non observavit, et ita combusta est domus tota." Dominus: „Serva ubi est?" Servus: „Ipsa volebat ignem exstinguere, et cecidit trabs¹² super caput eius et vitam amisit." Dominus: „Tu quomodo effugisti, cum tam piger sis?" Servus: „Cum viderem servam mortuam, effugi." Tunc dominus tristissimus ad propinquos suos venit orans eos, ut reciperetur in alicuius domo.

Auf die Erzählung läßt der Verfasser durch den Mund eines Freundes, der den Herrn in seinem Leid zu trösten sucht, eine Belehrung folgen:

Selbst wenn das Leid so groß ist, daß der Mensch am liebsten sterben möchte, kann er später vielleicht doch wieder sehr glücklich werden. Aller Wechsel im menschlichen Geschick geschieht nach dem Willen Gottes. Als Beispiel der rechten Haltung wird zunächst Hiob aus dem Alten Testament erwähnt, der auch im größten Leid an Gott nicht irre wurde. Weiter werden die Worte eines Weisen zitiert, der Mensch könne in dieser unbeständigen Welt nichts sicher besitzen. Und schließlich folgen noch die Lehren, die ein arabischer Vater seinem Sohn erteilt: Er solle nie verzweifeln, wenn ihm etwas Schlimmes widerfahre; denn das täten nur die Gottlosen. Man müsse Gott immer loben, sowohl im Glück wie im Unglück. Unheil, das den Menschen treffe, diene oft dazu, ihn vor noch größerem Unheil zu bewahren; oder es führe am Ende sogar zum Glück.

---

1 gulōsus, a, um – gefräßig   **2 garrulus, a, um** – schwatzhaft   **3** *Nebensätze mit* **quia** *und* **quod** *können im Latein des Mittelalters nach Verben des Sagens und des Wahrnehmens statt eines a.c.i. stehen.*   **4 edere, edō, ēdī, ēsum** – essen   **5 canis, canis, (um),** *m./f.* – der Hund, die Hündin   **6 mūlus** – das Maultier   **7 obterere, obterō, obtrīvī, obtrītum** – zertreten   **8 puteus** – der Brunnen   **9 sōlārium** – der Söller, Balkon (vgl. sōl)   **10 combūrere, combūrō, combussī, combustum** – verbrennen   **11 candēla** – die Kerze   **12 trabs, trabis, f.** – der Balken

S AVT PRODESSE VOLVNT AVT DELECTARE POETAE.

NIHIL EST DIFFICILE VOLENTI.

DVCVNT VOLENTEM FATA, NOLENTEM TRAHVNT.

IN MAGNIS ET VOLVISSE SAT EST.

SI VIS EADEM SEMPER VELLE, VERA OPORTET VELIS.

QVOD TIBI FIERI NON VIS, ALTERI NE FECERIS!

NOLITE IVDICARE, ET NON IVDICABIMINI!

in magnīs: *für* in magnīs rēbus   sat: *Kurzform für* satis

Spottverse Martials auf eine heiratslustige Alte:
Nubere Paula cupit nobis, ego ducere Paulam
   nolo: anus est; vellem, si magis esset anus.

nūbere, nūbō, nūpsī, nuptum *(m. Dat.)* – heiraten *(von der Frau gesagt)*   (in mātrimōnium)
dūcere – heiraten *(vom Mann gesagt)*

711 kamen die Araber nach Spanien, besiegten das Westgotenreich und brachten fast die gesamte Halbinsel bis auf geringe Reste im Norden unter ihre Gewalt. Seit 756 war dieses arabische Reich von Córdoba nicht mehr vom Kalifen von Damaskus abhängig. Handel und Gewerbe, Künste und Wissenschaften entwickelten sich zur höchsten Blüte. Die Araber zeigten sich äußerst tolerant, Christen und Juden konnten ungehindert ihre Religion ausüben.

Im 11. Jahrhundert begannen die christlichen Königreiche im Norden Spaniens mit der Rückeroberung der von den Arabern besetzten Gebiete ("Reconquista"). Auch in dieser Zeit herrschte auf beiden Seiten noch lange religiöse Toleranz, und Moslems, Christen und Juden verkehrten frei und unvoreingenommen miteinander.

Der jüdische Arzt und Gelehrte Petrus Alfonsi (geb. 1062; 1106 zum Christentum übergetreten) verfaßte im Königreich Aragón unter König Alfons I. (1101–1134) die "Disciplina clericalis" ("Unterweisung für Gebildete"). Er will mit dieser Schrift den Menschen helfen, sich im Leben richtig zu verhalten, und hat dazu Aussprüche jüdischer und arabischer Weiser, jüdische und arabische Sprichwörter, aber auch eine Fülle von Geschichten aus dem Erzählschatz des arabischen Spanien zusammengetragen. Die Freude an den Erzählungen als solchen ist überall deutlich zu spüren. Aber entsprechend der mittelalterlichen Tradition werden auch an die Erzählungen immer wieder Belehrungen angeschlossen; dem heutigen Leser erscheinen diese Belehrungen oft weit hergeholt.

Petrus Alfonsi war der erste, der arabische Spruchweisheit und Erzählungen in lateinischer Sprache aufgezeichnet und damit dem mittelalterlichen Europa erschlossen hat, in dem das Lateinische die gemeinsame Sprache der Gebildeten war. Die von ihm aufgezeichneten Erzählungen fanden rasch Verbreitung.

Das Latein des Mittelalters (Mittellatein) zeigt im Wortgebrauch, in Wortverbindungen, in der Formenlehre und im Satzbau – vor allem unter dem Einfluß der Volkssprachen – vielfache Veränderungen gegenüber dem Latein der großen Werke der römischen Literatur. Es gab aber auch im Mittelalter eine Reihe Autoren, die sich an der Sprache der klassischen Schriftsteller orientierten.

Die Moschee von Córdoba

ZT Epigramme des Martial

Der schönste Erfolg

Laudat, amat, cantat nostros mea Roma libellos,
    meque sinus omnes, me manus omnis habet.
Ecce rubet quidam, pallet, stupet, oscitat, odit;
    hoc volo: nunc nobis carmina nostra placent.

cantāre – singen (vgl. canere) **sinus, ūs** – *hier:* der Bausch der Toga **rubēre** – rot sein
pallēre – bleich sein **stupēre** – erstarrt sein **ōscitāre** – den Mund aufsperren (vgl. ōs)

Freiexemplare

Exigis, ut nostros donem tibi, Tucca, libellos.
    Non faciam: nam vis vendere, non legere.

exigere, exigō, exēgī, exāctum – fordern (vgl. agere)

Der Neidhammel

Rumpitur invidia quidam, carissime Iuli,
    quod me Roma legit, rumpitur invidia.
Rumpitur invidia, quod turba semper in omni
    monstramur digito, rumpitur invidia.
5 Rumpitur invidia, tribuit quod Caesar uterque
    ius mihi natorum, rumpitur invidia.
Rumpitur invidia, quod rus mihi dulce sub urbe est
    parvaque in urbe domus, rumpitur invidia.
Rumpitur invidia, quod sum iucundus amicis,
10   quod conviva frequens, rumpitur invidia.
Rumpitur invidia, quod amamur quodque probamur:
    rumpatur, quisquis rumpitur invidia.

cārus, a, um – lieb **mōnstrāre** – zeigen **digitus** – der Finger **uterque, utraque, utrum-
que** – jeder von beiden; **Caesar uterque** – beide Kaiser, d. h. Titus (79–81 n. Chr.) und Domitian (81–96 n. Chr.) **iūs nātōrum** – das Kinderrecht (Wer nicht drei Kinder hatte, war
rechtlich benachteiligt. Die Kaiser verliehen das Dreikinderrecht als Privileg auch an Personen, die diese Voraussetzung nicht erfüllten.) **rūs, rūris,** *n.* – das Land, Landgut **dulcis,
dulce** – süß, lieb, lieblich **frequēns,** *Gen.* **frequentis** – häufig

Gut gelegen

Aedes emit Aper, sed quas nec noctua vellet
    esse suas; adeo nigra vetusque casa est.
Vicinos illi nitidus Maro possidet hortos.
    Cenabit belle, non habitabit Aper.

noctua – die Nachteule (vgl. nox) **vīcīnus, a, um** – benachbart, in der Nachbarschaft;
Subst.: der Nachbar **nitidus, a, um** – glänzend, wohlgenährt, stattlich **cēnāre** – speisen,
essen **bellus, a, um** – hübsch, fein (vgl. bonus; bene)

Römische Maske aus Köln
(2. Jh. n. Chr.)

Ein schrecklicher Pauker

Quid tibi nobiscum est, ludi scelerate magister,
    invisum pueris virginibusque caput?
Nondum cristati rupere silentia galli:
    murmure iam saevo verberibusque tonas.
5 Tam grave percussis incudibus aera resultant,
    causidicum medio cum faber aptat equo:
mitior in magno clamor furit amphitheatro,
    vincenti parmae cum sua turba favet.
Vicini somnum – non tota nocte – rogamus:
10 nam vigilare leve est, pervigilare grave est.
Discipulos dimitte tuos. Vis, garrule, quantum
    accipis ut clames, accipere ut taceas?

scelerātus, a, um – verflucht (vgl. scelus)   invīsus, a, um – verhaßt (vgl. invidia)   **virgo, virginis,** *f.* – das Mädchen   cristātus, a, um – mit einem Helmbusch, mit einem Kamm   **gallus** – der Hahn   **murmur, murmuris,** *n.* – das Murmeln, Brummen, Brüllen   **verber, verberis,** *n.* – der Schlag   **tonāre, tonō, tonuī** – dröhnen, donnern   **percutere, percutiō, percussī, percussum** – heftig schlagen   **incūs, incūdis,** *f.* – der Amboß   **aes, aeris,** *n.* – das Erz   **resultāre** – widerhallen   **causidicus** – der Anwalt (vgl. causa, dīcere)   **aptāre** – anpassen, anfügen (vgl. aptus). Es handelt sich um das Reiterdenkmal für einen Anwalt.   **clāmor, clāmōris,** *m.* – das Schreien (vgl. clāmāre)   **parma** – ein kleiner Rundschild   **favēre, faveō, fāvī, fautum** – gewogen sein   **somnus** – der Schlaf   **pervigilāre** – durchwachen (vgl. vigilāre)

29

Komödiant

XL

Der alte Euclio, der in dürftigen Verhältnissen lebt, hat einen Topf mit Gold- **A**
stücken gefunden, den sein Großvater vor langer Zeit im Haus vergraben hatte.
Seitdem findet er Tag und Nacht keine Ruhe mehr und lebt in beständiger
Furcht, jemand könne hinter sein Geheimnis kommen und ihm den Schatz steh-
len. Er hat den Topf unter dem Herd vergraben, lebt weiter in Armut und ist in
seinem Mißtrauen schroff gegen jedermann.

Der reiche Megadorus, ein schon älterer Mann, beschließt auf Drängen sei-
ner Schwester zu heiraten. Seine Wahl fällt auf Phaedria, die Tochter seines
Nachbarn Euclio. Er weiß allerdings nicht, daß sein Neffe Lyconides das Mäd-
chen liebt.

Als Megadorus Euclio um die Hand seiner Tochter bittet, fürchtet dieser, der
Nachbar habe von seinem Schatz erfahren und suche deshalb die Verbindung
mit ihm. Schließlich erklärt er sich aber doch bereit, Megadorus seine Tochter zu
geben, allerdings ohne Mitgift.

Megadorus schickt Köche und Flötenspielerinnen sowie alle Zutaten für das
Hochzeitsmahl, das noch an diesem Tag stattfinden soll. Euclio fürchtet, er solle
bestohlen werden, treibt das fremde Personal mit Prügeln aus dem Haus und
glaubt, der Schatz sei in seinem Haus nicht mehr sicher.

De sene, qui aurum nimis diligenter custodivit

Euclio tritt mit dem Topf unter dem Mantel aus dem Haus.

Euclio: Hoc quidem hercle semper mecum feram neque committam, id ut um-
quam in tantis periculis sit. – Sed Megadorus ecce venit a foro. Iam hunc
non audeam praeterire; consistam.

5 *Megadorus (bemerkt den Euclio zunächst nicht):* Narravi amicis multis consilium meum. Euclionis filiam laudant. Sapienter factum et consilio bono.
Meo quidem animo si idem faciant ceteri divitiores, ut pauperiorum filias
indotatas[1] uxores domum ducant, et multo fiat civitas concordior et nos
minore sumptu simus, quam sumus. – Sed video Euclionem ante aedes.

10 Quid agis, Euclio?

Euclio: Libenter edi sermonem tuum.

Megadorus: Num audivisti?

Euclio: A principio omnia.

Megadorus: Bibere ego hodie, Euclio, tecum volo.

15 *Euclio:* Non bibam ego quidem hercle.

Megadorus: At ego iussero cadum[2] unum vini veteris ad me afferri.

---

1 indōtātus, a, um – ohne Mitgift (vgl. dare, dōnāre)   **2 cadus** – der Krug

Euclio: Nolo hercle, nam mihi bibere decretum est aquam.

Megadorus: Ego te hodie reddam ebrium, si vivo, probe, cui decretum est bibere aquam.

20 *Euclio (für sich):* Me reddere ebrium vult, ut hoc, quod fero, auferat. Ego id cavebo.

Megadorus: Nunc ego, nisi quid me vis, eo lautum, ut sacrificem. *Ab in sein Haus.*

Euclio: Nunc hodie mihi factu optimum est, ut te auferam, aula[3], in Fidei
25   fanum[4]; ibi abstrudam[5] te probe. *Ab in das Heiligtum der Fides.*

* * *

Lyconides hat inzwischen erfahren, daß sein Onkel Megadorus Phaedria heiraten will, und schickt seinen Sklaven Strobilus, der für ihn ausspionieren soll, was da vor sich geht. Strobilus versteckt sich in der Nähe von Euclios Haus.
Euclio tritt aus dem Heiligtum der Fides, wo er gerade seinen Schatz versteckt
30 *hat.*

Euclio: Tu modo cave, cuiquam monstres aurum meum esse in tuo fano, Fides! Non metuo, ne quisquam inveniat, ita probe abstrusum est. Hercle illic pulchram praedam agat, si quis illam aulam invenerit plenam auri. Sed id, te obsecro, ut prohibeas, Fides. Nunc lavabo, ut res divinas faciam. Vide,
35   Fides, integram ut aulam abs te auferam. Tuae fidei credidi aurum, in tuo fano est situm. *Ab in sein Haus.*

Strobilus (kommt aus seinem Versteck): Di immortales, quid ego audivi? Aulam plenam auri abstrusit hic intus[6] in fano Fidei. Ibo hinc intro[6], perscrutabo[7] fanum, inveniam aurum. Sed si repperero, quantum vini bibere potero!
40   *Ab in das Heiligtum.*

Ein Rabe krächzt. Euclio stürzt aus seinem Haus.

Euclio: Non temere corvus[8] canit mihi nunc a sinistra manu. Quin ego curro?
Er läuft in den Tempel, gleich darauf stürzt Strobilus schreiend aus dem Tempel, von Euclio mit Schlägen verfolgt.

45 *Euclio:* Exi! Nunc peris.

Strobilus: Quid tibi mecum est, senex? Quid me rapis? Qua de causa me verberas?

Euclio: Fur[9], etiam rogas?

Strobilus: Quid tibi abstuli?

50 *Euclio:* Redde huc!

Strobilus: Quid tibi vis reddam?

Euclio: Rogas?

Strobilus: Nil equidem tibi abstuli.

Euclio: Auferre non potes.

55 *Strobilus:* Quid tibi vis?

Euclio: Pone hoc!

Strobilus schneidet eine freche Grimasse.

Euclio: Aufer ista! Non ego nunc iocos ago.

Strobilus: Quid ponam? Non hercle equidem quicquam sumpsi nec tetigi. Iniuriam mihi infers.

Euclio: Maximam, quia non pendes. Atque id quoque iam fiet. – Quid abstu-
listi hinc?

Strobilus: Di me perdant, si ego tui quicquam abstuli.

Euclio: Ostende manum dextram!

Strobilus: Em[10]!

Euclio: Nunc sinistram ostende!

Strobilus: Dextram et sinistram simul profero.

Euclio: Metuo, ne inter tunicas habeas.

Strobilus: Tempta, ubi vis.

Euclio: Iam temptare desino. Redde huc! Certe habes.

Strobilus: Habeo ego? Quid habeo?

Euclio: Non dico; audire petis. – Id meum, quidquid habes, redde!

Strobilus: Insanis. *Er wendet sich zum Gehen.*

Euclio: Mane, mane! – *Er horcht zum Tempel hin.* Quis illic est? Quis hic intus
alter erat tecum simul? Perii hercle. Ille nunc intus quid facit? Hunc si amit-
to, hic abierit. Sed hunc iam perscrutavi, hic nil habet. Aufer te hinc!

Strobilus: Iuppiter te dique perdant!

Euclio: Ibo intro atque illi socio tuo iam diminuam caput. Fugisne hinc ab oculis? Aufersne te?

Strobilus: Abeo.

Euclio eilt in den Tempel. Strobilus kehrt zurück.

Strobilus: Vitam amittere ego malim male, quam non ego illi seni hodie insidias
dem. Hic non iam audebit aurum abstrudere. Credo, efferet iam secum et
mutabit locum. Ecce, senex aurum effert. Interim huc ego ad ostium me
abdam.

*Während Strobilus sich hinter der Tür versteckt, kommt Euclio mit dem Topf
unter dem Mantel aus dem Heiligtum.*

Euclio: Fidei censebam multo maximam fidem habendam esse; sed me fefellit.
Nisi cecinisset corvus, perissem miser. Nunc in Silvani luco, qui extra
murum est, hanc aulam abstrudam. Certum est, Silvano potius credam
quam Fidei. *Ab.*

Strobilus (kommt aus seinem Versteck hervor): Optime, occasio tam bona mihi
ab dis immortalibus oblata est. Iam ego illuc praecurram[11] atque ascendam
aliquam in arborem indeque observabo senem. *Ab.*

* * *

---

3 aula – der Topf **4** fānum – das Heiligtum **5** abstrūdere, abstrūdō, abstrūsī, abstrū-
sum – in der Erde vergraben, verstecken **6** intus – drinnen; intrō – nach drinnen, hinein
(vgl. in) **7** perscrūtāre – durchsuchen **8** corvus – der Rabe **9** fūr, fūris, *m.* – der Dieb
(vgl. ferre) **10** em – da, nimm (vgl. emere) **11** praecurrere, praecurrō, praecurrī, prae-
cursum – vorauslaufen (vgl. currere)

Kurze Zeit später. Strobilus kommt mit dem Topf gelaufen.

Strobilus: O laetum diem! Quis me est divitior? Divitiis ego solus Crocsum supero. Nam ut hinc abii, multo prior illo adveni multoque prius me collocavi in arborem indeque exspectabam senem. Venit, circumspexit, abstrusit aurum. Ubi ille abiit, ego de arbore descendo, effodio[12] aulam auri plenam. Dum inde exeo, vidi redire senem; ille me non vidit. – Ecce, ipse advolat. Ibo in hanc domum. *Ab ins Haus.*

Euclio (stürzt auf die Bühne): Perii. Quo curram? Quo non curram? Tene, tene! Quem? Quis? Nescio, nil video. *Zu den Zuschauern:* Obsecro vos, mihi auxilium ferte et hominem monstrate! Quis eam abstulit? Quid ais tu? Quid ridetis? Novi omnes, scio fures esse hic complures. Quid, nemo habet horum? Nonne tu eam aufers? Me perdidisti. – Dic igitur, quis habet? Nescis? – Me miserum, misere perii. Tantum mali hic dies mihi obtulit! Perditissimus ego sum omnium in terra. Nam quid mihi opus est vita, qui tantum auri amisi, quod custodivi tam diligenter? Ferre non possum.

Lyconides hat inzwischen seinem Onkel Megadorus seine Liebe zu Phaedria gestanden, und dieser hat zugunsten seines Neffen auf das Mädchen verzichtet. Als Lyconides zu Euclio kommt, um ihm dies mitzuteilen, hält der ihn zunächst für den Dieb seines Schatzes. Euclio verschwindet kurz in seinem Haus, da traut sich Strobilus wieder hervor und berichtet seinem Herrn, daß er den Topf genommen hat. Lyconides verlangt unverzüglich die Herausgabe des Schatzes, damit der rechtmäßige Eigentümer ihn zurückerhalten kann. Euclio erkennt, daß ihn der Schatz nur unglücklich gemacht hat und daß er erst wieder Ruhe finden wird, wenn er den Schatz nicht mehr besitzt. Er gibt ihn daher seiner Tochter mit in die Ehe.

12 effodere, effodiō, effōdī, effossum – ausgraben (vgl. fossa)

S QVOD FORS FERET, FEREMVS AEQVO ANIMO.
PERFER ET OBDVRA! LABOR HIC TIBI PRODERIT OLIM.
SORS EST SVA CVIQVE FERENDA.
QVOD DIFFERTVR, NON AVFERTVR.
RELATA REFERO.

fors, *Abl.* **forte,** *f.* – der Zufall, das Schicksal (vgl. ferre, fortūna)   **obdūrāre** – ausharren, aushalten (vgl. dūrus)

CANIS PER FLVVIVM CARNEM FERENS

Amittit merito proprium, qui alienum appetit.

Canis per flumen carnem dum ferret natans,
lympharum in speculo vidit simulacrum suum
aliamque praedam ab altero ferri putans
5 eripere voluit: verum decepta aviditas
et, quem tenebat ore, dimisit cibum
nec, quem petebat, potuit adeo attingere.

caro, carnis, (ium), f. – das Fleisch   **meritō** *(Adv.)* – verdientermaßen (vgl. merēre)   **appe-
tere, appetō, appetīvī, appetītum** – begehren (vgl. petere)   **dum** – *hier wie* **cum** *mit dem
Konjunktiv verbunden:* während   **lympha** – das Wasser   **speculum** – der Spiegel (vgl.
spectāre)   **vērum** *(Adv.)* – aber (vgl. vērus; vērō)   **aviditās, aviditātis,** f. – die Begierde, Gier
et ... nec adeō – ... und nicht einmal   **cibus** – die Speise, Nahrung   **attingere, attingō,
attigī, attāctum** – berühren; *hier:* fressen (vgl. tangere)

VVLPES ET VVA

Fame coacta vulpes alta in vinea
uvam appetebat summis saliens viribus.
Quam tangere ut non potuit, discedens ait:
„Nondum matura est; nolo acerbam sumere.“
5 Qui, facere quae non possunt, verbis elevant,
adscribere hoc debebunt exemplum sibi.

vulpēs, vulpis, (ium), f. – der Fuchs   **ūva** – die Traube   **famēs, famis,** f. – der Hunger *(Der
Abl.* famē *ist nach der ē-Dekl. gebildet.)*   **cōgere, cōgō, coēgī, coāctum** – zusammentreiben,
zwingen (vgl. agere)   **salīre, saliō, saluī** – springen   **acerbus, a, um** – bitter, sauer (vgl.
ācer)   **ēlevāre** – erleichtern; verkleinern, herabsetzen (vgl. levis)   **adscrībere, adscrībō,
adscrīpsī, adscrīptum** – dazuschreiben, zuschreiben (vgl. scrībere); **sibī adscrībere** – auf sich
beziehen

XLI

A *In seiner Abhandlung* De ira *untersucht Seneca das Wesen des Zorns und zeigt Wege, wie man ihn bekämpfen kann.*

De ira

Si contigit nobis bene componere animum adversus iram, videamus, ut alienam quoque iram leniamus; nec enim sani esse tantum volumus, sed etiam sanare.

Primam iram non possumus oratione placare: surda[1] est et amens[2]; dabimus illi spatium. Nam ut medicus morbum curaturus non ignorat remedia in remis-
5   sionibus[3] maxime profutura esse, ita nobis persuasum est spatium primam iram esse leniturum. Fortasse iram placaturos adiuvabit simulatio irae; ita plus auctoritatis in consiliis habebunt. Speramus iram simulata ira deceptam facilius sanatum iri.

Kaiser Augustus

Sin autem iratum reprehendis, eum incitas; varie igitur eum adibis blande-
que, nisi forte tanta persona eris, ut possis iram minuere, quemadmodum fecit
Augustus, cum cenaret[4] apud Vedium Pollionem. Fregerat unus ex servis eius
crystallinum[5]. Rapi eum Vedius iussit novo more periturum; murenis[6] ut obiceretur, imperavit, quas ingentes in piscina[7] continebat. Evasit[8] e manibus servus et confugit ad Caesaris pedes nihil aliud petiturus quam ut aliter periret, ne
esca[9] fieret. Motus est nova crudelitate Caesar et illum quidem mitti[10], crystal-
lina autem omnia coram se frangi iussit complerique piscinam. Erat Caesari
persuasum hoc tantum modo fore, ut amicus sanaretur. „E convivio rapi homines iubes et novi generis poenis lacerari[11]? Si calix[12] tuus fractus est, viscera ho-
minis distrahentur? Tantum tibi places, ut ibi aliquem ad supplicium des, ubi
Caesar est?"

Asperrime quidem Caesar amicum tractavit; sed talis ira, qualem rettuli,
sanari non potest, nisi maius aliquid timet.

---

1 surdus, a, um – taub **2 āmēns** *Gen.* **āmentis** – von Sinnen, außer sich (vgl. **mēns**)
3 remissiō, remissiōnis, *f.* – das Nachlassen, die Entspannung (vgl. remittere) **4 cēnāre**
– essen **5 crystallinum** *(griech.)* – das Gefäß aus Bergkristall **6 mūrēna** – die Muräne
7 piscīna – der Fischteich **8 ēvādere, ēvādō, ēvāsī, ēvāsum** – entkommen **9 ēsca** – das
Futter, Essen **10 mittere** – *hier:* laufenlassen **11 lacerāre** – zerreißen, zerfleischen
12 calix, calicis, *m.* – der Becher, Kelch

Aus dem „Prediger" des Alten Testamentes: **S**
Quod fuit, ipsum est, quod futurum est.
Quod factum est, ipsum est, quod faciendum est.
Nihil sub sole novum.

ipsum – *hier im Sinne von* idem

Der Sklave war in der Antike grundsätzlich rechtlos; der Herr hatte ihm gegenüber die Gewalt
über Leben und Tod. Daß Sklaven geschlagen, in Fesseln gelegt oder mit schwerer Zwangs-
arbeit (etwa in der Mühle, im Bergwerk oder im Steinbruch) bestraft wurden, war nicht ungewöhnlich; auch die Todesstrafe kam vor. Oft standen die Strafen in keinem Verhältnis zum
Vergehen des Sklaven.

Daneben war den Menschen des Altertums durchaus bewußt, daß auch der Sklave ein
Mensch war wie jeder andere. Die römischen Juristen wiesen dafür auf das Naturrecht hin.
Schwere Mißhandlung von Sklaven wurde aus dieser Gesinnung heraus als Mißbrauch des
eigenen Rechts angesehen und konnte von den Zensoren geahndet werden. In der Kaiser-
zeit wurden nach und nach Bestimmungen erlassen, die die ärgsten Willkürmaßnahmen gegen Sklaven ausdrücklich untersagten. Wenn ein Sklave in die Gladiatorenschule verkauft
werden sollte, mußte dafür ein schwerwiegender Grund nachgewiesen werden. Die Tötung
des eigenen Sklaven wurde wie die Tötung eines anderen Menschen betrachtet. Im 2. Jahrhundert n. Chr. war schließlich jedes übertriebene und ungerechtfertigte Vorgehen gegen
Sklaven verboten; die Sklaven konnten sich bei Verstößen gegen diese Bestimmungen
beim Stadtpräfekten beschweren.

ZT Dies irae, dies illa
(um 1200)

1. Dies irae, dies illa
   solvet saeclum in favilla
   teste David cum Sibylla.

2. Quantus tremor est futurus,
   quando iudex est venturus
   cuncta stricte discussurus!

3. Tuba mirum spargens sonum
   per sepulcra regionum
   coget omnes ante thronum.

4. Mors stupebit et natura,
   cum resurget creatura
   iudicanti responsura.

5. Liber scriptus proferetur,
   in quo totum continetur,
   unde mundus iudicetur.

6. Iudex ergo cum sedebit,
   quidquid latet, apparebit,
   nil inultum remanebit.

7. Quid sum miser tunc dicturus,
   quem patronum rogaturus,
   cum vix iustus sit securus?

   ...

18. Lacrimosa dies illa,
    qua resurget ex favilla
    iudicandus homo reus.
    Huic ergo parce, Deus!
    Pie Jesu, Domine,
    dona eis requiem!
    Amen.

Str. 1: diēs – *im Mittelalter als Femininum gebräuchlich* solvere, solvō, solvī, solūtum – lösen; auflösen saeclum = saeculum; *im Mittelalter auch:* die Zeitlichkeit, Welt favilla – die Asche testis, testis, (ium), *m.* – der Zeuge
Str. 2: tremor, tremōris, *m.* – das Zittern est futūrus, est ventūrus – *hier wie gewöhnliche Futura, ebenso* sum ... dictūrus *in Str.7* iūdex, iūdicis, *m.* – der Richter (vgl. iūs, dīcere, iūdicāre) strictus, a, um – straff, streng discutere, discutiō, discussī, discussum – zerschlagen; untersuchen
Str. 3: sonus, ūs – der Klang, Ton sepulcrum – das Grab cōgere, cōgō, coēgī, coāctum – zusammentreiben, zwingen (vgl. agere) thronus *(griech.)* – der Thron
Str. 4: stupēre – starr sein, staunen resurgere, resurgō, resurrēxī, resurrēctum – auferstehen (vgl. surgere) creātūra – die Schöpfung, das Geschöpf (vgl. creāre)
Str. 6: latēre – verborgen sein inultus, a, um – ungerächt, ungestraft remanēre, remaneō, remānsī, remānsum – zurückbleiben (vgl. manēre)
Str. 7: patrōnus – der Schutzherr, Beschützer, Fürsprecher (vgl. pater) sēcūrus, a, um – sorglos, sicher (vgl. cūra) cum ... sit sēcūrus – *Das temporale* cum *wird im Mittelalter sowohl mit dem Indikativ (s.o.) wie mit dem Konjunktiv verbunden.*
Str. 18: lacrimōsus, a, um – tränenreich (vgl. lacrima) parcere, parcō, pepercī *(m. Dat.)* – schonen requiēs, requiēī – die Ruhe āmēn *(hebr.)* – *Schlußformel in Gebeten: So geschehe es.*

Michelangelo Buonarroti: Das Jüngste Gericht (1534–1541) ▷

39

XLII

A *Bei Cannae erlitten die Römer am 2. August 216 v.Chr. durch Hannibal die schwerste Niederlage ihrer Geschichte. Auf römischer Seite fielen etwa 50 000 Mann im Kampf, darunter der Konsul L. Aemilius Paulus; mehrere tausend gerieten in Gefangenschaft. Etwa 10 000 Mann konnten sich nach Canusium retten, darunter vier Militärtribunen; das Kommando über diese Soldaten erhielten die Militärtribunen P.Cornelius Scipio und Ap.Claudius Pulcher. Sie erfuhren, daß der zweite Konsul C.Terentius Varro mit 50 Reitern nach Venusia geflohen war und daß noch etwa 4500 Versprengte zu ihm gestoßen waren.*

Quomodo Romani cladem Cannensem tulerint

Appius et Scipio, postquam incolumem esse alterum consulem acceperunt, extemplo eum certiorem fecerunt, quantae secum peditum equitumque copiae essent, simulque rogaverunt, exercitumne ad se adduci an manere iuberet in oppido Canusio. Varro ipse ad eos copias traduxit. Et iam aliqua species consu-
5 laris exercitus erat.

In urbem ne has quidem reliquias superesse civium sociorumque, sed occisum esse cum duobus consulibus exercitum nuntiatum erat. Numquam integra urbe tantum pavoris[1] tumultusque intra moenia Romana fuit. Vivi mortuique per omnes paene domos promiscue[2] defleti sunt. Nulla profecto alia gens tanta
10 clade non perisset.

P.Furius Philus et M.Pomponius praetores senatum in curiam vocaverunt, ut de urbis custodia consulerent; neque enim dubitabant deletis exercitibus hostem Romam oppugnaturum esse. In rebus tam adversis senatus censuit equites et Appia et Latina via mittendos esse, qui obvios[3] interrogando referant, quae
15 fortuna consulum atque exercituum sit et quo se Hannibal post proelium contulerit, quid paret, quid agat acturusque sit.

Ut tumultum in urbe tollerent, magistratus turbam foro submoverunt[4] et patres ipsi matronas domi manere suaeque fortunae ibi auctorem exspectare iusserunt.

20 Paulo post litterae a C.Terentio consule allatae sunt. Quibus recitatis dictator ex auctoritate patrum dictus est[5] M.Iunius et Ti.Sempronius magister equitum. Qui dilectu edicto iuniores ab annis septendecim et quosdam praetextatos conscribunt; quattuor ex his legiones et mille equites effecti sunt. Arma et tela parari iubent et vetera spolia[6] hostium detrahunt templis porticibusque. Et for-
25 mam novi dilectus inopia liberorum capitum ac necessitas dedit: octo milia servorum prius interrogantes singulos, vellentne militare[7], emerunt publice armaveruntque[8].

Quanto maior ea clades superio-
ribus cladibus fuerit, ea res indicat[9],
30 quod fides sociorum, quae adhuc
firma steterat, tum labare[10] coepit.
Apud Romanos autem pacis mentio[11]
facta non est.

1 pavor, pavōris, *m.* – die Angst
2 prōmiscuus, a, um – vermischt, ohne
Unterschied (vgl. miscēre)   **3** obvius, a,
um – entgegenkommend (vgl. obviam)
4 submovēre, submoveō, submōvī, sub-
mōtum – entfernen; befehlen, Platz zu
machen (vgl. movēre)   **5** dictātōrem dīcere
– einen Diktator ernennen   **6** spolia, *pl.*
– die erbeutete Rüstung   **7** mīlitāre –
Kriegsdienst leisten (vgl. mīles)
8 armāre – bewaffnen (vgl. arma; armātus)
9 indicāre – zeigen, offenbaren (vgl. dīcere)

Römer (3. Jh. v. Chr.)

10 labāre – wanken, schwanken   **11** mentiō, mentiōnis, *f.* – die Erwähnung (vgl. mēns);
pācis mentiōnem facere – den Frieden erwähnen, von Frieden sprechen

---

QVID VESPER FERAT, INCERTVM EST.   **S**
QVID SIT FVTVRVM CRAS, FVGE QVAERERE.

Zwei Gedichte Catulls   *Enttäuschte Liebe*
                           Odi et amo. Quare id faciam, fortasse requiris.
                               Nescio, sed fieri sentio et excrucior.

                           Auf Caesar
                           Nil nimium studeo, Caesar, tibi velle placere
                               nec scire, utrum sis albus an ater homo.

Ein Gedicht Martials   *Gleichberechtigung*
                           Uxorem quare locupletem ducere nolim,
                               quaeritis. Uxori nubere nolo meae.
                           Inferior matrona suo sit, Prisce, marito;
                               non aliter fiunt femina virque pares.

fuge quaerere – frage nicht   excruciāre – foltern, peinigen, quälen   albus, a, um –
weiß   āter, ātra, ātrum – schwarz   locuplēs, *Gen.* locuplētis – reich (vgl. locus; plēnus, a,
um)

41

XLIII

A *Der folgende Text stammt aus Ciceros Reden gegen C. Verres. Dieser hatte 73–71 v. Chr. als Statthalter die Insel Sizilien hemmungslos ausgebeutet, sich durch Erpressungen, Ämterverkauf und Entgegennahme von Bestechungsgeldern ungeheuer bereichert, verbrecherische Willkürjustiz geübt und eine Reihe von Kunstwerken aus privatem und öffentlichem Besitz an sich gebracht, darunter das berühmte Standbild der Diana von Segesta. Als die Sizilianer sich nach der Statthalterschaft des Verres in Rom beschwerten, führte Cicero die Anklage gegen ihn.*

Gleich nachdem der Prozeß begonnen hatte, in dem Cicero die Schandtaten des Verres schonungslos anprangerte, erkannte dieser das Aussichtslose seiner Lage und begab sich freiwillig ins Exil nach Massilia.

Quomodo signa a Carthaginiensibus deportata civitatibus Siciliae reddita sint

Segesta est oppidum veterrimum in Sicilia, iudices, quod ab Aenea fugiente a Troia atque in haec loca veniente conditum esse demonstrant. Itaque Segestani non solum perpetua societate atque amicitia, sed etiam cognatione[1] cum populo Romano coniuncti esse putantur. Hoc quondam oppidum, cum illa civitas
5 cum Poenis suo nomine ac sua sponte bellaret, a Carthaginiensibus vi captum atque deletum est omniaque, quae ornamento urbi esse possunt, Carthaginem sunt ex illo loco deportata. Fuit Segestae ex aere Dianae simulacrum cum summa atque antiquissima praeditum[2] religione, tum singulari opere artificioque perfectum. Hoc translatum Carthaginem locum tantum hominesque mutarat,
10 religionem quidem pristinam conservabat; nam propter eximiam[3] pulchritudinem etiam Carthagine sanctissime culta est.

Aliquot saeculis post P. Scipio Carthaginem cepit; qua in victoria convocatis Siculis omnibus, quod diutissime saepissimeque Siciliam vexatam a Carthaginiensibus esse cognorat, iubet omnia conquiri; pronuntiat sibi magnae curae
15 fore, ut omnia civitatibus Siciliae redderentur. Tum illa, quae quondam erant Himera sublata, Thermas sunt reportata[4], tum alia Gelam, alia Agrigentum, in quibus ille nobilis taurus, quem crudelissimus omnium tyrannorum Phalaris habuisse dicitur, quo vivos supplicii causa demittere homines et subicere flammam solebat. Quem taurum cum Scipio redderet Agrigentinis, dixisse dicitur
20 aequum esse illos cogitare, utrum esset utilius suis servire an populo Romano obtemperare, cum idem monumentum et domesticae[5] crudelitatis et nostrae mansuetudinis[6] haberent.

Illo tempore Segestanis maxima cum cura haec ipsa Diana, de qua dicimus, redditur; reportatur Segestam, in suis antiquis sedibus summa cum gratulatio-

Redner

25 ne[7] civium et laetitia reponitur[8]. Haec erat posita Segestae alta in basi[9], in qua grandibus litteris P. Africani nomen erat incisum[10] eumque Carthagine capta restituisse perscriptum[11].

1 cognātiō, cognātiōnis, *f.* – die Verwandtschaft (vgl. nātus, a, um; nātiō) **2** praeditus, a, um – mit … versehen (vgl. dare) **3** eximius, a, um – außergewöhnlich (vgl. emere) **4** reportāre – zurückbringen, zurückschaffen (vgl. portāre) **5** domesticus, a, um – häuslich, eigen, einheimisch (vgl. domus) **6** mānsuētūdo, mānsuētūdinis, *f.* – die Milde **7** grātulātiō, grātulātiōnis, *f.* – die Freude, der Glückwunsch, Dank (vgl. grātus, a, um; grātia) **8** repōnere, repōnō, reposuī, repositum – zurückstellen, hinstellen (vgl. pōnere) **9** basis, basis, (im, ium), *f. (griech.)* – der Sockel **10** incīdere, incīdō, incīdī, incīsum – einschneiden, einmeißeln (vgl. caedere) **11** perscrībere, perscrībō, perscrīpsī, perscrīptum – genau niederschreiben, protokollieren (vgl. scrībere)

43

Der Tempel von Segesta

Das Theater von Segesta

Cicero über die Freundschaft:

Solem e mundo tollere videntur, qui amicitiam e vita tollunt.

Cicero in einem Brief an seinen Bruder Quintus*
über die Pflichten eines guten Statthalters
(Winter 60/59 v. Chr.)

Was kann es Erhebenderes und Erstrebenswerteres geben, als daß unbedingte Redlichkeit, Selbstbeherrschung und Mäßigung sich nicht versteckt und im Verborgenen blüht, sondern daß sie sich im hellen Tageslicht, vor den Augen unserer Provinz, vor den Ohren aller Völker und Stämme betätigt! Daß die Leute bei Deinen Dienstreisen nicht in Schrecken geraten, nicht durch Deine Ansprüche arm gemacht, nicht durch Dein Erscheinen beunruhigt werden! Daß, wohin Du kommst, im öffentlichen und im privaten Leben eitel Freude herrscht, wenn man sieht, daß die Gemeinde einen Schirmherrn, nicht einen Tyrannen, und das Privathaus einen Gast, nicht einen Räuber aufgenommen hat!

...

Die ganze Provinz soll das Bewußtsein haben, daß Dir nichts mehr am Herzen liegt als das Wohl all Deiner Untertanen, ihre Kinder, ihr Ruf und ihr Eigentum.

...

Mir will scheinen, wer andern zu gebieten hat, muß eins zur Richtschnur all seines Handelns machen: das größtmögliche Glück derer, die ihm unterstellt sind.

...

Darum bleibe mit ganzer Seele und allem Eifer dem von Dir bisher vertretenen Grundsatz treu, alle, die Dir Senat und Volk von Rom auf Gedeih und Verderb überlassen und anvertraut haben, zu achten, in jeder Weise zu schützen und Dich zu bemühen, sie so glücklich wie möglich zu machen.

---

* Q. Tullius Cicero war 61–58 v. Chr. Statthalter der Provinz Asia.

XLIV

A De L. Tarquinio Superbo

L. Tarquinius iuvenis, Tarquini Prisci regis filius, ardens[1] cupiditatibus erat. Servio Tullio regi, socero[2] suo, invidebat et regnum habere quam sperare maluit. Ut agendae rei tempus esse putavit, cum agmine armatorum in forum irrupit; omnibus perterritis patres in curiam vocavit et in regia sede sedens Servio Tullio
5 regi turpissime maledicere coepit. Subito rex ipse apparuit et magna voce: „Quid hoc", inquit, „Tarquini, rei est? Qua tu audacia me vivo vocavisti patres aut[3] in sede consedisti mea?" Tum Tarquinius medium arripit[4] Servium senem elatumque e curia per gradus deiecit. Inde ad cogendum senatum in curiam rediit. Regem fugientem a Tarquinio missi interfecerunt.
10 Sic Tarquinius regnare coepit. Cum metueret ipse poenam sceleris sui, metui volebat. Quos Servi rebus favisse[5] credebat, e medio sustulit. Alios praedae faciendae causa occidit, in exilium egit, bonis multavit[6]. Atque morem senatus consulendi a prioribus regibus traditum solvit et per se ipse rem publicam administravit. Itaque haud mirum est Superbi cognomen ei ex moribus datum
15 esse.
Hoc modo Tarquinius regnavit annos quinque et viginti. Et bellis gerendis et colonis mittendis imperii fines auxit. De ornanda et instruenda urbe multa et magna constituit. In Capitolio amplissimum Iovis templum aedificandum cura-

Das Kapitol *(Modell)*

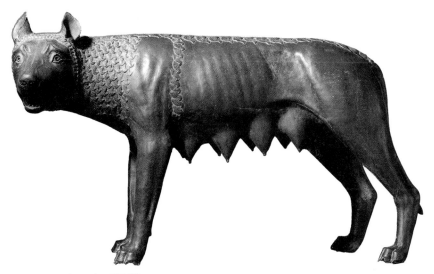

Die Kapitolinische Wölfin
Etruskisches Bronzewerk aus dem frühen 5. Jh. v.Chr.

vit, ut monumentum regni sui nominisque relinqueret. Etiam ad alia opera
20 plebs coacta est, foros[7] in circo faciendos cloacamque[8] maximam sub terra
agendam.

Denique cum maior Tarquini filius Lucretiae, mulieri nobili, vim attulisset et
ea ob illam iniuriam sese ipsa interfecisset, vir ingenio et virtute praestans
L. Iunius Brutus depulit a civibus suis iniustum illud durae servitutis iugum. Qui
25 cum privatus esset, totam rem publicam sustinuit primusque in hac civitate
docuit in conservanda civium libertate privatum esse neminem.

Tumultu facto cum ex omnibus locis urbis in forum concursum esset, Brutus
multitudinem adversus regem concitavit[9]: „Novistis, Quirites, causam mortis
Lucretiae. Mementote superbiam multasque iniurias et regis ipsius et filiorum,
30 mementote indignam Servi Tulli regis caedem! Nunc est occasio vestri liberandi. Nolite eam praetermittere!" His memoratis incensam multitudinem perpu-
lit[10], ut imperium regi, qui tum forte in castris erat, abrogaret exulesque esse
iuberet L. Tarquinium cum coniuge ac liberis.

Harum rerum nuntiis in castra perlatis rex Romam perrexit ad comprimen-
35 dos[11] motus; sed clausae portae exiliumque ei indictum[12]. Bona regia diripienda
plebi sunt data, et ager Tarquiniorum, qui inter urbem ac Tiberim fuit, conse-
cratus Marti, Martius deinde campus fuit.

---

1 ardēre, ardeō, arsī, arsum – brennen **2** socer, socerī – der Schwiegervater **3 aut** (*in
Fragen und verneinten Sätzen*) – und **4** arripere, arripiō, arripuī, arreptum – ergreifen,
packen (vgl. rapere) **5** favēre, faveō, fāvī, fautum (*m. Dat.*) – begünstigen **6** multāre –
bestrafen **7** forī, *pl.* – die Sitzreihen **8** cloāca – der Entwässerungs- und Abwasserkanal; cloācam agere – einen Abwasserkanal anlegen **9** concitāre – aufwiegeln (vgl. inci-
tāre) **10** perpellere, perpellō, perpulī, perpulsum – dazu bringen (vgl. pellere) **11** com-
primere, comprimō, compressī, compressum – zusammendrücken, unterdrücken, nieder-
werfen (vgl. premere) **12** indīcere, indīcō, indīxī, indictum – ansagen, verkünden (vgl.
dīcere)

S NE TV ALIIS FACIENDAM TRADE,
FACTAM SI REM CVPIS.

nē trāde – übergib nicht, überlaß nicht

Bauinschrift des Kaisers Augustus an der Via Aemilia (2 v.Chr.):
IMPERATOR CAESAR AVGVSTVS PONTIFEX MAXIMVS
CONSVL XIII TRIBVNICIA POTESTATE XXII
VIAM AEMILIAM AB ARIMINO AD FLVMEN TREBIAM
MVNIENDAM CVRAVIT.

pontifex, pontificis, *m.* – Angehöriger des höchsten römischen Priesterkollegiums der Pontifices (vgl. **pōns; facere**) **pontifex maximus** – der Oberpontifex, Vorsteher der Pontifices
XIII (= **tertium decimum**) – zum 13. Mal **tribūnicius, a, um** – tribunizisch (vgl. **tribūnus
plēbis**); **tribūnicia potestās** – die Amtsgewalt eines Tribunen **XXII** (= **vīcēsimum
secundum**) – zum 22. Mal

 In Etrurien entwickelte sich im 7. Jahrhundert v. Chr. die erste große Kultur Italiens. Seit dem
Ende dieses Jahrhunderts wuchs der Macht- und Einflußbereich der Etrusker über ihr ur-
sprüngliches Gebiet hinaus: im Norden gewannen sie die Herrschaft über einen großen Teil
der Poebene, im Süden über Rom und Latium bis nach Kampanien hin.

In der Überlieferung von der Herrschaft der etruskischen Dynastie der Tarquinier über
Rom (616–509 v. Chr.) hat dieser Vorgang seinen Niederschlag gefunden. Rom erlebte damals seine erste Blüte. Unter den etruskischen Herrschern entfaltete sich eine rege Bautätigkeit. Steinerne Bauten mit Dächern aus gebrannten Ziegeln lösten die primitiveren Behau-
sungen der Frühzeit ab. Das Forum wurde zum Stadtmittelpunkt gestaltet mit Heiligtümern,
öffentlichen Gebäuden, Läden und dauerhaftem Pflaster. Das bedeutendste Bauwerk dieser
Zeit war der Jupitertempel, der auf dem Kapitol anstelle einer älteren Kultstätte errichtet wurde. Er war nach dem Muster anderer etruskischer Tempel gebaut* und besaß drei Kulträume
(cellae) für Jupiter, Juno und Minerva. Die Kultbilder und der Figurenschmuck am Giebel und
am Dach waren aus Ton gebrannt (Terrakotta) und von etruskischen Künstlern gefertigt; sie
dürften den Statuen, die wir von anderen etruskischen Tempeln der Zeit kennen, ähnlich ge-
wesen sein. Der Jupitertempel auf dem Kapitol wurde das Haupheiligtum der Stadt. – Dank
ihrer technischen Fähigkeiten konnten die Etrusker auch einen großen Entwässerungskanal,
die cloaca maxima, anlegen, durch den das bis dahin sumpfige Forumgebiet trockengelegt
wurde.

Auf vielen Gebieten übten die Etrusker einen bleibenden Einfluß auf die Römer aus. Viele
äußere Zeichen der Macht, die die etruskischen Könige mitgebracht hatten, haben die Römer beibehalten, wie die Liktoren mit den Rutenbündeln und die sella curulis**; auch die Sit-
te des Triumphzugs und das Gewand und das Zepter des Triumphators übernahmen die Römer von den Etruskern.

Aus der römischen Religion ist seit der Etruskerzeit die strenge Beobachtung genau vor-
geschriebener Riten ebensowenig wegzudenken wie die Versuche, aus den Eingeweiden
der Opfertiere, der Beobachtung des Vogelflugs, der Beobachtung von Donner und Blitz und
anderen Zeichen den Willen der Götter zu erkennen.

---

* Die etruskischen Tempel waren breiter als die griechischen, das Dachgebälk war aus Holz. Sie standen
auf einem hohen Podest und hatten nur an der Frontseite Stufen.
** Siehe S. 22.

Apollo
Bemalte Terrakotta vom
Dach eines etruskischen
Tempels in Veji,
Ende des 6. Jhs. v.Chr.

XLV

A De Q. Fabio Maximo dictatore

Post cladem gravissimam ad lacum Trasumennum acceptam Romani metuebant, ne Hannibal urbem oppugnaret. Itaque dictatorem populus creavit Q. Fabium Maximum et magistrum equitum M. Minucium Rufum; iisque negotium ab senatu datum est, ut patriam tuerentur. Dictator exercitum itineribus summa cum cura exploratis ad hostem duxit, qui per Umbriam et per agrum Picenum vagatus[1] in Apulia morabatur, et in conspectu hostium posuit castra. Nulla mora facta Hannibal aciem instruxit Romanosque proelio lacessere[2] conatus est. Fabius autem prudentiam temeritati[3] anteponendam[4] esse arbitratus est et milites castris tenuit. Tum Hannibal Romanos doctos esse malis intellexit et temptare constantiam dictatoris movendo crebro castra populandoque[5] in oculis eius agros sociorum coepit. Sed Fabius per loca alta agmen ducebat modico ab hoste intervallo, ut neque omitteret eum neque proeliandi[6] facultatem ei daret; nam salutem publicam summum in periculum vocare noluit.

Hanc rationem belli gerendi multi et in castris et in urbe nimis cautam putabant et illudentes cognomen Cunctatoris[7] Fabio addiderunt. Etiam Minucius dictatorem segnem[8] ac timidum appellare veritus non est et superiorem premendo se extollebat[9]. Neque tamen Fabius sedendo et cunctando[7] bellum gerere desiit haud parvam rem esse ratus ab totiens[10] victore hoste vinci desiisse.

Postremo populus ius magistri equitum et dictatoris aequavit. Legiones, equites sociosque igitur inter se diviserunt. Magister equitum castra quoque separata esse voluit. Quibus rebus Hannibal valde gavisus est; sperabat enim se propter temeritatem Minuci bellum suo modo gesturum esse. Brevi post M. Minucius iniquo loco temere proelium commisit; subito hostes undique ex insidiis erumpentes tantum tumultum fecerunt, ut nec animus ad pugnam neque ad fugam spes cuiquam superesset. Tum Fabius primum clamore audito, deinde conspecta procul perturbata acie suos est hortatus: „Ita est; non celerius, quam timui, comprehendit fortuna temeritatem. Sed aliud accusandi tempus erit. Nunc signa extra vallum proferte; auxiliamini Minuci militibus!" Cum Fabiana se acies subito velut caelo demissa ad auxilium ostenderet, Poeni se receperunt Hannibale fatente ab se Minucium, se ab Fabio victum esse. Tum Minucius castra cum Fabio iunxit et patrem eum appellavit idemque facere milites iussit.

Paulo post Q. Fabius Maximus dictatura se abdicavit[11] et exercitum consulibus tradidit. Illum virum de patria bene meritum Ennius poeta his versibus celebravit:

Unus homo nobis cunctando restituit rem[12];
non enim rumores ponebat ante salutem.

1 vagārī – umherschweifen   **2** lacessere, lacessō, lacessīvī, lacessītum – reizen   **3** temeri-
tās, temeritātis, *f.* – die Unbesonnenheit, der Leichtsinn (vgl. temere)   **4** antepōnere, ante-
pōnō, anteposuī, antepositum – vorziehen (vgl. pōnere)   **5** populārī – verwüsten (vgl. populus)   **6** proeliārī – kämpfen (vgl. proelium)   **7** cūnctārī – zögern, zaudern; Cūnctātor,
Cūnctātōris, *m.* – der Zögerer, Zauderer   **8** sēgnis, sēgne – säumig, lässig, träge   **9** extollere, extollō, extulī – herausheben, hervorheben (vgl. tollere)   **10** totiēns *(Adv.)* – so oft
(vgl. tot)   **11** dictātūrā sē abdicāre – das Amt des Diktators niederlegen (vgl. dictātor; dīcere)   **12** rem *für* rem pūblicam

NIL ADMIRARI   **S**

Anrufung Gottes (aus frühchristlicher Zeit):
Miserere nostri, Domine, miserere nostri!

Aus einem Mariengebet für die Osterzeit (um 1170):
Gaude et laetare, virgo Maria, alleluia,
quia surrexit Dominus vere, alleluia!

miserērī, misereor, miseritus sum *m. Gen.* – sich erbarmen (vgl. miser; misericordia)   **alle-
lūiā** *(hebr.)* – liturgischer Jubelruf

In Krisensituationen konnte der amtierende Konsul nach Absprache mit dem Senat einen
Diktator ernennen (dictātōrem dīcere), der sich dann selbst einen magister equitum als
Amtsgehilfen ernannte. Fabius und Minucius wurden abweichend von diesem Brauch vom
Volk gewählt, weil der eine Konsul gefallen und der andere abwesend war. Der Diktator be-
saß die höchste militärische und zivile Gewalt, und alle Beamten, auch die Konsuln, waren
ihm unterstellt. Ein Diktator konnte höchstens sechs Monate im Amt bleiben.
202 v. Chr. wurde zum letztenmal ein Diktator ernannt; offensichtlich fürchtete man einen
Mißbrauch des Amtes. Die Diktaturen Sullas und Caesars sind keine Diktaturen im Sinne der
republikanischen Verfassung Roms. Sulla ließ sich 82 v. Chr. zum Diktator auf unbestimmte
Zeit ernennen und legte das Amt 79 v. Chr. nieder. Caesar wurde 49 v. Chr. zum erstenmal
Diktator; 48 v. Chr. erhielt er dieses Amt abermals, diesmal für ein Jahr, 46 v. Chr. dann für
zehn Jahre und am 15. Februar 44 v. Chr. gar auf Lebenszeit.
Seit den Unruhen der Gracchenzeit erweiterte der Senat in gefährlichen Situationen durch
den „äußersten Senatsbeschluß" (senātūs cōnsultum ultimum) die Befugnisse der Konsuln:
Videant consules, ne quid detrimenti capiat res publica.
Die Konsuln sollen zusehen, daß der Staat keinen Schaden nimmt.
Was das im einzelnen bedeutet, beschreibt der römische Historiker Sallust:
Diese Vollmacht ist die höchste, die nach römischem Herkommen vom Senat einem Be-
amten übertragen wird. Er ist dann befugt, ein Heer aufzustellen, Krieg zu führen, Bundes-
genossen und Bürger mit allen Mitteln in die Schranken der Ordnung zu weisen, in der
Heimat und im Feld die oberste militärische und richterliche Gewalt auszuüben. Sonst hat
der Konsul ohne Genehmigung des Volkes kein Recht zu diesen Maßnahmen.
Einen anderen Ausweg suchte der Senat 52 v. Chr., indem er Pompejus zum consul sine collega ernannte.

XLVI

A De M. Porcio Catone

P.Claudio L.Porcio consulibus magnum
certamen ortum est; censuram enim maxima contentione petebant quinque pa-
tricii, plebeii autem quattuor, in quorum
numero fuit M.Porcius Cato.

In hoc viro summa vis animi ingenii-
que fuit. Nulla ars neque privatae neque
publicae rei gerendae ei defuit; urbanas
rusticasque res pariter callebat[1]. Summos
honores alii scientia iuris, alii eloquentia,
alii gloria militari assecuti sunt; huic
egregium ingenium sic pariter ad omnia
fuit, ut natus esse ad id unum videretur,
quodcumque aggrediebatur. In bello

Römer der republikanischen Zeit

multis insignibus pugnis laudem adeptus est; idem, postquam ad magnos honores pervenit, summus imperator; idem in pace, si ius consuleres, peritissimus, si
causa oranda esset[2], eloquentissimus[3]. Orationes et pro se multae et pro aliis et
in alios; nam non solum accusando, sed etiam causam dicendo[2] fatigavit[4] inimicos. Asperi animi et linguae acerbae et immodice liberae fuit, sed invicti a cupiditatibus animi, rigidae[5] innocentiae[6], contemptor[7] gratiae ac divitiarum. Per
totam vitam cives monuit, ne morum maiorum obliviscerentur. Nam cum reges
magni bello victi, nationes ferae et populi ingentes vi subacti essent, civitas mu-
tata erat et luxuria atque avaritia animos hominum exercebant[8]. Cato autem
summa ope nisus est, ut nova flagitia castigaret[9] et priscos revocaret mores.

Hunc, sicut omni vita, tum censuram petentem premebat nobilitas; coierant
praeter L.Flaccum, qui collega in consulatu fuerat, candidati[10] omnes ad
M.Porcium deiciendum honore[11], non solum ut ipsi potius adipiscerentur nec
quia aegre patiebantur novum hominem[12] censorem videre, sed etiam quod
tristem censuram periculosamque multorum famae exspectabant. Petebat enim

1 callēre – große Erfahrung in etwas haben, etwas beherrschen **2** causam ōrāre – in
einem Prozeß eine Rede halten; **causam dīcere** – einen Prozeß führen, sich in einem Prozeß
verteidigen **3** ēloquēns, *Gen.* ēloquentis – beredt, redegewandt **4** fatīgāre – ermüden,
plagen **5** rigidus, a, um – starr, unbeugsam **6** innocentia – die Rechtschaffenheit (vgl.
nocēre) **7** contemptor, contemptōris, *m.* – der Verächter (vgl. contemnere) **8** animōs
hominum exercēre – den Menschen keine Ruhe lassen **9** castīgāre – züchtigen, tadeln **10** candidātus – der Amtsbewerber, Kandidat **11** M.Porcium dēicere honōre –
M.Porcius' Wahl verhindern **12** homo novus – der Mann ohne adlige Ahnen, Empor-
kömmling

M. Porcius tum quoque minans censuram liberam fore et fortem. His incensi homines adversa nobilitate M. Porcium censorem fecerunt et collegam ei L. Flaccum addiderunt.

Severe censura functi sunt; nam et in complures nobiles animadverterunt et multas res novas in edictum addiderunt, ut luxuriam reprimerent. Nobilis censura fuit contentionumque plena, quae M. Porcium, cui acerbitas ea assignabatur, per omnem vitam exercuerunt. Tamen, quoad vixit, summa auctoritate usus est.

REM TENE, VERBA SEQVENTVR. **S**

NATVRAM INTVEAMVR, HANC SEQVAMVR!

NESCIT VOX MISSA REVERTI.

EXPERTO CREDITE!

AVE, IMPERATOR, MORITVRI TE SALVTANT!

Martin Luther in einem Brief an Philipp Melanchthon (1. August 1521):
Pecca fortiter, sed fortius fide et gaude in Christo!

nescīre – *hier:* nicht können   **avē!** – sei gegrüßt! lebe wohl!   **peccāre** – sündigen

---

Alle fünf Jahre wurden durch die Zenturienversammlungen* ein Patrizier und ein Plebejer zu Zensoren gewählt, die dann 1½ Jahre ihr Amt ausübten. Ihre Aufgabe war die Erstellung einer neuen Senatsliste und einer Liste der Ritter sowie die Zählung und Vermögensschätzung aller Bürger (cēnsus, ūs), wodurch die Unterlagen für die Besteuerung und für die Überwachung der Wehrpflicht gewonnen wurden. Im Zusammenhang damit hatten sie das Verhalten der Bürger zu überprüfen und diejenigen, die Anstoß erregt hatten, zu rügen. Senatoren, deren Verhalten zu beanstanden war, wurden aus dem Senat ausgestoßen (senātū movēre); Rittern konnten sie im Zusammenhang mit einer Rüge das Ritterpferd und Bürgern das Stimmrecht nehmen. Schließlich lag in ihrer Hand die Verpachtung der Staatseinkünfte (Steuern, Zölle, Bergwerke, Staatsländereien usw.) an den Meistbietenden und die Vergabe der öffentlichen Bauaufträge (z.B. Straßen, öffentliche Gebäude). Am Ende ihrer Amtszeit brachten sie auf dem Marsfeld ein feierliches Opfer dar, durch das alle Vergehen gegen die Götter aus den vergangenen fünf Jahren gesühnt werden sollten (lūstrum).

Cato und Flaccus stießen sieben Senatoren aus dem Senat aus, darunter einen ehemaligen Konsul. Bei der Musterung der Ritter wurde ebenfalls einem ehemaligen Konsul das Ritterpferd genommen. Um die aufkommende Verschwendungssucht einzudämmen, setzten sie die Steuern für Luxusgüter, die mehr als 15000 As gekostet hatten**, dreißigmal so hoch an wie bisher. Privatleuten, die öffentliche Wasserleitungen angezapft hatten, nahmen sie das Wasser wieder weg; Gebäude, die von Privatleuten widerrechtlich auf Staatsland errichtet worden waren, ließen sie innerhalb von 30 Tagen abreißen. Beim Verpachten der Staatseinkünfte sorgten sie dafür, daß die Pächter einen ungewöhnlich hohen Preis bezahlen mußten; die öffentlichen Aufträge erhielten grundsätzlich die Unternehmer, die die Arbeiten am billigsten ausführten.

---

* Siehe S. 22.
** Ein einfaches Gewand kostete damals 1000 As, ein Frauenmantel 4000 As, ein ungelernter Sklave 2000–5000 As.

ZT Drei Fabeln des Phaedrus

LVPVS ET AGNVS

Ad rivum eundem lupus et agnus venerant
siti compulsi. Superior stabat lupus
longeque inferior agnus. Tunc fauce improba
latro incitatus iurgii causam intulit:
5 „Cur", inquit, „turbulentam fecisti mihi
aquam bibenti?" Laniger contra timens:
„Qui possum, quaeso, facere, quod quereris, lupe?
A te decurrit ad meos haustus liquor."
Repulsus ille veritatis viribus:
10 „Ante hos sex menses male", ait, „dixisti mihi."
Respondit agnus: „Equidem natus non eram."
„Pater hercle tuus ibi", inquit, „maledixit mihi."
Atque ita correptum lacerat iniusta nece.

Haec propter illos scripta est homines fabula,
15 qui fictis causis innocentes opprimunt.

agnus – das Lamm   rīvus – der Bach   sitis, sitis, (im), *f.* – der Durst   compellere, com-
pellō, compulī, compulsum – zusammentreiben, hintreiben, treiben (vgl. pellere)   faux,
Abl. fauce, (ium), *f.* – der Schlund   latrō, latrōnis, *m.* – der Räuber   iurgium – der
Streit   turbulentus, a, um – trübe (vgl. turba)   lāniger, lānigera, lānigerum – wolltra-
gend (vgl. gerere); *Subst.:* der Wollträger *(dichterisch für* agnus)   quī? – wie? (vgl.
quis?)   quaesō – ich bitte, frage (vgl. quaerere)   querī, queror, questus sum – sich beklagen (aliquid – über etwas)   haustus, ūs – das Schöpfen; *hier:* die Schöpfstelle   liquor, li-
quōris, *m.* – die Flüssigkeit *(dichterisch für* aqua)   vēritās, vēritātis, *f.* – die Wahrheit (vgl.
vērus)   mēnsis, mēnsis, (ium), *m.* – der Monat; ante hōs sex mēnsēs – vor sechs Monaten
male ... dīxistī = maledīxistī   ibī – *hier zeitlich:* damals   corripere, corripiō, corripuī,
correptum – packen, ergreifen (vgl. rapere)   nex, necis, *f.* – der Mord (vgl. necāre)
fingere, fingō, fīnxī, fictum – formen, bilden, erdichten (vgl. figūra)   innocēns, *Gen.* inno-
centis – unschuldig (vgl. nocēre)

54

RANA ET BOS

Inops, potentem dum vult imitari, perit.

In prato quondam rana conspexit bovem
et tacta invidia tantae magnitudinis
rugosam inflavit pellem: tum natos suos
5 interrogavit, an bove esset latior.
Illi negarunt. Rursus intendit cutem
maiore nisu et simili quaesivit modo,
quis maior esset. Illi dixerunt bovem.
Novissime indignata dum vult validius
10 inflare sese, rupto iacuit corpore.

rāna – der Frosch   bōs, bovis, *m.* – der Ochse   inops, *Gen.* inopis – machtlos, schwach
(vgl. ops)   potēns, *Gen.* potentis – mächtig (vgl. potentia)   imitārī – nachahmen   prātum – die Wiese   rūgōsus, a, um – runzlig   īnflāre – aufblasen   nātus – *Subst.:* der
Sohn, das Kind   an — ob   intendere, intendō, intendī, intentum — anspannen, blähen
cutis, cutis, (ium), *f.* — die Haut   nīsus, ūs — die Anstrengung (vgl. nītī)   novissimē —
zu guter Letzt (vgl. novus)   indignārī — sich ärgern, sich entrüsten (vgl. indignus)

VVLPES ET CORVVS

Qui se laudari gaudet verbis subdolis,
sera dat poenas turpes paenitentia.

Cum de fenestra corvus raptum caseum
comesse vellet, celsa residens arbore,
5 vulpes hunc vidit, deinde sic coepit loqui:
„O qui tuarum, corve, pennarum est nitor!
Quantum decoris corpore et vultu geris!
Si vocem haberes, nulla prior ales foret."
At ille stultus, dum vult vocem ostendere,
10 emisit ore caseum, quem celeriter
dolosa vulpes avidis rapuit dentibus.
Tum demum ingemuit corvi deceptus stupor.

vulpēs, vulpis, (ium), *f.* – der Fuchs   corvus – der Rabe   subdolus, a, um – hinterlistig,
verschlagen   sērus, a, um – spät (vgl. sērō)   paenitentia – die Reue (vgl. paenitet)   cāseus
– der Käse   comedere *(Nebenform* comesse), comedō, comēdī, comēsum – aufessen   celsus,
a, um – emporragend, hoch   residēre = sedēre   loquī, loquor, locūtus sum – sprechen
nitor, nitōris, *m.* – der Glanz   decor, decōris, *m.* – die Schönheit   vultus, ūs – die Miene,
das Gesicht   āles, ālitis, *f.* – der Vogel   foret = esset   prior sum – ich bin der vordere,
bin überlegen   ēmittere, ēmittō, ēmīsī, ēmissum – hinausschicken; fallen lassen (vgl. mittere)   dolōsus, a, um – listig   avidus, a, um – gierig   dēns, dentis, (ium), *m.* – der Zahn
tum dēmum – da erst   ingemīscere, ingemīscō, ingemuī – aufseufzen   stupor, stupōris, *m.*
– die Dummheit

XLVII

A *Makedonien behauptete auch nach dem Tod Alexanders des Großen (323 v.Chr.) seine Vormachtstellung in Griechenland.*

Nach den schweren Niederlagen der Römer zu Beginn des 2. Punischen Krieges schloß 215 v.Chr. der Makedonenkönig Philipp V. ein Bündnis mit Hannibal und trat in den Krieg gegen Rom ein; dieser 1. Makedonische Krieg wurde 205 v.Chr. durch einen Sonderfrieden beendet. Aber bereits 200 v.Chr. kam es erneut zum Krieg zwischen Rom und Makedonien (2. Makedonischer Krieg), als mehrere griechische Staaten wegen der hemmungslosen Eroberungspolitik Philipps V. Rom um Hilfe baten und die Römer Philipp mit diplomatischen Mitteln nicht zur Änderung seiner Politik bewegen konnten. Der Krieg wurde durch den römischen Sieg bei Kynoskephalai 197 v.Chr. entschieden.

Philipp V. und sein Sohn Perseus wollten sich jedoch auf die Dauer nicht damit abfinden, daß die Vormachtstellung Makedoniens in Griechenland gebrochen war. Ihr Versuch, noch einmal die alte Machtposition zurückzugewinnen, führte zum 3. Makedonischen Krieg (171–168 v.Chr.), der durch den Sieg des Konsuls L. Aemilius Paulus bei Pydna entschieden wurde. Der geschlagene König Perseus suchte zunächst im Heiligtum der Insel Samothrake Zuflucht. Als eine römische Flottenabteilung unter dem Prätor Cn.Octavius auf Samothrake landete, verließ Perseus nach einem gescheiterten Fluchtversuch das Heiligtum und ergab sich. Der Prätor verständigte umgehend den Konsul und schickte den gefangenen König zu ihm ins Lager.

König Perseus

De L. Aemilio Paulo et Perseo rege

Paulus, qui secundam eam victoriam putaret, sacrum fecit eo nuntio, et consilio[1] advocato litteras praetoris cum recitasset, Q. Aelium Tuberonem obviam regi misit, ceteros manere in praetorio[2] iussit. Nullo alio tempore ad ullum spectaculum tanta multitudo concurrit. Pullo[3] amictu[4] cum filio Perseus ingressus est castra. Progredi prae turba occurrentium ad spectaculum non poterat, donec a consule lictores missi sunt, qui iter ad praetorium facerent. Surrexit consul iussis sedere aliis progressusque paulum introeunti[5] regi dextram porrexit[6] submittentemque[7] se ad pedes sustulit et adversus advocatos in consilium considere iussit.

Primo eum interrogavit: „Qua subactus iniuria contra populum Romanum bellum tam infesto[8] animo suscepisti, quo te regnumque tuum ad ultimum discrimen adduceres?" Cum Perseus terram intuens diu tacitus fleret, rursus consul: „Si iuvenis regnum accepisses, minus equidem mirarer ignorasse te, quam gravis aut amicus aut inimicus esset populus Romanus. Nunc vero et bello patris tui, quod nobiscum gessit, interfuisti et pacis postea, quam cum summa fide adversus eum coluimus, meministi; tamen cum iis, quorum et vim in bello et fidem in pace expertus esses, tibi bellum esse quam pacem maluisti." Nec interrogatus nec accusatus cum respondisset, „Utcumque[9] tamen haec sive errore humano seu casu seu necessitate acciderunt, bonum animum habe. Multorum regum populorumque casibus cognita populi Romani clementia non modo spem tibi, sed prope certam fiduciam[10] salutis praebet."

Haec Graeco sermone Perseo, Latine deinde suis: „Exemplum insigne cernitis", inquit, „mutationis[11] rerum humanarum. Vobis haec imprimis dico, iuvenes. Ideo in secundis rebus nihil in quemquam superbe ac crudeliter consulere[12] decet nec praesenti credere fortunae, cum, quid vesper ferat, incertum sit. Is demum vir erit, cuius animum neque prosperae res extollent nec adversae frangent."

Consilio dimisso tuendi cura regis Q. Aelio mandatur, qui maxime ad eam rem idoneus videtur propter eximiam gloriam virtutum.

Perseus mußte ein Jahr später im Triumphzug des Aemilius Paulus in Ketten vor dem Wagen des Siegers gehen und wurde anschließend in Italien interniert.

---

1 cōnsilium – *hier:* Kriegsrat **2 praetōrium** – das Feldherrnzelt (vgl. praetor) **3 pullus, a, um** – dunkel **4 amictus, ūs** – das Obergewand, der Mantel (vgl. iacere) **5 introīre, introeō, introiī, introitum** – hineingehen (vgl. īre) **6 porrigere, porrigō, porrēxī, porrēctum** – hinreichen, entgegenstrecken (vgl. regere) **7 submittere, submittō, submīsī, submissum** – herunterlassen, niederlassen (vgl. mittere) **8 īnfestus, a, um** – feindselig **9 utcumque** – wie auch immer (vgl. ut; quīcumque) **10 fīdūcia** – das Vertrauen, die Zuversicht (vgl. fīdus, a, um; fidēs; fīdere) **11 mūtātiō, mūtātiōnis, f.** – die Veränderung, der Wandel (vgl. mūtāre) **12 aliquid in aliquem superbē cōnsulere** – mit jemandem überheblich umgehen

Löwenjagd
Mosaik aus der makedonischen Königsstadt Pella (um 300 v.Chr.)

S IVPPITER ARCE SVA TOTVM CVM SPECTAT IN ORBEM,
NIL NISI ROMANVM, QVOD TVEATVR, HABET.

Durch den 2. Makedonischen Krieg (200–197 v. Chr.) und den Syrischen Krieg gegen Antiochus III. (192–189 v. Chr.) gewannen die Römer die Vorherrschaft im östlichen Mittelmeer.

Unmittelbar nach dem entscheidenden Sieg der Römer bei Magnesia (Ende Dezember 190 v. Chr.) schickte Antiochus III. Unterhändler. Der Sprecher der Gesandtschaft eröffnete die Verhandlungen mit folgenden Worten:

„Wir haben nicht viel vorzubringen, wir möchten vielmehr euch Römer fragen, mit welcher Sühneleistung wir den Irrtum des Königs wiedergutmachen und Frieden und Gnade von den Siegern erlangen können. Ihr habt immer in hochherzigster Gesinnung besiegten Königen und Völkern verziehen. Ziemt es sich da nicht, daß ihr bei diesem Sieg, der euch zu Herren des Erdkreises gemacht hat, eine noch viel großmütigere und versöhnlichere Gesinnung zeigt? Ihr müßt jetzt die Streitigkeiten gegen alle Sterblichen aufgeben und nicht anders als die Götter für das Menschengeschlecht Sorge tragen und ihm Schonung angedeihen lassen."

Darauf gab Scipio Africanus zur Antwort: „Was in der Hand der unsterblichen Götter lag, das haben wir Römer von ihnen erhalten. Die Haltung, die unserer Denkweise entspricht, haben wir unverändert in jeder Situation gezeigt und zeigen sie nach wie vor, und weder hat das Glück uns je überheblich werden lassen noch das Unglück uns entmutigt. Dafür kann ich euch selbst als Zeugen anführen. Nachdem wir den Hellespont überschritten hatten, als das Kriegsglück sich noch keinem zugewandt hatte und der Ausgang des Krieges noch offen war, wolltet ihr die Friedensbedingungen wissen; dieselben Bedingungen, die wir euch damals als gleichgestelltem Partner genannt haben, nennen wir jetzt als Sieger den Besiegten."

Cæsar quod neq; conloquium interposita causa tolli uolebat neq; salutem

suam gallorū equitatu committere audebat. commodissimū ēē statuit

omnib; equis gallis equitib; detractis. eo legionarios similiter legionis

decime. cui quod maxime confidebat in ~ ponerent. ut praesidiū quā

amicissimum siquid opus facto essē & haberēt; Quod cū fieret. nōn iri

dicule quidā ex militib; decime legionis dixit · plusquā pollicitus essē·

cæsarem ei facere. pollicitū se in cohoras praetoriae loco decimā legi

onem habiturum. adequum rescribere; Planitie erat magna · 42

& in ea tumulus terrenus satis grandis· Hic locus equo fere spatio ab

castris arouisti & cæsaris aberat; Eo ut erat dictum ad conloq

ū uenerunt; Legionē cæsar quā equis uexerat passib; ducentas

ab eo tumulo constituit; Item equites arouisti pari intuallo ēstiterē;

Arouistus ex equis ut conloquerentur & praeter se denos ut ad conlo

quium adducerēt postulauit; Ubi eo uentū est. cæsar in itio oratio

onis. sua senatusq; in eū beneficia cōmemorauit. quod rex appella

tus essē a senatu. quod amicus. qd munera amplissime missæ; quā

rem & paucis contigissē. & pro magnis hominū officiis consuesse

tribui docebat illum ā neq; aditū neq; causam postulandi ustā ha

berē. beneficio ac liberalitate sua ac senatus ea praemia ēsecutū;

Docebat etiam quam ueteres quāq; ustae causae necessitudinis ipsis

cū heduis intercederent. quae senatus consulta quotiens· quāq;

honorifica in eos facta essent. ut omni tēpore totius galliae principa

tum heduis tenuissent. prius etiā quā nostrā amicitiā appetissent;

P. r. hanc ēē consuetudinem. ut socios atq; amicos nōn modo sui ni

hil deperdere. sed gratia dignitate honore auctiores uelit ēē;

Quod uero ad amicitiam p. r. attulissent. id his eripi quis pati possē·

Pergamenthandschrift des 9./10. Jhs.
mit dem Bericht Caesars über seine Unterredung mit Ariovist

59

XLVIII

A *Bei den Machtkämpfen der gallischen Stämme hatten die Haeduer mit ihren Verbündeten die Oberhand gewonnen. Daraufhin riefen die unterlegenen Sequaner um 70 v.Chr. germanische Söldner unter Ariovist ins Land. Mit ihrer Hilfe konnten sie die Haeduer und ihre Verbündeten schlagen, hatten aber an diesem Erfolg wenig Freude. Denn die Germanen setzten sich in ihrem Land fest und luden ihre Landsleute ein, in das schöne und fruchtbare Land zu kommen. Als Caesar nach Gallien kam, saßen 120 000 Germanen im Land der Sequaner und hatten sich ein Drittel ihres Gebietes angeeignet.*

Nachdem Caesar die Helvetier besiegt hatte, baten die Gallier ihn um Hilfe gegen die Germanen. Caesar fand es unerträglich, daß immer mehr Germanen nach Gallien kamen, die auch zu einer Gefahr für das römische Gebiet werden konnten, und daß die mit Rom verbündeten Haeduer in Abhängigkeit von diesen Germanen geraten waren. Er forderte Ariovist zu einer Zusammenkunft auf; dieser weigerte sich aber, sein Gebiet zu verlassen: wenn Caesar etwas von ihm wolle, müsse er schon zu ihm kommen. Caesar zog daraufhin mit seinen Truppen zum Gebiet Ariovists.

De Caesaris et Ariovisti colloquio

Cognito Caesaris adventu Ariovistus legatos ad eum mittit: colloquium per se fieri licere, quoniam propius accessisset. Caesar iam eum ad sanitatem[1] reverti arbitrabatur, cum id, quod antea petenti negasset, ultro[2] polliceretur. Dies colloquio dictus est ex eo die quintus. Interim cum legati saepe ultro citroque[2]
5 inter eos mitterentur, Ariovistus postulavit, ne quem peditem ad colloquium Caesar adduceret; vereri se, ne per insidias ab eo circumveniretur; uterque cum equitatu veniret; alia ratione sese non esse venturum. Caesar, quod salutem suam Gallorum equitatui committere non audebat, commodissimum esse statuit omnibus equis Gallis equitibus detractis eo milites legionis decimae, cui maxi-
10 me confidebat, imponere, ut praesidium quam amicissimum haberet.

Planities erat magna et in ea tumulus[3] satis grandis. Hic locus aequum fere spatium a castris utriusque aberat. Eo, ut erat dictum, ad colloquium venerunt. Legionem Caesar, quam equis advexerat, passibus ducentis ab eo tumulo constituit; item equites Ariovisti pari intervallo constiterunt.
15 Caesar initio orationis sua senatusque in eum beneficia commemoravit, quod in consulatu suo rex atque amicus appellatus esset a senatu, quod munera amplissime missa. Docebat etiam, quam veteres quamque iustae causae necessitudinis[4] ipsis cum Haeduis intercederent[5]. Populi Romani autem hanc esse consuetudinem, ut socios atque amicos non desereret. Quod vero ad amicitiam po-
20 puli Romani attulissent[6], id iis eripi quis pati posset? Postulavit deinde eadem,

60

quae legatis in mandatis dederat: ne aut Haeduis aut eorum sociis bellum infer-
ret; obsides redderet; si nullam partem Germanorum domum remittere posset,
at[7] ne quos amplius[8] Rhenum transire pateretur.

25 Ariovistus ad postulata[9] Caesaris respondit transisse Rhenum sese non sua
sponte, sed rogatum et arcessitum a Gallis; sedes habere in Gallia ab ipsis con-
cessas, obsides eorum voluntate datos; stipendium capere iure belli, quod victores victis imponere consuerint. Non sese Gallis, sed Gallos sibi bellum intulisse;
omnes Galliae civitates ad se oppugnandum venisse ac contra se castra habuisse; eas omnes copias uno a se proelio pulsas ac superatas esse. Quod multitu-
30 dinem Germanorum in Galliam traducat, id se sui tuendi, non Galliae oppu-
gnandae causa facere. Ceterum se prius in Galliam venisse quam populum
Romanum; numquam ante hoc tempus exercitum populi Romani Galliae provinciae finibus egressum. Quid sibi vellet? Cur in suas possessiones[10] veniret?
Provinciam suam hanc esse Galliam sicut illam nostram. Debere se suspicari si-
35 mulata Caesarem amicitia, quem exercitum in Gallia habeat, sui opprimendi
causa habere. Qui nisi decedat atque exercitum deducat ex his regionibus, sese
illum non pro amico, sed pro hoste habiturum.

Dum haec in colloquio geruntur, Caesari nuntiatum est equites Ariovisti
propius tumulum accedere et lapides[11] telaque in nostros conicere. Caesar lo-
40 quendi finem fecit seque ad suos recepit suisque imperavit, ne quod omnino te-
lum in hostes reicerent. Nam etsi sine ullo periculo legionis delectae cum equitatu proelium fore videbat, tamen committendum non putabat, ut pulsis
hostibus dici posset eos ab se perfide[12] in colloquio circumventos.

Wenige Tage später brachte Caesar Ariovist eine vernichtende Niederlage bei.
Die Germanen, die die Schlacht überlebten, flohen über den Rhein.

1 sānitās, sānitātis, *f.* – die Gesundheit, Vernunft (vgl. sānus, a, um) **2 ultrō** – hinüber;
darüber hinaus; von selbst (vgl. ulterior, ultimus); **ultrō citrōque** – hin und her (vgl. citerior) **3 tumulus** – der Hügel **4 necessitūdo, necessitūdinis,** *f.* – die Notwendigkeit;
enge Verbindung, Freundschaft (vgl. necesse est) **5 intercēdere, intercēdō, intercessī, inter-
cessum** – dazwischentreten; zwischen … bestehen (vgl. cēdere) **6 aliquid ad amīcitiam populī Rōmānī afferre** – etwas in die Freundschaft mit dem römischen Volk einbringen, etwas
schon vor der Freundschaft mit dem römischen Volk besitzen **7 at** – *nach sī-Sätzen:* so
doch wenigstens **8 amplius** *(Adv.)* – weiter, mehr (vgl. amplus, a, um) **9 postulātum** –
die Forderung (vgl. postulāre) **10 possessiō, possessiōnis,** *f.* – der Besitz, die Besitzung (vgl.
possidēre) **11 lapis, lapidis,** *m.* – der Stein **12 perfidus, a, um** – treulos, verräterisch
(vgl. fidēs)

QVAM QVISQVE NORIT ARTEM, IN HAC SE EXERCEAT. **S**

Rückblick des Tacitus auf die Kämpfe zwischen Römern und Germanen

Unsere Stadt stand im 640. Jahre, als man während des Konsulats von Caecilius Metellus und Papirius Carbo (113 v. Chr.) zum erstenmal von den Waffentaten der Cimbern hörte. Wenn man von da bis zum zweiten Konsulat des Kaisers Trajan (98 n. Chr.) rechnet, kommt man auf ungefähr 210 Jahre. So lange wird Germanien schon „besiegt".

Im Verlauf dieser langen Zeit gab es auf beiden Seiten viele Verluste. Nicht die Samniten, nicht die Punier, nicht die Spanier oder die Gallier, nicht einmal die Parther haben sich öfter in Erinnerung gebracht; denn wilder als die Despotenmacht des Partherkönigs ist die Freiheitsliebe der Germanen. Was kann der Orient uns denn anderes entgegenhalten als den Tod des Crassus (53 v. Chr.)? Die Germanen aber haben Carbo (113 v. Chr.) und Cassius (107 v. Chr.) sowie Scaurus Aurelius, Servilius Caepio und Maximus Mallius (105 v. Chr.) geschlagen oder gefangengenommen und zugleich dem römischen Volk fünf konsularische Heere entrissen und später dann sogar dem Augustus den Varus und mit ihm drei Legionen (9 n. Chr.). Nicht ohne eigene Verluste haben C. Marius sie in Italien (101 v. Chr.), Caesar in Gallien (58, 55 und 53 v. Chr.), Drusus (12–9 v. Chr.), Tiberius (8–7 v. Chr., 4–5 n. Chr., 11–12 n. Chr.) und Germanicus (14–16 n. Chr.) sie in ihrem eigenen Land geschlagen. Bald danach wurden die ungeheuren Drohungen des Caligula zum Gespött (40 n. Chr.). Dann herrschte Ruhe, bis sie anläßlich unserer Zwietracht und des Bürgerkrieges die Winterlager unserer Legionen einnahmen (70 n. Chr.) und sogar Gallien zu erobern suchten. Von dort wurden sie wieder zurückgetrieben, und in jüngster Zeit hat man über sie mehr triumphiert (83 n. Chr. unter Domitian), als daß sie wirklich besiegt worden wären*.

---

* Tacitus verkleinert hier die Erfolge der Römer im Südwesten Germaniens. Nachdem die Römer bereits 73 n. Chr. durch einen Vorstoß am Oberrhein einen Streifen am rechten Rheinufer und den südlichen Schwarzwald gewonnen hatten, wurden durch die Feldzüge Domitians 83–85 n. Chr. das Taunusgebiet und die Wetterau römisch, 90 n. Chr. das Odenwaldgebiet. In diesem Jahr wurden auch die beiden Provinzen Nieder- und Obergermanien eingerichtet; im Zusammenhang damit kam es zu einer Neufestsetzung der Reichsgrenze im Südwesten Germaniens.

Übungen

XXXII

1. *Führe durch die Tempora und Modi des Aktivs und Passivs:*
auget, comprehendis, aperiunt, adiuvamus.

2. *Bilde das Part. Präs. zu*
tractare, sedere, currere, dormire.

3. *Bilde die vier Infinitive und die beiden Partizipien zu*
educo, sustineo, trado, defendo, custodio, illudo, vinco, vincio.

4. *Dekliniere:*
puer advolans, puella currens, periculum imminens, captivus dormiens.

5. *Bestimme:*
a) venientem, venientium, venientibus (2), venientis (2), venientes (2), venientia (2), veniens (2);
b) mittenti, mittente, mittite, mittitis, missis (2), mittis, mittas, mittes, mitteres, mitteris (2), miseris (4), miseri (2);
c) grave (2), gravi (2), gravium, gravius (3), graviorum, graviter;
d) cadentium, virium, gentium, pretium (2), tumultum, civitatum, onerum, pauperum, pauperiorum.

6. a) *Wdh. Musterbeispiel 58. – Übersetze auf verschiedene Weise:*
Gladiatores nulla munimenta habentes totum corpus ictibus praebent.
b) *Übersetze das Partizip durch einen beigeordneten Hauptsatz:*
Atuatuci ex oppido erumpentes summa vi cum Romanis contendebant.
c) *Übersetze das Partizip durch einen präpositionalen Ausdruck:*
Romani turrim exstruentes ab Atuatucis illudebantur.
d) *Übersetze das Partizip durch einen Relativsatz:*
Turris moenibus appropinquans Gallos perturbavit.
e) *Übersetze das Partizip durch einen konjunktionalen Nebensatz:*
Caesar Galliam pacans terras mariaque gloria sua implevit.

7. a) *Vergleiche:*
Rhode, quae ad ostium accedebat, vocem Petri audivit.
Rhode ad ostium accedens vocem Petri audivit.
b) *Forme entsprechend um:*
Petrus, qui inter duos milites dormiebat, ab angelo Domini excitatus est. –
Milites, qui Petrum custodiebant, angelum non viderunt. – Porta, quae ducit
ad civitatem, se ipsa aperuit.
c) *Verfahre ebenso bei den konjunktionalen Nebensätzen:*
Rhode, ubi vocem Petri audivit, prae gaudio non aperuit ostium. – Milites, cum
Petrum non invenirent, iram Herodis timebant.

d) *Verwandle entsprechend das erste Prädikat in ein Partizip:*
Primam et secundam custodiam transierunt et venerunt ad portam ferream. – Petrus ad se rediit et dixit: „Nunc scio vere Dominum angelum suum misisse, ut e manu Herodis me liberaret."

8. *Welche der folgenden Relativsätze kann man auch partizipial ausdrücken?*
   (Augustinus über seinen Freund Alypius, der sich vorgenommen hatte, nie mehr zu Zirkus- und Gladiatorenspielen zu gehen:) Amici iuvenem, qui vehementer resistebat, in amphitheatrum duxerunt. In turba sedens non erat iam ille, qui venerat. – Quo maior est multitudo, cui miscemur, eo plus periculi est. – Qui spectacula dabant, gratiam turbae sibi conciliabant.

9. Christiani in domo Mariae sedentes aliquem ostium pulsantem audiverunt. Statim Rhode ad ostium accessit. „Heus heus[1], Petrus ego sum; aperiat aliquis cito ostium." – Rhode ad ceteros cucurrit et Petrum ad ostium stare nuntiavit: „Dominus Petrum e carcere Herodis liberavit. Dubiumne hoc alicui est?" Negat quis: nego. – *Aus einer Rede Ciceros nach dem Tode Caesars:* Si cui quid Caesar promisit, id pro nihilo habebitur[2]?

10. *Eine Reihe von deutschen Fremdwörtern ist von lateinischen Part. Präs. gebildet. Nenne die zugrunde liegenden Verben:*
    Regent, Student, Dozent, Agent, Emigrant, Ignorant, Laborant, Occupant, Simulant; Tangente; tolerant, abstinent, ambulant, resistent.

11. meridies – meridianus, a, um
    Roma – Romanus, a, um
    Nenne das zugehörige Wort und die Bedeutung der Adjektive
    montanus, urbanus, oppidanus, Cumanus; cottidianus.
    Vergleiche: Insulaner, Republikaner, Brasilianer, Lutheraner, Franziskaner.

12. ornare – ornamentum
    munire – munimentum
    Zu welchen Verben gehören die folgenden Substantive? Gib die Bedeutung dieser Substantive an.
    documentum, monumentum, impedimentum, incitamentum, firmamentum.

13. quis? – wer?   aliquis – irgendeiner, jemand
    quamdiu? – wie lange?   aliquamdiu – eine Zeitlang
    quando? – wann?   aliquando – einmal
    Nenne die verwandten Fragewörter und die Bedeutung von alicubi, aliquo.

14. a) *Vergleiche:*
    insanus, a, um – insania
    audax, *Gen.* audacis – audacia
    adulescens, adulescentis – adulescentia
    b) *Nenne das abgeleitete Substantiv und seine Bedeutung:*
    gratus, a, um; superbus, a, um; prudens, *Gen.* prudentis; diligens, *Gen.* diligentis; dives, *Gen.* divitis; custos, custodis.

---

1 heus – hallo, he   **2** prō nihilō habērī – für nichts gelten, nicht gelten

c) *Was bedeuten*

molestia, angustiae, vehementia?

d) *Gib mit Hilfe der dir bekannten Substantive die Bedeutung der folgenden Adjektive an:*

potens, *Gen.* potentis; sapiens, *Gen.* sapientis; concors, *Gen.* concordis.

XXXIII

1. a) *Führe durch die Tempora und Modi des Aktivs und Passivs:*
imploras, impeditis, init, contemno, praebent.
b) *Bilde die vier Infinitive zu*
mereo, sollicito, corrumpo.
c) *Bilde die beiden Partizipien zu*
interrogare, praebere, quaerere, munire, praeterire.

2. *Bilde die Formen des Gerundiums zu*
spectare, persuadere, intellegere, custodire, transire.

3. *Übersetze und bestimme die Satzteile:*
Scribere scribendo, dicendo dicere disces. – Dicendi et scribendi artem exercendo disces.
Tempori[1] cedere sapientiae est.

4. *Übersetze:*
a) ars sanandi, studium discendi, tempus abeundi, dicendi magister; ludendi causā, custodiendi causā; bellandi cupidus;
b) ad navigandum paratus, otium ad scribendum habere, ad transeundum impedire; inter dormiendum, ob tacendum.

5. *Übersetze:*
a) Themistocles piratas vincendo mare tutum reddidit. – Themistocles incolis Athenarum auctor fuit aedificandi classem.
Vgl. engl. Themistocles made the sea safe by defeating the pirates.
b) Prudenter agendo Themistocles universam Graeciam a Persis servavit. – Fortiter resistendo trecenti Lacedaemonii, qui Thermopylas occupaverant, copias Persarum aliquamdiu arcuerunt.
Vgl. engl. By acting prudently Themistocles saved all of Greece from the Persians.

6. *Bestimme:*
a) liberandi, liberanti, liberati (2), liberate;
b) tacete, tacente, tacentis (2), taceatis, tacendo (2);
c) caedi (2), caedis (2), caedit, cedit, cadit, cecidit (2), caedem, caedam (2), cedam (2);

---

1 **tempus** – *hier:* die Umstände

d) crudeliter, crudelium, crudelius (3), crudeliorum, crudelissimarum, voluptatem, vitio (2), opinioni, vituperante, artium, consultum (2), consuli (2), rupi,
rupti (2).

7. a) *Unterscheide:*
Cum Dionysus in Boeotiam venit, Pentheus rex Thebanorum erat. *(reine Zeitangabe)* – Cum Dionysus in Boeotiam veniret, multi incolae ei obviam ierunt.
(neben der Zeitangabe auch innerer Zusammenhang)
b) *Übersetze die folgenden Sentenzen:*
Sero medicina paratur, cum mala per longas moras convaluerunt[1]. – Facile omnes, cum valemus, recta consilia aegrotis damus. – Cum te aliquis laudat, iudex
tuus esse memento[2]. – Omnia sunt incerta, cum a iure discessum est.

8. a) valere – stark sein, gesund sein
convalescere – stark werden, gesund werden
*Durch die sc-Erweiterung wird das Eintreten eines Zustandes bezeichnet (Verba
incohativa). Warum fällt im Perfekt die sc-Erweiterung weg?*
b) *Nenne das Grundwort und die Bedeutung von*
pertimescere, conticescere, obdormiscere; inveterascere, maturescere.

XXXIV

1. a) *Ähnlich wie* duodecim *sind die folgenden Zahlwörter gebildet:*
undecim, tredecim, septendecim.
b) *Ähnlich wie* quadraginta *sind gebildet:*
septuaginta, quinquaginta, octoginta.
c) *Übersetze:* viginti tres, septuaginta quinque, quinquaginta unus, sexaginta
quattuor, triginta septem; duo et viginti, sex et octoginta, quinque et quadraginta, unus et nonaginta.
d) *Wie* duodeseptuaginta *und* undeviginti *sind gebildet:*
duodetriginta, duodenonaginta, duodequinquaginta, undeoctoginta, undequa-
draginta, undesexaginta.
e) *Erkläre die folgenden Zahlen nach ihren Bestandteilen und übersetze sie:*
ducenti, ae, a; sescenti, ae, a; quadringenti, ae, a; septingenti, ae, a; quingenti, ae,
a; octingenti, ae, a.

2. *Schreibe mit römischen Zahlzeichen:*
sedecim, duodeviginti, undetriginta, triginta unus, sexaginta sex, centum nonaginta tres, quingenti quadraginta septem, octingenti quinquaginta duo, mille
ducenti quinquaginta.

---

1 convalēscere, convalēscō, convaluī – stark werden, gesund werden (vgl. valēre)
2 mementō, mementōte – *Imp. zu* meminisse

3. a) *Setze* duo, tres, viginti, centum, quingenti, mille *zu* captivi, domus, oppida.

b) *Bilde von diesen Verbindungen auch den Genetiv und den Akkusativ.*

4. a) nonaginta – neunzig　　　　　　nonagesimus, a, um – der neunzigste

Was bedeuten also sexagesimus, octogesimus, quadragesimus, septuagesimus; tricesimus?

b) sescenti, ae, a – sechshundert　　sescentesimus, a, um – der sechshundertste

Was bedeuten also centesimus, trecentesimus, ducentesimus; octingentesimus, quadringentesimus, nongentesimus; millesimus?

c) *Übersetze:* duodecimus, quartus decimus, sextus decimus, duodevicesimus, vicesimus tertius, octogesimus sextus, undequinquagesimus; anno Domini millesimo nongentesimo octogesimo quarto.

5. a) *Beachte:* mille passus – duo milia passuum – duo milia quingenti passus.

b) Fines Helvetiorum in longitudinem milia passuum ducenta quadraginta, in latitudinem centum octoginta patebant.

c) *Römische Zensuszahlen:*

anno a.u.c. quingentesimo sexagesimo primo (i.e.[1] anno a.Chr.n. centesimo nonagesimo tertio): Censa sunt civium capita ducenta quadraginta tria milia septingenta quattuor.

anno a.u.c. quingentesimo sexagesimo sexto (i.e. anno a.Chr.n. centesimo duodenonagesimo): Censa sunt civium capita ducenta duodesexaginta milia trecenta duodeviginti.

anno a.u.c. quingentesimo septuagesimo sexto (i.e. anno a.Chr.n. centesimo duodeoctogesimo): Censa sunt civium capita ducenta duodesexaginta milia ducenta nonaginta quattuor.

anno a.u.c. quingentesimo octogesimo primo (i.e. anno a.Chr.n. centesimo septuagesimo tertio): Censa sunt civium Romanorum capita ducenta undeseptuaginta milia et quindecim.

anno a.u.c. quingentesimo octogesimo sexto (i.e. anno a.Chr.n. centesimo duodeseptuagesimo): Censa sunt civium capita trecenta duodecim milia octingenta quinque.

6. *Bestimme:*

a) arte, artem, artium, vitia (2), consensum, opinionibus (2), inimicae (3), crudeli (2);

b) confluxerant, confluxisse, confluebat, confluentes (2);

c) sollicitari, sollicitaris, sollicitares, sollicitavistis, sollicitabamini, sollicitabimur, sollicitati essetis, sollicitatur, sollicitatus;

d) reliqui (3), relinqui, relinquis, reliquis (2), reliqueris (2), relinqueris (2);

e) ducenti (2), ducentis (4), ducetis, ducatis, ducitis, ductis (2), ducis (2), duci (2), duxi.

7. a) *Vergleiche:* Spectatum veniunt. – Veniunt, ut spectent. – Spectandi causa veniunt. – Ad spectandum veniunt.

---

1 i.e. (= id est) – d.h. (= das heißt)

b) *Ersetze das Supinum durch einen* ut-*Satz:*

Haedui legatos ad Caesarem miserunt rogatum auxilium. – Legati Helvetiorum ad Caesarem venerunt pacem petitum.

c) *Ersetze das Supinum durch das Gerundium mit* causa *oder* ad:

Multi in templum convenerunt sacrificatum. – Gladiatores, qui vicerant, rursus
pugnatum in arenam vocabantur. – Copiae Haeduorum vastatum in fines Bel-
garum missi sunt.

8. a) *Vergleiche:*

Caesar, quam celerrime potuit, in Galliam Ulteriorem contendit. – Caesar
quam celerrime in Galliam Ulteriorem contendit.

b) *Übersetze:* Caesar, quam mitissime[1] potuit, legatos appellavit. – Caesar,
quam maximis potuit itineribus, in Haeduorum fines exercitum duxit. – Caesar provinciae toti quam maximum numerum militum imperaverat. – Caesar
quam aequissimo loco castra munivit.

9. a) *Vergleiche:*

Caesar legatos naves aedificare iussit. – Caesar legatis imperavit, ut naves aedi-
ficarent.

Caesar naves aedificari iussit. – Caesar imperavit, ut naves aedificarentur.

b) *Übersetze und bilde den entsprechenden Satz mit* imperare:

Caesar milites a lacu Lemanno ad montem Iuram vallum fossamque perducere
iussit. – Caesar Helvetios in fines suos redire iussit. – Caesar equites quam latissime hostium agros vastare iussit.

Caesar pontem, qui erat ad Genavam, deleri iussit. – Caesar arma tradi iubet. –
Caesar castra altiore vallo muniri iussit.

XXXV

1. *Führe durch die Tempora und Modi des Aktivs und Passivs:*
violat, impedimus, reperiunt.

2. *Setze statt des Superlativs den Positiv:*

a) pons angustissimus, flumen latissimum, locus ad insidias aptissimus, regio
divitissima, poena crudelissima, consilium prudentissimum;

b) domus pulcherrima, terra asperrima, creberrimae litterae, homo pauperri-
mus, caelum saluberrimum;

c) facillimus aditus, iter difficillimum, homines inter se simillimi, dissimillima
ingenia;

d) honestissime, cupidissime, fortissime, turpissime, vehementissime, diligentis-
sime;

e) celerrime, acerrime, simillime, dissimillime;

f) saepissime, facillime, creberrime, audacissime.

---

1 mītis, mīte – sanft, freundlich

3. *Bilde das Gerundivum zu*
exspectare, praebere, iungere, tradere, munire, invenire, transire.

4. *Übersetze:*
a) Voluptas e turbae consensu veniens contemnenda est. – Ea res tibi cogitanda erit. – Et imperatori et exercitui summa laus tribuenda erat.
Nullo modo ius violandum est. – Periculum libertati imminens neglegendum non est.
b) In rebus adversis audendum atque agendum, non diu consultandum est. – Imprimis videndum erit ei, qui rem publicam administrabit, ut suum quisque teneat.
c) Diligentiam in omnibus rebus adhibendam esse Cicero docuit. – Caesar cum Belgis bellum gerendum esse statuit. – Nervii omnia potius toleranda esse putabant quam pacem petendam. – Quarto belli Gallici anno Caesar statuit sibi Rhenum esse transeundum.

5. *Setze das Prädikat der folgenden Sätze ins Gerundivum:*
a) Virtus Caesaris celebratur. – Milites ab opere revocantur.
b) Milites a Caesare laudantur. – Diu atque acriter a nostris pugnabatur.
c) Caesar ad proximos decurrit. – Caesar milites confirmat.

6. *Warum steht in den folgenden Sätzen die handelnde Person nicht im Dativus auctoris?*
A Papirio matri cedendum non erat. – Multi censuerunt Papirio a senatu gratias agendas esse.

7. a) *Übersetze und bestimme die Satzteile:*
Nervii, minime contemnendi hostes, subito e silvis provolaverunt.
b) *Übersetze:* res timenda, virtus laudanda, facinus laudandum, honor petendus, otium optandum, periculum vitandum; consilia non contemnenda, iniuriae non tolerandae, inopia vix toleranda.
c) *Dekliniere:* liber legendus.

8. *Bestimme:*
a) timebis, timetis, timentis (2), timendis (2), timendi (3), timenti, timeri, timui, timidi (2);
b) tribui (2), tribuendi (3), tribuenti, tribuite, tribuendum (2), ad tribuendum, tribuentium, tribuendos, tribuentes (2);
c) cuius (4), alicuius, cuiusque, aliquo, quoque (2), quisque, quisquis, quidquid, quidque.

9. *Wdh. XXXIV Ü 9.*
Laß in den folgenden Sätzen die beauftragten Personen weg:
Dux milites captivos vincire vetuit. – Praetor milites incolas urbis occupatae violare vetuit. – Caesar milites castra munire vetuit, sed eos contra hostem fossam quindecim pedes latam ducere iussit.

10. a) Magno res est in periculo.
Welche Wörter sind besonders betont? Erkläre die Besonderheit der Wortstellung.

b) *Vergleiche damit:*

Maxima debetur puero reverentia. — Est modus in rebus, sunt certi denique fines. — Bonum habete animum! — Brevis nobis a natura vita data est. — Aequam memento rebus in arduis servare mentem.

11. *Beachte die Abweichungen von der Kongruenz:*

a) Summa omnium fuerunt ad milia trecenta duodeseptuaginta. — Litterae thesaurus est. — Haedui proxima gens fuit.

b) Non omnis error stultitia dicenda est. — Gens universa Germani appellati sunt.

12. *Vergleiche:*

quis? quid? – quisque, quidque
ubi? – ubique
unde? – undique

13. a) *Vergleiche:*

credere – glauben

incredibilis, e – (was man nicht glauben kann), unglaublich

b) *Nenne das zugrunde liegende Verb und die Bedeutung des abgeleiteten Adjektivs:*

invincibilis, amabilis, sanabilis, tolerabilis, mutabilis, mobilis (< *movibilis).

Vgl. engl. incredible, invincible, tolerable, mobile; possible, discernible, defensible.

14. a) *Gib die Bedeutung der Vorsilbe* dis- *in* discedere *und* dimittere *an und nenne die Bedeutungen von*

distrahere, discurrere, distribuere, distare; diducere.

Vgl. engl. distract, distribute.

b) *Welche Bedeutung hat die Vorsilbe* dis- *dagegen in* dissimilis *und* difficilis? *Dieselbe Bedeutung hat* dis- *auch in den folgenden Wörtern:*

dissuadere, dissimulare, dissensus (vgl. consensus).

Vgl. engl. dissuade; disagree, disappear, disapprove; discontent, disinterested.

XXXVI

1. *Führe durch die Tempora und Modi des Aktivs und Passivs:*
sollicitas, premit, circumveniunt.

2. *Bestimme:*

a) opere, operi, opera (2), facile (3), comple, superiore, restituere, restituerunt, restiterunt;

b) instrue, instrui, instruxi, instructi (2), incredibili (2), beate (2), litorum, proconsuli;

c) occurrimus (2), occurritis, occurristi, occurrisse;

d) brevium, virtute, litora (2), navibus (2), navis (3), oppresso (2), opprimo, agmine, subsidii.

3. *Dekliniere:* poenae graves, principes viri, priores consules, plures comites.

4. *Bilde den Komparativ und den Superlativ:*
   a) vita beata (2), gens nobilis, nautarum audacium, virum divitem;
   b) pauperes homines (2), crebris nuntiis (2), caelum salubre (2), oculorum acrium, hostem crudelem;
   c) iter facile (2), tempore difficili;
   d) rebus veteribus (2), magna difficultas, parva castra (2), bono consilio (2), multae naves, multorum civium.

5. *Gib an, worauf sich die Relativpronomina in der Erzählung von Caesars Abenteuer bei den Piraten beziehen.*

6. Comites Caesaris a civitatibus Asiae, quae sub potestate Romanorum erant, magnam pecuniam postulaverunt, ut Caesarem redimerent. – Caesar celerrime complures naves contraxit. Quibus postera nocte piratas petivit.
   Wie verhält sich der Relativsatz inhaltlich zum übergeordneten Satz, wie der Satz mit relativischem Anschluß zum vorausgehenden?

7. Navis a piratis oppressa est. ⟨Apud eos / Apud quos⟩ Caesar ad quadraginta dies mansit.
   Welcher Satzanschluß erscheint dir enger? Begründe deine Meinung.

8. *An welchen Stellen könnte im Bericht über die Nervierschlacht statt des Demonstrativpronomens das Relativpronomen stehen?*

9. *Übersetze:*
   Apollonius Molo clarissimus dicendi magister erat. Quam ob rem Caesar cupidus erat eum audiendi.
   Piratae Caesarem ad quadraginta dies retinuerant. Qua de causa Caesar eos cruci affigendos esse statuit.
   Caesar de omnibus piratis supplicium sumpsit. Quod ubi proconsul audivit, magna ira commotus est; vendere enim piratas in animo habuerat.

10. *Bestimme die Art des Ablativs:*
    C. Iulius Caesar antiquissimo genere natus erat. – Caesar ceteris suae aetatis principibus praestabat audacia.
    Nullo loco mare a piratis tutum erat. – Diu Romani vim piratarum maribus ac portibus arcere non poterant. – Multis annis imperatores Romani cum piratis bellaverunt.
    Iam adulescens Caesar singulari fuit audacia. – Navis piratarum incredibili celeritate appropinquavit. – Caesar quinquaginta talentis[1] redemptus est. – Postera nocte Caesar compluribus navibus piratas petivit. – Opinione celerius Caesar piratas oppressit. – Caesar piratas opprimendo apud incolas Asiae clarus fuit. – Incolae Asiae poena piratarum gaudebant.
    Nonnullis annis post Cn. Pompeius piratas superavit.

---

1 **talentum** – das Talent, die größte griechische Münzeinheit (= 6000 Drachmen)

11. *Übersetze:*

Dies paene consumptus erat, cum naves piratarum advolaverunt. – Petrus inter duos milites dormiebat, cum angelus Domini apparuit. – Atuatuci de muro Romanos illudebant, cum subito turrim moveri et appropinquare moenibus viderunt.

12. *Beachte den Modusgebrauch bei* priusquam:

Prius respondes, quam rogo. – Prius iam conviva ante domum ambulavit, quam servus a foro rediit. – Croesus, priusquam cum rege Persarum bellavit, oraculum Delphicum consuluit. – Caesar, priusquam in litore expositus est, piratis per minas supplicium denuntiavit.

Priusquam a proconsule venirent litterae, Caesar omnes piratas affixit cruci. – Priusquam Caesar aciem instruere posset, Nervii flumen transierunt et ad nostra castra contenderunt. – Caesar prius omnes legiones in unum locum contraxit, quam eius adventus hostibus nuntiari posset.

XXXVII

1. *Führe durch die Tempora und Modi*
   a) *des Aktivs:* pareo, cupio;
   b) *des Aktivs und Passivs:* incipit, capis, conspiciunt, eripitis.

2. *Bilde*
   a) *die Imperativformen zu* venire, manere, canere, capere, efficere, facere, dicere;
   b) *die Infinitive zu* impleo, moveo; excito, iuvo; trado, illudo; vincio, reperio; eripio, incipio;
   c) *das Partizip des Präsens und das Gerundivum zu* custodire, accipere, afficere, relinquere.

3. *Ersetze durch die entsprechenden Formen von*
   a) conspicere: spectati sunt, spectatis (3), spectari, spectaris, spectes, spectabuntur;
   b) cupere: opta, optans (2), optandum (2), optem, optabo;
   c) interficere: necatus, necantur, necavissent, necaremini, necavisse.

4. *Bestimme:*
   a) capitis (2), captis (2), capiendis (2), capientis (2), caperetis, ceperitis (2), facitis, factis (4), facilis (3);
   b) veni (2), vi, capti (2), captivi (2), legi (3), feci, affici, affeci, rapi, perii, audiri, auri, cecini;
   c) cupivi, cupidi (2), cape, capi, cepi, coepi;
   d) copias, capias, cupias, scias, sententias, accipias, raptas;
   e) muniam (2), pecuniam, fugiam (2), fugam, canam (2), paream, peream, ceperam, coeperam.

5. sacra facere – opfern
   Übersetze entsprechend:
   iter facere, impetum facere in hostes; damno afficere, praemio afficere, donis
   afficere, honoribus afficere, laudibus afficcre, gaudio afficere, poena afficere,
   piratas supplicio afficere.

6. *Gib* facere, afficere, accipere *durch passende deutsche Verben wieder:*
   amicitiam facere, aedes facere, pacem facere, castra facere; socios beneficiis
   afficere, finitimos iniuria afficere; iniuriam accipere, onus accipere.

7. *Ersetze durch die entsprechenden Formen des Perfektstammes:*
   Pater familiae, filii servique vetera carmina canere incipiunt. – Hostiae a ministris interficiuntur. – Arbores damno non afficiuntur. – Agri damnum non
   capiunt. – Ne lupi pecora rapiant! – Coloni calamitates non accipiunt. –
   Morbi fugiunt. – Haec sacra semper faciebam.

8. a) *Übersetze:*
   Cum ver esse coeperat, coloni agros lustrabant. – Cum ver appropinquabat,
   proconsules in provincias ibant. – Cum ludi dabantur, multi Romani ad spectaculum confluebant. – Antiquissimis temporibus senatores, cum consilium
   publicum habendum[1] erat, e villis arcessebantur in senatum.
   b) *Übersetze und gib an, um welches* cum *es sich handelt:*
   Cum Caesar in Galliam venit, ibi erat omnino legio una. – Caesar vix in Galliam Ulteriorem advenerat, cum legati Helvetiorum ad eum venerunt. – Cum
   Helvetii munitiones Romanorum temptabant, militum concursu et telis repel-
   lebantur.
   Pedites iam moenibus appropinquabant, cum subito hostes ex oppido erupe-
   runt. – Cum pedites moenibus appropinquabant, hostes ex oppido erumpe-
   bant.

9. *Unterscheide:*
   Pater familiae, dum ministri hostias interficiunt, Martem advocavit. – Pater
   familiae sacra faciet, dum solem conspiciet.
   Dum Caesar in prima acie pugnat, T. Labienus legatus castra Nerviorum cepit.
   – Nostri, dum in conspectu imperatoris pugnabant, audacius resistebant.

10. *Unterscheide:*
    Socrates omnibus suae aetatis hominibus sapientia praestabat. – Iniuriam acci-
    pere quam facere praestat.

11. rogare atque orare – inständig bitten *(Hendiadyoin)*
    Übersetze entsprechend:
    implorare atque orare, providere ac consulere, laedere ac violare, cognoscere
    atque intellegere, neque novisse neque scire;
    dubius et incertus, gratus et iucundus, poena iusta et debita, dicto audiens
    oboediensque;
    discrimina et pericula, cura et diligentia.

---

1 cōnsilium habēre – eine Beratung abhalten, durchführen

12. *Erkläre:*
faktisch, effektiv, Effekt, effizient, Effizienz, Kapazität, akzeptieren.

13. agere – treiben
circumagere – um . . . herumtreiben
Gib die Bedeutung der folgenden Wörter an:
circumsedere, circumire, circumvenire, circummittere, circumponere, circum-
sistere (vgl. consistere), circummunire.

XXXVIII

1. *Vergleiche:*
Vere appropinquante Helvetii ad ripam Rhodani convenerunt. – Cum ver
appropinquaret, Helvetii ad ripam Rhodani convenerunt.
Hostibus victis dierum quindecim supplicatio a senatu decreta est. – Cum
hostes victi essent, dierum quindecim supplicatio a senatu decreta est.
Propinquis hostibus Caesar ordinem agminis mutavit. – Quod hostes propin-
qui erant, Caesar ordinem agminis mutavit.
Stoßseufzer eines Sklaven in einer Komödie: Sum miser natus dis inimicis omnibus. – Sum miser natus: di omnes inimici mihi sunt.

2. *Beachte das Zeitverhältnis und das Genus verbi des Partizips:*
Hostiis terminos circumactis pater familiae Marti sacrificavit. – Ministris
hostias interficientibus pater familiae Martem advocavit.
Piratis omnia maria obtinentibus Caesar in insulam Rhodum navigare statuit. –
Comitibus ad civitates Asiae dimissis Caesar ad quadraginta dies apud piratas
mansit.

3. *Übersetze auf verschiedene Weise; achte dabei vor allem auf die Wahl einer pas-
senden Konjunktion bzw. Präposition:*
Caecilio et Afranio consulibus Caesar consulatum petivit. – Inito honore
Caesar instituit, ut senatus diurna acta fierent.
Nerviis incredibili celeritate ad castra contendentibus milites nostri non iam
Caesaris imperium exspectabant, sed per se necessarias res administrabant. –
Totis fere castris nudatis Nervii confertissimo agmine ad eum locum contende-
runt. – Gravissima clade accepta Nervii legatos de deditione ad Caesarem mise-
runt.
Duabus legionibus paene circumventis Caesar non desperavit. – Proconsule
invito Caesar piratas supplicio affecit.
Caesar maximas largitiones fecit nullo contra dicente. – Castore et Polluce
adiutoribus Romani Latinos ad lacum Regillum vicerunt.

4. *Unterscheide:*
Helvetios victos Caesar in fines suos redire iussit. – Helvetiis victis totius fere
Galliae legati ad Caesarem venerunt, ut gratiam eius sibi conciliarent.
In Gallia pacata multae coloniae conditae sunt. – Gallia pacata Romae dierum
viginti supplicatio reddita est.

5. *Führe durch die Tempora und Modi des Präsensstammes:*
fit – dormit; fiunt – veniunt; fio – sentio.

6. *Führe durch die Tempora und Modi des Aktivs und Passivs:*
efficit, facit.

7. *Bilde die entsprechenden Formen des Passivs:*
facimus, faciam (2), fecerunt, affeceratis, afficiat, afficiebamus.

8. *Bestimme:*
a) dis (2), eis (2), fis, his (2), sis, vis, quis (2), is, iis (2), es (2);
b) fiam (2), fiat, fiet, fiebat;
c) quidem, quidam (2), cuidam, quiddam (2), cuiusdam, quibusdam (2), quos-dam, quaedam (3);
d) eundem, eandem, eorundem, earundem, quendam, quandam, quorundam, quarundam;
e) iaceam, iaciam (2), iacemus, iacimus, iecimus, iaceamus, iaciamus, iaciemus, iacebimus, iacuimus, iaceret (2), iaciens, iacens.

9. *Übersetze:*
Multa, dum fiunt, turpia facta placent. – Saepe fit, ut concordia parvae res crescant. – Castra ante urbem fieri incolae audivĕrunt. – Consules creantur ita, ut unus ex plebe fiat. – *Kaiser Vespasian auf dem Sterbebett:* Vae[1], puto, deus fio.

10. a) *Vergleiche:*
Ne Caesar in consulatu omnia audeat! – Optimates metuunt, ne Caesar in con-sulatu omnia audeat.
Ut[2] mater urgere desinat! – Papirius metuit, ut mater urgere desinat. – Papirius metuit, ne mater urgere non desinat.
b) *Übersetze:*
Dux timebat, ne a multitudine hostium dextrum cornu circumveniretur. – Timendum erat, ut frumentum ad tempus[3] apportari posset.´

XXXIX

1. a) *Vergleiche die Formen des Infinitivs sowie des Ind. und Konj. Präs. von* esse *und* velle.
b) *Vergleiche:* velle – volo; tegere – toga; bene – bonus; necare – nocere; regere – rogus; pendere – pondus.

2. *Führe durch die Tempora und Modi:*
a) volo, nolumus, mavis;
b) volunt, colunt.

---

1 **vae** – wehe, ach   2 **ut** – wenn doch (vgl. utinam)   3 **ad tempus** – rechtzeitig

3. *Bilde die entsprechenden Konjunktivformen:*
   a) prosumus, volumus, non vult, mavis;
   b) poterant, volebas, nolebatis;
   c) voluisti, maluerunt, nolui; volueramus, nolueratis.

4. *Bestimme:*
   a) volo (2), volam, volat, volent (2), volebamus, volabamus;
   b) volavit, voluimus, volaverint (2), voluerunt;
   c) vis (2), velis, velles, voles (2), volas;
   d) vultis, multis (2), cultis (2);
   e) maluimus, malumus, malimus, malemus, malam (2), malas, malis (3), males, mallem, malle, male (2), malo (3).

5. Noli abire! Nolite abire! – Ne abieris! Ne abieritis!
   Bilde die verneinten Befehle:
   temptate, vita, comple, ridete, vende, neglegite, fac, capite, punite.

6. *Übersetze:*
   Dilige et, quod vis, fac! – Nocere posse et nolle laus amplissima est. – Absentes inimicos laedere noli! – Si vis pacem, para iustitiam! *(Inschrift auf dem Friedenspalast in Den Haag, 1913)* – *Die herrschsüchtige Frau:* Hoc volo, sic iubeo, sit pro ratione voluntas. – Nolens volens.

7. *Vergleiche:*
   a) Dominus optavit, ut ostium clauderetur. – Dominus ostium claudi voluit. – Dominus ostium claudi cupivit.
   b) Dominus metui nolebat. – Dominus metui se nolebat.

8. a) *Vergleiche:*
   Hoc tibi fieri non vis. – Quod tibi fieri non vis, alteri ne feceris!
   Maimundum pigerrimum fuisse commemoravimus. – Maimundus, quem pigerrimum fuisse commemoravimus, surgere noluit.
   b) *Übersetze:*
   Dominus Maimundum, quem domum custodire voluerat, sibi obviam venire vidit. – Arabes, quos scimus Hispaniam per multa saecula obtinuisse, humanissimi fuerunt. – Petrus Alfonsi multa proverbia Iudaeorum et Arabum, quibus rectam vitae viam inveniri posse putabat, in Latinum vertit.

9. *Dekliniere:*
   a) qui rex?, quae sententia?, quod mare?;
   b) quidam vir, quaedam mulier, quoddam tempus;
   c) aliqui tribunus, aliqua difficultas, aliquod edictum.

10. *Unterscheide:*
    Dominus, **cum** iratus esset, Maimundum non punivit. – Dominus Maimundum domum magna **cum** cura custodire iusserat. – Dominus de foro rediens, **cum** Maimundum conspiceret, timuit, ne aliquos rumores sibi diceret. – **Cum** serva candelam non observavisset, tota domus combusta est.

11. a) *Vergleiche:*

Oportet te vera velle. – Vera oportet velis.

Necesse est eum, quem multi timent, multos timere. – Necesse est multos time-
at, quem multi timent.

b) *Setze statt der asyndetischen Unterordnung den a.c.i.:*

Malo non roges. – Observent oportet servi praecepta domini. – Necesse est
amico adsitis.

12. *Übersetze:*

a) Saepe Maimundus domino invito domum reliquerat. – Noli redire, Maimunde, nisi mandatis peractis! – Maimundo conspecto dominus timuit, ne rumores malos audiret. – Domino absente domus combusta erat. – Domo combusta dominus ad propinquos suos venit. – Alfonso rege Petrus librum de
clericali disciplina scripsit.

b) *Nach dem Brief des Apostels Jakobus:* Dicatis: Deo volente, nobis viventibus
faciemus hoc aut illud.

13. a) *Vergleiche* venire – convenire
und nenne die Bedeutungen folgender Verben:

concurrere, continere, congerere, conquirere; componere, compellere, compor-
tare; coire.

b) *Vergleiche die Bedeutung von*

conservare, constituere, confirmare; commovere, commemorare; cognoscere
mit den zugehörigen Grundverben.

XL

1. *Bilde die entsprechenden Formen von* esse:
   a) fer, fers, fert, ferte, fertis, ferre, ferret;
   b) fero, ferimus, ferunt;
   c) ferebas, feram (2), feratis, feremus, ferrent;
   d) tulisti, tulisset, tuleramus, tulisse.

2. *Führe durch die Tempora und Modi des Aktivs und Passivs:*
   aufert, punis, conspicimus.

3. *Bestimme:*
   a) fer, fere, ferre, ferri (2), ferrei (2);
   b) fers, ferris, ferres, feres, ferens (2), fereris, ferreris, feraris;
   c) fero, ferro (2), ferendo (4);
   d) ferendi (3), ferenti.

4. *Nenne den Inf. Präs. Akt.:* allatum, ablatum, dilatum, elatum, illatum, oblatum.

5. a) illatum *ist durch Assimilation (Angleichung, vgl.* similis) *aus* inlatum *entstanden. Suche unter den Komposita von* ferre *weitere Formen mit Assimilation.*

b) *Aus welchen Bestandteilen sind die folgenden Wörter zusammengesetzt:*
accipere, accidere, accedere, acclamare, afficere, affirmare, apportare; corrumpere, corrigere; difficilis; effugere, efficere; illudere; intellegere; occurrere, occidere, opprimere, oppugnare; impellere, imponere.

6. *Dekliniere:* iste civis, ista arbor, istud fanum.

7. a) *Bilde die beiden Supina zu* memorare, audire, dicere, colere, quaerere, praecipere, auferre, offerre.
   b) *Übersetze:* Megadorus it lautum, ut sacrificet. – Lyconides Strobilum servum miserat domum Euclionis observatum. – Euclio in Silvani lucum cucurrit aulam abstrusum. – Denique Euclio filiam Lyconidi nuptum dat.
   c) *Übersetze:* facilis intellectu; difficilis inventu; iucundus auditu; incredibilis dictu; indignus relatu.
   O rem auditu crudelem! – Quod scire vis, difficile dictu est. – Difficile atque asperum factu est consilium dare regi aut imperatori.

8. *Übersetze und gib die erwarteten Antworten:*
   Visne hodie mecum bibere? – Num tibi bibere decretum est aquam? – Nonne tu per totam vitam bibisti vinum? – Negas?

9. a) *Übersetze:*
   Iam hunc non audeam praeterire. – Quis dicat Euclionem recte fecisse? – Eum recte fecisse non dicas. – Hoc non dubitans dixerim eum nimis timidum fuisse. – Nullam virtutem Megadori magis quam benignitatem laudaverim.
   b) *Unterscheide:*
   Si Euclionem recte fecisse dicas, erres.
   Si hoc dixeris, erraveris.
   Si hoc diceres, errares.
   Si hoc dixisses, erravisses.

10. a) *Übersetze:*
    Quid ego nunc faciam? Quo curram? Quo non curram? Quo me vertam? Quem interrogem? Quem orem, ut mihi adsit?
    b) *Cicero schreibt im April 58 v.Chr. in den ersten Wochen seiner Verbannung an seine Frau:* O me perditum! Quid nunc rogem te, ut venias, mulierem aegrotam et corpore et animo confectam[1]? Non rogem? Sine te igitur sim? Puto, sic agam: si est spes nostri reditus, eam confirmes; sin, ut ego metuo, transactum est[2], quoquo modo potes, ad me fac venias.

11. *Vergleiche:*
    Tu aliquid sumpsisti. – Non equidem quicquam sumpsi.

12. *Übersetze:*
    Avo mortuo Euclio aulam auri plenam invenerat. – Voce corvi audita Euclio in templum Fidei cucurrit. – Dis bene iuvantibus hanc aulam in Silvani luco abstrudam. – Aula rapta Euclio perditissimum se omnium in terra putat.

---

1 cōnfectus, a, um – erschöpft (vgl. facere)
2 trānsigere, trānsigō, trānsēgī, trānsāctum – durchführen, zu Ende bringen, entscheiden (vgl. agere)

13. *Ergänze die fehlenden Wörter und gib ihre Bedeutung an:*

Pronomen	Ortsadverb auf die Frage		
	wo?	wohin?	von wo?
hic	hīc	hūc	hinc
ille	illīc	illūc	
iste			

14. a) *Nenne zu den folgenden Adjektiven die zugehörigen Grundwörter und er-*
    schließe daraus die Bedeutung der Adjektive:
    temerarius, necessarius, contrarius, frumentarius, voluntarius.
    Vgl. englisch necessary, contrary, voluntary.
    b) *Entsprechend für die Substantive* adversarius, legionarius.
    Vgl. englisch adversary.
    c) *Übersetze die folgenden Verbindungen:*
    navis oneraria, taberna vinaria, faber argentarius.
    d) *Erkläre den Komödientitel* (fabula) aulularia; *vgl. dazu XXVIII Ü 10.*

15. mors, mortis, f. – mortalis, mortale
    Nenne die Grundwörter der mit -alis *gebildeten Adjektive und übersetze die*
    Verbindungen:
    dies natalis, proelium navale, potestas regalis, via triumphalis, domus hospita-
    lis, periculum capitale.
    Vgl. englisch mortal, naval, regal, legal, annual.

16. abs *kommt als Präposition fast nur in der Verbindung* abs te *vor; als Vorsilbe*
    kann es vor c, t *und* p *erscheinen.*
    Nenne die Bedeutung: abscedere, abscīdere; absterrere, abstinere, abstrahere;
    asportare (< *absportare).

17. *Von welchen Verben sind die folgenden Fremd- und Lehnwörter abgeleitet:*
    Ablativ, offerieren, Offerte, Oblate, Referat, Referent, referieren, Referendar.

XLI

1. *Bilde das Part. Fut. zu*
    a) vitare, praebere, claudere, munire, accipere;
    b) corrumpere, dare, advenire, efficere, iubere;
    c) redire, prodesse, praeesse, auferre, offerre.

2. *Bilde alle Partizipien zu*
    interrogare, vincere, circumvenire
    und verbinde sie sinnvoll mit den Substantiven
    imperator, amicus, milites.

3. *Unterscheide:*
   a) servus crystallinum apportans, servus crystallinum apportaturus, crystallinum servo apportandum, crystallinum a servo apportatum;
   b) medici morbos curantes, medici morbos curaturi, morbi medicis curandi, morbi a medicis curati;
   c) Servus crystallinum apportaturus est. – Crystallinum servo apportandum est. – Crystallinum a servo apportatum est.

4. *Bilde alle Infinitive zu*
   a) commoveo, defendo, iuvo, lenio, frango;
   b) recipio, rapio, inicio;
   c) transeo, adsum, offero, facio.

5. *Beachte das Zeitverhältnis:*
   Existimo te bene componere animum adversus iram. – Existimo te bene compositurum esse animum adversus iram. – Existimo te bene composuisse animum adversus iram.

6. *Mache die folgenden Sätze abhängig*
   a) *von* mihi persuasum est:
   Ira est quaedam insania. – Asperrime Caesar amicum tractavit. – Medicamenta in remissionibus maxime proderunt.
   b) *von* putamus:
   Simulatione irae plus auctoritatis in consiliis habemus. – Hoc modo ira facilius sanabitur. – Alienam iram lenivistis.
   c) *von* Iuppiter promisit:
   Aeneas novam patriam videbit. – Proavus erit populi magni. – Augustus imperium Oceano terminabit.
   d) *von* Maimundus affirmat:
   Servus optimus sum. – Semper praecepta domini diligenter observavi. – Numquam officiis deero.

7. a) *Vergleiche:*
   Rapi servum Vedius iussit novo modo periturum. – Rapi servum Vedius iussit, ut novo modo periret.
   b) *Ersetze das Part. Fut. durch einen Finalsatz:*
   Alienam iram lenituri ipsi iram simulabimus. – Servus confugit ad Caesaris pedes misericordiam eius imploraturus. – Comites Caesaris ad civitates Asiae venerunt pecuniam expedituri.

8. a) *Vergleiche:*
   Erat Caesari persuasum hoc tantum modo amicum sanatum iri. – Erat Caesari persuasum hoc tantum modo fore, ut amicus sanaretur.
   Nolite sperare vos primam iram oratione placaturos esse! – Nolite sperare fore, ut primam iram oratione placetis!
   b) *Forme entsprechend um:*
   Servus speravit se a Caesare servatum iri. – Medico persuasum erat morbum medicamento sanatum iri. – Putamus spatium primam iram esse leniturum.

9. *Übersetze:*
a) Augustus, cum ab eo miles quid improbe peteret et veniret obviam Marcianus, quem existimabat et ipsum aliquid iniuste rogaturum: „Non magis", inquit, „faciam, commilito[1], quod petis, quam quod Marcianus a me petiturus est."
b) Quoquo modo nos gesserimus, fiet tamen illud, quod futurum est. – *Cicero in einem Brief aus dem Jahre 44 v.Chr., wenige Wochen nach Caesars Ermordung:* Si est bellum civile futurum, quid nobis faciendum est?

10. *Übersetze und beachte die Stellung des betonten Adjektivs:*
Vedius imperavit, ut servus murenis obiceretur, quas ingentes in piscina continebat. – Caesar filiam, quam unicam[2] habebat, Pompeio in matrimonium collocavit. – Themistocles noctu de servis suis, quem habuit fidelissimum, ad Xerxem misit.

11. a) *Vergleiche:* civis, is, m. – civilis, e
b) *Nenne die Grundwörter der mit -ilis gebildeten Adjektive und übersetze die Verbindungen:*
virile ingenium, bellum servile, iocus iuvenilis, prudentia senilis.
c) *Übersetze den folgenden Vers des Ovid:*
Sunt pueri pueri, pueri puerilia tractant.

12. *Vergleiche:* iacere – obicere.
Nenne die Bedeutung der folgenden Wörter:
obsistere, obstare, opponere, occurrere, offerre.

XLII

1. *Bilde die Partizipien zu*
commemorare, punire, complere, diligere, recipere, conferre.

2. *Bilde die Infinitive zu*
ostendo, monstro, tollo.

3. a) *Vergleiche:*
Iubesne exercitum ad te adduci? – Appius et Scipio consulem rogaverunt, exercitumne ad se adduci iuberet.
b) *Bilde die entsprechenden unabhängigen Fragesätze:*
Quid vesper ferat, incertum est. – Romani octo milia servorum interrogaverunt, vellentne militare. – Hoc cur fiat, nescimus. – Unde habeas, quaerit nemo.

4. a) *Worauf beziehen sich die Reflexivpronomina?*
Appius et Claudius consulem certiorem fecerunt, quantae secum copiae peditum equitumque essent, simulque rogaverunt, exercitumne ad se adduci iuberet.
b) *Bilde die entsprechenden unabhängigen Fragesätze:*
Nuntius interrogavit, cur sibi non crederent. – Romani nesciebant, quando Hannibal se oppugnaturus esset.

---

1 commīlitō, commīlitōnis, *m.* – der Kamerad (vgl. cum, mīles)
2 ūnicus, a, um – einzig (vgl. ūnus, a, um)

5. a) *Beachte das Zeitverhältnis:*

Dominus nescit, { quid Maimundus agat.
quid Maimundus egerit.
quid Maimundus acturus sit.

Dominus nesciebat, { quid Maimundus ageret.
quid Maimundus egisset.
quid Maimundus acturus esset.

b) *Setze die passenden Verbformen ein und übersetze:*
Stude cognoscere, quis … (esse). – Dicite, quid … (velle). – Dic mihi, cur me non … (adiuvare *a) Vorzeitigkeit, b) Nachzeitigkeit*).
Romani non ignorabant, quanto in periculo res publica … (esse). – Diu incertum erat, quantae copiae … (servari). – Qui in oppidum Canusium pervenerant, nesciebant, quando Hannibal se … (oppugnare).

c) *Forme die folgenden Sätze um, indem du die Hauptsätze ins Präsens setzt.*
Romani litteris consulis certiores facti sunt, quantae copiae superessent. – Equites obvios interrogaverunt, quid Hannibal acturus esset.

6. a) *Vergleiche:*
Utrum civis Romanus es an Latinus socius? – Civisne Romanus es an Latinus socius? – Civis Romanus es an Latinus socius?
Imperator Poenus captivum quemque interrogavit, utrum civis Romanus esset an Latinus socius. – Imperator Poenus captivum quemque interrogavit, civisne Romanus esset an Latinus socius. – Imperator Poenus captivum quemque interrogavit, civis Romanus esset an Latinus socius.
(Deinde socios sine pretio dimisit.)
b) *Bilde die übrigen Formen der Doppelfrage:*
Utrum servi esse an liberi mavultis?
c) *Mache diese Doppelfrage abhängig von* dicite *(alle drei Möglichkeiten)*.

7. a) Equites missi sunt, < qui obvios interrogarent.
ut obvios interrogarent.

b) *Bilde den Relativsatz mit finalem Nebensinn:*
Caesar comites ad civitates Asiae dimisit, ut pecuniam, quam piratae postulabant, expedirent. – Legati Haeduorum ad Caesarem venerunt, ut auxilium rogarent.

8. *Bestimme die Satzteile:*
Nil nimium studeo, Caesar, tibi velle placere. – Germani non multum frumento, sed maximam partem lacte ac pecore vivunt multumque sunt in venationibus.

9. a) *Vergleiche:*
Appius et Scipio consulem certiorem faciunt decem milia militum in oppido Canusio esse. – Ab Appio et Scipione consul certior fit decem milia militum in oppido Canusio esse.
b) *Setze die Hauptsätze ins Passiv:*
Consul senatum certiorem fecit, quomodo in Apulia res se haberet. – Senatores civitatem de fortuna exercituum certiorem fecerunt.

XLIII

1. mutaverat > mutarat: *Schwund des* v *zwischen zwei Vokalen und Kontraktion (Zusammenziehung; vgl.* trahere)
Nenne die entsprechenden Vollformen:
   a) audistis, audisse, donasti, amasse, quiessem, negarat;
   b) petii, quaesierit, audierunt;
   c) ditior, ditissimus;
   d) nil, di, dis, isdem.

2. a) *Frage „wo?":* Athenis vivere, Romae vivere
   Frage „wohin?": Romam redire
   Frage „von wo?": Roma venire
   b) *Ersetze diese Städtenamen durch*
   Corinthus, Capua, Brundisium, Thermae, Delphi, Carthago, Neapolis.
   c) *Vergleiche:*
   Rhodum mittere – in Sardiniam mittere
   Rhodi vivere – in Sardinia vivere
   Rhodo advenire – ex Sardinia advenire

3. *Übersetze die folgenden Ortsangaben und überlege, welche von ihnen doppeldeutig sind:*
   Himera, Agrigenti, Neapoli, Mediolanum, Olympiam, Syracusis, Carthagine, Athenas, Corintho, Alexandriae, Cretam.

4. *Beachte:*
   Aeneas multis cum sociis a Troia fugit. – Consules, ut ventum ad Cannas est et in conspectu Poenum habebant, bina[1] castra muniverunt.

5. a) *Vergleiche:*
   Segestam ab Aenea conditam esse dicunt. – Segesta ab Aenea condita esse dicitur.
   b) *Forme entsprechend um:*
   Segestanos etiam cognatione cum populo Romano coniunctos esse putant. – Segestam a Carthaginiensibus deletam esse tradunt.

6. a) *Vergleiche und übersetze:*
   Caesar hostes arma tradere iussit. – Hostes arma tradere iussi sunt.
   Caesar arma tradi iussit. – Arma tradi iussa sunt.
   b) *Übersetze und forme entsprechend um:*
   Caesar Helvetios in fines suos redire iussit. – Caesar equites quam latissime hostium agros vastare iussit. – Caesar pontem, qui erat ad Genavam, deleri iussit.

---

1 bīnī, ae, a – je zwei (vgl. bis); *bei einem Plurale tantum:* zwei

7. *Übersetze auf verschiedene Arten:*
   a) Tarquinius iniustus et superbus fuisse traditur. – Rege expulso Latini contra populum Romanum coniuravisse dicuntur. – Etiam Tarquinius et multi exules in exercitu Latinorum esse audiebantur. – In Romana acie Castor et Pollux ex equis pugnare visi sunt. – Castor et Pollux non modo adiutores victoriae populi Romani, sed etiam nuntii fuisse traduntur.
   b) Ille taurus, quem Phalaris tyrannus habuisse dicitur, Agrigentinis a Scipione redditus est. – Segesta est oppidum veterrimum in Sicilia, quod ab Aenea conditum esse putatur.

8. a) *Hendiadyoin: Verknüpfung zweier sich ergänzender Begriffe*
   societas atque amicitia – ein Freundschaftsbündnis
   iuventus ac vires – jugendliche Kraft, die Kraft der Jugend
   Suche nach angemessenen Übersetzungen für die folgenden Verbindungen:
   nomen et honor, vi et armis expugnare; gloria belli ac fortitudinis, indignatio et ira, arma virique.
   b) *Wdh. 37 Ü 11.*

9. a) *Vergleiche:* ferre – transferre
   b) *Gib die Bedeutung der folgenden Komposita an:*
   transportare, transmittere, transcurrere, transfugere, transcendere (vgl. conscendere); traducere, tradere, traicere.

XLIV

1. *Übersetze und bestimme die Art des Genetivs:*
   a) odium vestri, nostra tui caritas, cura sui, mei similis – *Cicero in einem Brief:* Grata mihi vehementer est memoria nostri tua. – *In einem Lustspiel stellt sich ein alter Mann vor, wie er einen Sklaven bestrafen will:* Dum vivet, meminerit semper mei.
   b) maxima pars vestrum, multi nostrum, nemo nostrum, plerique vestrum, quis vestrum?

2. a) *Vergleiche:*
   Tarquinius morem senatum consulendi solvit. – Morem senatus consulendi solvit.
   Rem agendi tempus est. – Rei agendae tempus est.
   Bella gerendo et colonos mittendo Tarquinius imperii fines auxit. – Bellis gerendis et colonis mittendis imperii fines auxit.
   b) *Bilde die entsprechende Gerundivum-Konstruktion:*
   Themistocles incolis Athenarum auctor fuit aedificandi classem. – Themistocles piratas vincendo mare tutum reddidit.

3. *Übersetze:*
   a) cupiditas regni obtinendi, consilium augendae rei publicae, occasio negotii bene gerendi, spes expugnandae urbis, difficultates belli gerendi, proelii com-

mittendi signum dare, auctor Caesaris interficiendi; patriae liberandae cupidus, praedae faciendae cupidus;

b) legibus cognoscendis studere, ludis faciendis praeesse;

c) Dolo adhibendo Hannibal Romanos undique circumvenit. – Ad Cannas Hannibal, cum Romanos proelio vicisset, spoliis legendis tempus perdidit[1].

d) C. Iulius Caesar adulescens in discenda eloquentia Apollonium Molonem audivit. – Helvetii parati erant ad omnia pericula subeunda. – De expugnando oppido et de flumine transeundo spem se fefellisse hostes intellexerunt. – Germani iuventutis exercendae causa quotannis fere finitimis civitatibus bellum intulerunt.

4. *Bestimme Numerus und Genus des mit der nd-Form verbundenen Personalpronomens:*
Nunc est occasio vestri liberandi. – Civitas occasionem sui liberandi non praetermisit. – Cives occasionem sui liberandi non praetermiserunt.

5. a) *Übersetze:*
Sicilia Verri administranda, non vexanda data est. – Imperator Poenus Segestam militibus diripiendam tradiderat. – Simulacrum Dianae Carthaginem deportandum curaverat.

b) *Setze das eingeklammerte Wort in die richtige Form und übersetze:*
Scipio taurum, quem Phalaris habuerat, Agrigentinis (reddere) curavit. – Euclio aulam auri plenam Fidei (servare) dedit.

6. a) *Vergleiche:*
Tarquinius Servio Tullio invidebat. – Servio Tullio a Tarquinio invidebatur. Multi Servio faverant. – Servio a multis fautum erat.

b) *Übersetze:*
Multitudini facile persuaderi poterat, ut imperium regi abrogaret. – Tarquinius civitati sese persuasurum existimabat, ut regnum sibi restituerent. – Aliorum laudi atque gloriae maxime invideri solet.

7. a) *Beachte den Kasus des Objekts:*
Meministisne caedem Servi Tulli? (Meministisne caedis Servi Tulli?) – Meministisne illius optimi regis?

b) *Setze die eingeklammerten Wörter in den richtigen Kasus und übersetze:*
Mementote (Lucretia)! – Mementote (pristina virtus)! – Mementote (superbia Tarquinii)! – Faciam, ut Tarquinii (hic dies) semper meminerint. – Per cuncta saecula civitas meminerat (L. Brutus), meminerat (scelera Tarquinii et mors Lucretiae).

8. a) perterrere – sehr erschrecken
Die Vorsilbe per- *kann bei Verben auch zur Verstärkung dienen ("sehr; völlig; genau, gründlich"). Was bedeuten demnach die folgenden Verben:*
pertimere, perplacere, perpellere; persanare, pervertere, pervincere; perdocere, perquirere, perscribere. – *Was ist die Grundbedeutung von* persuadere?

---

1 **tempus perdere** – die Zeit vergeuden

b) *Die Vorsilbe* per- *dient auch zur Verstärkung von Adjektiven. Gib die Bedeutung der folgenden Adjektive an:*
perangustus, perfacilis, pergratus, permagnus, permulti, perpauci.

XLV

1. *Konjugiere nebeneinander:*
   a) existimo, arbitror, reor;
   b) adiuvabam, aderam, auxiliabar;
   c) monui, hortatus sum.

2. *Führe durch die Tempora und Modi:*
   laetaris, vereris, gaudes.

3. *Bilde zu* admiror, fateor, audeo
   a) *den Imperativ;* b) *die Infinitive;* c) *die Partizipien.*

4. *Übersetze:*
   a) monemur, hortemur, monebar, hortabar, moniti estis, hortati estis, monitus, hortatus;
   b) adiuvaberis, auxiliaberis, adiuvamini, auxiliamini (2), adiuvantes, auxiliantes;
   c) existimabatur, rebatur;
   d) monere, tuere, canere, solere, fatere; morare, creare, conare.

5. *Ersetze, soweit möglich, durch ein Deponens von gleicher oder ähnlicher Bedeutung:*
   a) adiuvabo, adiuvabor, adiuvas, adiuverunt;
   b) admones, admoneris, admonens, admoniturus, admonendus, admoniti sunt, admonuissem;
   c) existimavimus, existimaturum esse, existimet, existimare, existimate;
   d) time, timuerint (2), timentes.

6. *Bilde zu den folgenden Verben die Partizipien und gib bei jedem Partizip an, ob es aktivische oder passivische Bedeutung hat:*
   hortari, fateri, admirari, audire, audere.

7. *Beachte das Zeitverhältnis:*
   a) Fabius suos hortatus Minuci militibus auxiliatus est. – Fabium de patria bene meritum Ennius poeta versibus claris celebravit.
   b) Insidias veritus dictator exercitum castris tenuit. – Fabius prudentiam temeritati anteponendam esse arbitratus facultatem proeliandi hostibus non dedit. – Multi et in castris et in urbe Fabii rationem belli gerendi nimis cautam rati cognomen Cunctatoris ei addiderunt.

8. *Nenne die Nomina zu*
   morari, arbitrari, auxiliari, mirari, laetari, tueri, reri, gaudere, audere.

9. a) *Wdh. 38 Ü 10.*
   b) *Unterscheide:*
   Minucius dictatorem segnem ac timidum appellare veritus non est. – Populus
   ius magistri equitum et dictatoris aequare veritus non est. – Fabius verebatur,
   ne Minucius temere proelium committeret. – Dictator veritus est, ut Minucius
   hostium impetum sustinere posset. – Post cladem gravissimam ad lacum Trasumennum acceptam Romani verebantur, ne Hannibal urbem oppugnaret.

10. Summo in periculo Romani dictatorem creare solebant.
    In höchster Gefahr pflegten die Römer einen Diktator zu ernennen. – In höch-
    ster Gefahr ernannten die Römer gewöhnlich einen Diktator.
    Übersetze mit dem deutschen Adverb:
    Audentes di adiuvare solent. – Comprehendere fortuna temeritatem solet. –
    Malis homines doceri solent.

11. milites castris tenere – die Soldaten im Lager halten
    Übersetze:
    via Appia ire, memoria tenere, urbe recipere, proelio lacessere, silvis se occul-
    tare.

12. victor hostis – der siegreiche Feind
    Übersetze:
    victor dux, filius adulescens, civitas domina, urbs serva, pecunia praeda.

XLVI

1. *Führe durch die Tempora und Modi:*
   a) sedemus, sequimur;
   b) moratur, moritur;
   c) comperio, experior;
   d) redis, reverteris.

2. a) *Bilde die entsprechenden Formen des Perfektstammes zu*
   sequuntur, aggrediar (2), orietur, revertatur, fungebatur, patientur, moraremi-
   ni, moreremini, fidimus.
   b) *Bilde die entsprechenden Formen des Präsensstammes zu*
   nati sunt, adepti essetis, aggressum esse, expertus eris, fisi eramus, assecutus
   ero, usus sim, reverterunt, passi estis, ortus erat.

3. *Bestimme:*
   a) niti, nisi (3), uti, usi (2), usui, obliti sunt, oblati sunt;
   b) pateret, pateretur, patere (2), patre, pateris, patieris, patiaris, passus (5);
   c) comperimus (2), experimur, comperiatur, experiatur, ortis (2), hortis (2),
   hortatis (2), oris (3), oritur, origo;
   d) revertere, reverteris (4), verteris (4), reverti (2), verti (2), fidis (3), fisis (2),
   fides (2), fide (4).

4. *Beachte den Kasus des Objekts:*
a) Cives mores (morum) maiorum obliti erant. – Cives maiorum obliti erant. – Romani meminerant superbiam et iniurias (superbiae et iniuriarum) Tarquini, meminerant Lucretiae a regis filio violatae.
b) Fabius modico intervallo agmen hostium secutus est.
c) M. Porcius et L. Flaccus censura severe functi sunt. – M. Porcius, quoad vixit, summa auctoritate usus est.

5. *Setze die eingeklammerten Wörter in den richtigen Kasus und übersetze:*
Fabius (summa prudentia) usus milites castris tenuit. – Sed Minucius (tot clades ab hoste acceptae) oblitus temere proelium commisit. – Romani (Poeni fugientes) secuti non sunt. – Fabius (dictatura) prudentissime functus est.

6. a) *Vergleiche:*
simulare (*Part. Perf.* simulatum) – simulatio
orare (*Part. Perf.* oratum) – oratio
munire (*Part. Perf.* munitum) – munitio
contendere (*Part. Perf.* contentum) – contentio
b) *Nenne die zugrunde liegenden Verben und gib die Bedeutung der folgenden Substantive an:*
exspectatio, oppugnatio, expugnatio, defensio, reditio, mutatio, possessio, cognitio, actio, contemptio, accusatio, damnatio.

7. *Erkläre die folgenden Fremdwörter:*
Funktion, Funktionär, Sequenz, Patient, Passion, Aggression, aggressiv, Orient, Experte, Experiment.

8. invictus *heißt nicht nur* unbesiegt, *sondern auch* unbesiegbar.
Übersetze entsprechend:
a) immotus, incorruptus, inviolatus, contemptus, conspectus;
b) invictus a cupiditatibus animus, constantia immota, custos incorruptus, orator non contemptus, agmina hostium ipsa inter se conspecta.

9. a) *Wiederhole XXXV Ü 13.*
Vergleiche: uti – gebrauchen
utilis, e – (was man gebrauchen kann), brauchbar, nützlich
b) *Nenne die zugrunde liegenden Verben und die Bedeutung:*
facilis, fragilis, agilis, docilis.

XLVII

1. *Übersetze:*
Populus Romanus non alium vincendis Macedonibus magis idoneum imperatorem quam L. Aemilium Paulum existimabat. – Maxime necessarium esse putabant consulem quam primum in Macedoniam proficisci.

2. *Bilde den Komparativ und den Superlativ zu*
   a) tempus idoneum (2), ducem egregium, verbo dubio (2);
   b) acerbae litterae, antiquus amicus, loca iniqua (2);
   c) multorum hominum, bonis moribus (2);
   d) a viro diligenti, res utiles (2);
   e) iter facile (2), tempora difficilia (2);
   f) domus pauper, instrumenti acris.

3. *Wonach richten sich in den folgenden Sätzen Genus und Numerus der Demon-strativpronomina?*
   a) Haec erat oratio acris et vehemens. – Idem velle atque idem nolle, ea demum firma amicitia est. – *Caesar beim Angriff seiner Mörder:* Ista quidem vis est!
   b) Paulus secundam eam victoriam putavit. – Regibus expulsis se quisque extollere et fortia facinora facere studebat; eas divitias, eam bonam famam magnamque nobilitatem putabant.

4. *Übersetze und beachte die Abweichungen von der Kongruenz:*
   Orgetorix civitati persuasit, ut de finibus suis exirent. – Ingens hominum multitudo convenerunt. – Caesar equitatum omnem praemittit, qui videant, quas in partes hostes iter faciant. – Magna pars vulnerati aut occisi sunt.

5. *Übersetze und bestimme den Nebensinn der Relativsätze:*
   Erant omnino itinera duo, quibus itineribus Helvetii domo exire possent: unum per Sequanos, alterum per provinciam Romanam. – Helvetii, ubi de Caesaris adventu certiores facti sunt, legatos ad eum miserunt nobilissimos civitatis, qui dicerent sibi esse in animo sine ulla iniuria iter per provinciam Romanam facere. – Caesar, qui memoria teneret L. Cassium consulem occisum exercitumque eius ab Helvetiis pulsum, concedendum non putabat. – Caesar, qui iter Helvetiis non concedendum putaret, legatis respondit, ut post diem quintum decimum reverterentur.

6. *Übersetze:*
   Caesar ultra eum locum, quo in loco hostes consederant, posuit castra. – Omnibus rebus comparatis Helvetii diem dixerunt, qua die ad ripam Rhodani omnes convenirent.

7. a) *Wdh. 40 Ü 11.*
   b) *Vergleiche:*
   Omnia patienda sunt, donec spes aliqua relinquitur. – Caesar intellexit legatum praesentis periculi atque inopiae vitandae causa venisse neque ullam spem aut condicionem pacis afferre.

XLVIII

1. *Bilde die Partizipien und Infinitive zu:*
   a) contineo, subigo, suscipio;
   b) minor, revertor, patior;
   c) transeo, nolo, refero.

2. *Setze in den Konjunktiv:*
   a) exploraverunt, licet, consuescebamus, reiciuntur;
   b) suspicamini, pollicitus es, loquebatur, progressi sunt;
   c) interfui, abierat, oderatis, fit, vult, elati erant, sustulisti.

3. *Stelle aus den abhängigen Reden von XLVIII A Wörter zusammen, in denen*
   a) *der Sprecher sich selbst erwähnt,*
   b) *der Angeredete bezeichnet wird.*

4. a) *Setze die Antwort Ariovists (XLVIII A, 4. Abschnitt) in die direkte Rede.*
   b) *Setze die Worte des Fabius an seine Soldaten (XLV A, 3. Abschnitt) in die indirekte Rede.*

5. *Übersetze und beachte, wo in diesen Sätzen das Beziehungswort des Relativpronomens steht:*
   Quae Galliae civitates ad Ariovistum oppugnandum venerant, pulsae ac superatae sunt. – Qui antea invicti fuerunt viri, eos Ariovistus vicit. – Quem locum colloquio constituerant, aequum fere spatium ab utriusque castris aberat. – Quibus militibus Caesar maxime confidebat, iis salutem suam commisit. – Quae prima colloquendi ei facultas data est, utitur.

6. *Übersetze:*
   Uterque cum comitibus ad colloquium venit. – Uterque dux utrique exercitui erat in conspectu. – Duae fuerunt Ariovisti uxores; utraque in fuga periit.

Wörterverzeichnis
mit Musterbeispielen zur Satzlehre

XXXII

A

maximē	am meisten, ganz und gar, besonders
maximus, a, um	der größte, sehr groß
crūdēlis, crūdēle	grausam
inhūmānus, a, um	unmenschlich
hūmānus, a, um	menschlich
homo, hominis, **m.**	der Mensch
quia	da, weil
quis? quid?	wer? was?
5 aliquis, aliquid	jemand, etwas
quis, quid	jemand, etwas
quis? quid? (s. Gr. Beih. 24)	wer? was?
caedēs, caedis, (ium), f.	das Morden, Töten, die Ermordung
falsus, a, um	falsch
opīniō, opīniōnis, f.	die Meinung, Vermutung, Erwartung
10 ūsque (ad)	bis (zu)
gladius	das Schwert
praebēre	darbieten, gewähren
habēre	haben, halten

merēre	verdienen
quārē?	wodurch? warum?
quī? quae? quod?	welcher? welche? welches?
rēs, reī, f.	die Sache
15 parum	zu wenig
parvus, a, um	klein
audāx, *Gen.* audācis	waghalsig, kühn
audēre *UV*	wagen
audācia	die Kühnheit
audācter *(Adv.)*	waghalsig, kühn
vitium	der Fehler, das Laster
vituperāre	tadeln
similis, simile	ähnlich
20 dissimilis, dissimile	unähnlich, verschieden
simulāre	vorspiegeln
simulācrum	das Bild
voluptās, voluptātis, f.	das Vergnügen, die Lust
cōnsēnsus, ūs	die Übereinstimmung
sententia	die Meinung

S

dīc	*Imp. Sing. zu* dīcere
levis, leve	leicht *(von Gewicht)*

---

konsonantische Konjugation

s-Perfekt:

25 contemnere[1]	contemnō	contempsī	contemptum	verachten
admittere	admittō	admīsī	admissum	Zutritt gewähren, zulassen
mittere – schicken				
intermittere	intermittō	intermīsī	intermissum	unterbrechen

---

1 contemnere *mit n-Erweiterung im Präsensstamm.*

v-Perfekt:

quiēscere[1]	quiēscō	quiēvī	quiētum	zur Ruhe kommen, sich ausruhen

Ablaut-Perfekt:

rumpere[2]	rumpō	rūpī	ruptum	brechen, zerbrechen *(trans.)*
30 corrumpere	corrumpō	corrūpī	corruptum	verderben, bestechen

Perfekt mit Reduplikation:

caedere	caedō	cecīdī	caesum	fällen, nieder-

caedēs, caedis, (ium), f. – das Morden, Töten, die Ermordung hauen

occīdere	occīdō	occīdī	occīsum	niederhauen, töten

ī-Konjugation

Perfekt ohne Veränderung des Präsensstammes:

comperīre	comperiō	comperī	compertum	erfahren

perīculum – die Gefahr

---

176 *Partizip der Gleichzeitigkeit:*

Seneca in turbā **sedēns** nōn est iam ille, quī vēnit.

Wenn Seneca in der Masse **sitzt,** ist er nicht mehr der Mensch, der gekommen ist.

Seneca in turbā **sedēns** nōn erat iam ille, quī vēnerat.

Als Seneca in der Masse **saß,** war er nicht mehr der Mensch, der gekommen war.

177 Quid mē exīstimās dīcere?
(a.c.i. im Fragesatz)

Was meinst du, daß ich damit sage?

178 solent

man pflegt

179 Tē meliōrem reddent.
(vgl. 31, 108, 115, 152)

Sie werden dich besser machen.

XXXIII

A

senātor, senātōris, m.	der Senator	ars, artis, (ium), f.	die Kunst, Fertigkeit
senātus, ūs	der Senat	artificium	das Kunstwerk, Handwerk
īnstitūtum	die Einrichtung	praeceptum	die Vorschrift, Lehre
statuere	hinstellen, festsetzen, beschließen	5 patrēs, patrum, m. **pl.**	die Senatoren; Patrizier
		pater, patris, m.	der Vater

---

1 quiēscere *mit sc-Erweiterung im Präsensstamm.*
2 rumpere *mit m-Erweiterung im Präsensstamm.*

cum *b. Ind.*	als, wenn
cum *b. Konj.*	1. als; 2. da, weil
silentium	das Schweigen, die Stille
cōnsilium	einen Plan fassen,
inīre	einen Entschluß fassen
cēnsēre	meinen; *(im Senat)* einen Antrag stellen; *(als Zensor)* eine Schätzung vornehmen, schätzen
10 sollicitāre	beunruhigen, aufregen
causā *(nachge-stellt) b. Gen.*	wegen, um … willen
causa	der Grund, die Ursache; Sache
cognōmen, cognōminis, n.	der Beiname
nōmen, nōminis, n.	der Name

S

servīre	dienen
servus	der Sklave

Ü

potestās, potestātis, f.	die Macht, Gewalt; Möglichkeit
posse	können
potentia	die Macht
15 classis, classis, (ium), f.	die Klasse; Flotte
fortis, forte	tapfer
facile *(Adv.)*	leicht *(zu tun)*
facilis, facile	leicht *(zu tun)*
iūdex, iūdicis, m.	der Richter
iūs, iūris, n.	das Recht
dīcere	sagen, sprechen; nennen
iūdicāre	richten, urteilen, meinen; halten für

---

konsonantische Konjugation

s-Perfekt:

fluere	fluō	flūxī	–	fließen
flūmen, flūminis, n. – der Fluß, die Strömung; fluvius – der Fluß
20 cōnfluere	cōnfluō	cōnflūxī	–	zusammenströmen, zusammenkommen

sūmere	sūmō	sūmpsī	sūmptum	nehmen
cōnsūmere	cōnsūmō	cōnsūmpsī	cōnsūmptum	verbrauchen, verzehren

---

180	rēs maior	eine größere Sache, eine ziemlich (recht) bedeutende Angelegenheit
181	Tum, cum in senātū rēs maior ācta est, patribus placuit … *(rein temporales cum)*	Als damals im Senat eine recht bedeutende Angelegenheit behandelt wurde, beschlossen die Senatoren …
182	rēs novās cognōscendō rēs novās cognōscendī cupidus *(vgl. 63)*	durch das Erfahren von Neuigkeiten begierig, Neuigkeiten zu erfahren; neugierig
183	acriter interrogandō	durch ungeduldiges Fragen
184	honōris causā	zur Ehre, ehrenhalber

XXXIV

A

domō	von Hause, aus der Heimat
domus, ūs, **f.**	das Haus
domum	nach Hause
reliquus, a, um	übrig
relinquere	zurücklassen, verlassen
ulterior, ulterius *(Komparativ)*	jenseitig
ultimus, a, um *(Superlativ)*	der äußerste, letzte
5 passus, ūs	der Schritt, Doppelschritt; *als Längenmaß:* 1,50 m
patēre	offenstehen, sich erstrecken
fossa	der Graben
mūnītiō, mūnītiōnis, f.	die Befestigung, Befestigungsanlage
mūnīre	befestigen, anlegen
ratiō, ratiōnis, f.	die Berechnung, Rechenschaft; Art und Weise; Vernunft
ratiōnem habēre	eine Berechnung anstellen; Rücksicht nehmen
10 item	ebenso
ita	so
senex, senis, **m.**	der alte Mann, Greis
senātus, ūs	der Senat

S

prīnceps, *Gen.* prīncipis *(kons. Dekl.)*	der erste, bedeutendste, angesehenste
prīmus, a, um	der erste
prīncipium	der Anfang
laus, laudis, f.	das Lob
laudāre	loben
prior, prius *(Komparativ)*	der erste; frühere
prius *(Adv.)*	eher, früher
prae *b. Abl.*	vor

Ü

15 pōns, pontis (ium), **m.**	die Brücke

ē-Konjugation

s-Perfekt:

iubēre	iubeō	iussī	iussum	beauftragen, befehlen

konsonantische Konjugation

s-Perfekt:

trādūcere	trādūcō	trādūxī	trāductum	hinüberführen, hinüberziehen
dūcere – führen				

ī-Konjugation

Perfekt mit Reduplikation:

reperīre	reperiō	repperī[1]	repertum	finden
parāre – bereiten, verschaffen				

Verbum anomalum

superesse	supersum	superfuī	–	übrig sein
esse – sein				

---

1 repperī $<$ *re-peperī.

185	urbs	die Stadt Rom
186	quam celerrimē ⎫ quam celerrimē potuit ⎭	so schnell er konnte, so schnell wie möglich, möglichst schnell
187	Helvētiī lēgātōs ad Caesarem mīsērunt rogātum, ut per prōvinciam īre sibī licēret. *(Supinum I)*	Die Helvetier schickten Gesandte zu Caesar, **um** ihn **zu bitten,** durch die Provinz ziehen zu dürfen.
188	ūndēvīgintī mīlia passuum *(Gen. materiae; vgl. 29, 147, 148)*	19 000 Schritt
189	Caesar **negāvit** sē posse iter iīs per prōvin- ciam dare.	Caesar **sagte, daß** er ihnen den Zug durch die Provinz **nicht** gestatten kön- ne. …, er könne ihnen den Zug durch die Provinz **nicht** gestatten.
190	Caesar Helvētiōs in suōs fīnēs redīre iussit.	Caesar befahl den Helvetiern, in ihr Gebiet zurückzukehren.
191	Summa omnium **fuērunt** ad mīlia trecenta duodēseptuāgintā. *(Attraktion: Angleichung der Kopula an das Prädikatsnomen)*	Die Gesamtzahl betrug etwa 368 000.
192	Eōrum fuit numerus mīlium centum et decem. *(Gen. qualitatis; vgl. 40)*	Ihre Zahl betrug 110 000.
193	Fīnēs Helvētiōrum in longitūdinem mīlia passuum ducenta quadrāgintā patēbant. *(Akkusativ der räumlichen Ausdehnung; Frage: wie weit? – Vgl. 43 a.)*	Das Gebiet der Helvetier erstreckte sich 240 000 Schritt (240 Meilen) in die Länge.

XXXV

A

hostis, hostis, (ium), **m.**	der Feind, Landesfeind	cōnfirmāre	sichern, befestigen, bestärken, ermutigen
incrēdibilis, incrēdibile	unglaublich	firmāre firmus, a, um	stärken, sichern, ermutigen stark, sicher, zuverlässig
crēdere	glauben, vertrauen	brevis, breve	kurz
paene	fast, beinahe	brevitās, brevitātis, f.	die Kürze
opus, operis, n.	die Arbeit, das Werk; die Kunst	difficilis, difficile	schwierig
5 occupātus, a, um	beschäftigt	facilis, facile 10 difficultās, difficultātis, f.	leicht *(zu tun)* die Schwierigkeit
occupāre	einnehmen, besetzen		

subsidium	die Verstärkung, Hilfe; Reserve	eō	dahin, dorthin
sedēre	sitzen	quō?	wohin?
legiō, legiōnis, f.	die Legion	₂₀ centuriō, centuriōnis, **m.**	der Zenturio
legere	sammeln, lesen	centum	hundert
propter *b. Akk.*	wegen	quisque, quidque	jeder, alles
administrāre	besorgen, ausführen; verwalten	quis? quid? *(s. Gr. Beih. 24)*	wer? was?
₁₅ virtūs, virtūtis, f.	die Mannhaftigkeit, Tapferkeit; Tüchtigkeit, Tugend	cōnspectus, ūs	das Erblicken, der Anblick
vir	der Mann	spectāre	schauen, anschauen
sinister, sinistra, sinistrum	link(s)	**Ü**	
superior, superius *(Komparativ)*	höher, der obere; der frühere	lībertās, lībertātis, f.	die Freiheit
		līber, lībera, līberum	frei
superāre	überwinden, besiegen, übertreffen	vix	kaum
agmen, agminis, n.	das Heer *(auf dem Marsch),* der Heereszug, Zug	₂₅ unde?	von wo? woher?
		undique	von allen Seiten
agere	treiben; betreiben, tun; verhandeln		

ā-Konjugation

u-Perfekt:

vetāre	vetō	vetuī	vetitum	verbieten

ē-Konjugation

v-Perfekt:

complēre	compleō	complēvī	complētum	anfüllen
implēre – anfüllen				

konsonantische Konjugation

s-Perfekt:

prōcēdere	prōcēdō	prōcessī	prōcessum	vorwärtsschreiten, vorrücken
cēdere – gehen, weichen				
īnstruere	īnstruō	īnstrūxī	īnstrūctum	aufstellen, ein- richten; unterrichten
īnstrūmentum – das Gerät, Werkzeug				
₃₀ praetermittere	praetermittō	praetermīsī	praetermissum	vorübergehen lassen, ungenutzt lassen; un- terlassen
mittere – schicken				
laedere	laedō	laesī	laesum	verletzen

neglegere	neglegō	neglēxī	neglēctum	vernachlässigen, sich

intellegere – einsehen, erkennen, verstehen
legere, legō, **lēgī**, lēctum – sammeln, lesen

nicht kümmern um

v-Perfekt:

arcessere	arcessō	arcessīvī	arcessītum	herbeiholen

u-Perfekt:

prōpōnere	prōpōnō	prōposuī	prōpositum	öffentlich aufstellen,

pōnere – stellen, setzen, legen

bekanntmachen; in
Aussicht stellen

Perfekt mit Reduplikation:

35
pellere	pellō	pepulī	pulsum	treiben, vertreiben

dēpellere dēpellō dēpulī depulsum
impellere – antreiben, bewegen, verleiten

hinabtreiben, wegtreiben,
vertreiben; beseitigen,
entfernen

occurrere	occurrō	occurrī	occursum	entgegeneilen,

currere – laufen

begegnen

cōnsistere	cōnsistō	cōnstitī	–	sich hinstellen,

resistere – widerstehen, Widerstand leisten

stehenbleiben

Perfekt ohne Veränderung des Präsensstammes:

restituere	restituō	restituī	restitūtum	wiederherstellen;

statuere – hinstellen, festsetzen, beschließen

zurückführen,
zurückgeben

ī-Konjugation

Ablaut-Perfekt:

40
circumvenīre	circumveniō	circumvēnī	circumventum	umzingeln,

venīre – kommen

einschließen

---

194 a) Mīlitēs revocandī erant.

Die Soldaten **mußten** zurückgerufen werden. Die Soldaten waren zurückzurufen.

b) Tantum commodum praetermittendum nōn erat.

Ein so großer Vorteil **durfte nicht** ausgelassen werden. Einen so großen Vorteil **durfte** man sich **nicht** entgehen lassen.

195 Caesarī omnia ūnō tempore erant agenda. *(Dat. auctoris, Dat. der handelnden Person)*

Von Caesar mußte alles gleichzeitig getan werden. Caesar mußte alles gleichzeitig tun. Caesar hätte alles gleichzeitig tun müssen.

196 a) facinus laudandum

eine Tat, die gelobt werden muß; eine Tat, die zu loben ist; eine lobenswerte Tat

b) cōnsilium non contemnendum

ein Rat, den man nicht verachten darf; ein nicht zu verachtender Rat

97

197	Caesar lēgātōs ā suīs legiōnibus discēderc vetuerat. *(vgl. 190)*		Caesar hatte den Legaten verboten, sich von ihren Legionen zu entfernen.
198	per sē		von sich aus; allein
199	nostrī		die Unsern, unsere Soldaten
	suī		die Seinen, seine Soldaten
	suum *(vgl. 165)*		das Seine, das Ihre
200	Magnō rēs est in perīculō.		Die Situation ist äußerst gefährlich.

(Hyperbaton: Trennung syntaktisch zusammengehörender Wörter durch eingeschobene Satzteile)

201 Nōn omnis error stultitia **dīcenda est.** Nicht jeder Irrtum kann als Dummheit bezeichnet werden. Nicht jeder Irrtum kann Dummheit genannt werden.

(Attraktion: Angleichung des Prädikats an das Prädikativum; vgl. 191)

XXXVI

A

nāvis, nāvis, (ium), f.	das Schiff	lītus, lītoris, n.	der Strand
nauta, **m.**	der Seemann	plūres, plūra *(Komparativ),*	mehr, mehrere
cum *b. Ind.*	als; da *(mit Hauptsatz)*	Gen. plūrium	
cum *b. Ind.*	als, wenn	plūs	mehr
comes, comitis, **m.**	der Begleiter	plūrimī, ae, a *(Superlativ)*	die meisten, sehr viele
īre cum *b. Abl.*	gehen mit	plūrimum	am meisten, sehr viel
pecūnia	das Geld	10 complūrēs, complūra, Gen.	mehrere, einige
pecus, pecoris, n.	das Vieh; Kleinvieh, Schaf		
5 magnitūdo, magnitūdinis, f.	die Größe	complūrium	
		prōcōnsul, prōcōnsulis, m.	der Prokonsul, Statthalter
magnus, a, um	groß		
nōbilis, nōbile	berühmt, adlig, vortrefflich	cōnsul, cōnsulis, m.	der Konsul
nōtus, a, um	bekannt		

---

konsonantische Konjugation
s-Perfekt:

premere	premō	pressī	pressum	drücken, bedrängen
opprimere	opprimō	oppressī	oppressum	unterdrücken, bedrängen, überfallen

Perfekt mit Reduplikation:

vēndere	vēndō	vēndidī	vēnditum	verkaufen

 dăre – geben; ēdere – herausgeben

Perfekt ohne Veränderung des Präsensstammes:

15 vertere	vertō	vertī	versum	wenden

 adversus – ungünstig; feindlich

āvertere	āvertō	āvertī	āversum	abwenden

---

202 Iam nāvis ā Mīlētō nōn longē aberat, **cum** ā pīrātīs oppressa est.

Das Schiff war nicht mehr weit von Milet entfernt; **da** wurde es von Piraten überfallen.

(cum *inversivum: Die Hauptsache, die eine Überraschung bringt, steht im Nebensatz.)*

203 Nāvis ā pīrātīs oppressa est. Apud **quōs** Caesar ad quadrāgintā diēs mānsit. *(relativischer Anschluß)*

Das Schiff wurde von Seeräubern überfallen. Bei **diesen** blieb Caesar ungefähr 40 Tage.

204 per minās *(Umstandsbestimmung der Art und Weise; vgl. 164)*

unter Drohungen

205 adulēscēns nōbilī gente nātus *(Ablativus originis, Ablativ der Herkunft)*

ein junger Mann von adliger Herkunft

206 Priusquam ā prōcōnsule venīrent litterae, Caesar omnēs captīvōs affīxit crucī. *(vgl. 161)*

Bevor ein Brief vom Prokonsul eintraf, ließ Caesar alle Gefangenen kreuzigen.

207 hāc dē causā }
 quā dē causā }

aus diesem Grunde, darum

208 Caesar apud incolās Asiae clārus fuit.

Caesar **wurde** bei den Einwohnern Kleinasiens berühmt.

209 in ūnum locum contrahere *(Frage: wohin? – Vgl. 68, 174.)*

an einer Stelle zusammenziehen *(Frage: wo?)*

XXXVII

A

cum *b. Ind.*	(jedesmal) wenn
cum *b. Ind.*	1. als, wenn
	2. als; da *(mit Hauptsatz)*
oportēre, oportet, oportuit	nötig sein, sich gehören

sacrum	das Opfer, die Opferhandlung
sacer, sacra, sacrum	heilig
dum	solange
dum *b. Ind. Präs.*	während
5 calamitās, calamitātis, f.	das Unglück, die Not

Ü

omnīnō *(Adv.)*	im ganzen, ganz und gar, überhaupt	concursus, ūs	das Zusammenlaufen, der Angriff
omnis, omne	jeder, ganz; *Plur.:* alle	currere	laufen

ā-Konjugation

Perfekt mit Reduplikation:

praestāre	praestat	praestitit	–	besser sein

stāre – stehen; praestāre – übertreffen

konsonantische Konjugation

Perfekt mit Reduplikation:

canere	canō	cecinī	–	singen, besingen

carmen, carminis, n. – das Lied, Gedicht

konsonantische Konjugation, Präsensstamm auf ĭ

Ablaut-Perfekt:

10 | | | | | |
|---|---|---|---|---|
| capere | capiō | cēpī | captum | fassen, nehmen, fangen |

captīvus, a, um – gefangen; der Kriegsgefangene

excipere	excipiō	excēpī	exceptum	herausnehmen; aufnehmen
accipere	accipiō	accēpī	acceptum	entgegennehmen, empfangen; vernehmen, erfahren
incipere	incipiō	coepī	coeptum *(oder* inceptum*)*	anfangen, beginnen
facere	faciō	fēcī	factum	machen, tun

Imp. Sing.: **fac**

factum – die Tat; facinus, facinoris, n. – die Tat, Untat; facilis, facile – leicht *(zu tun)*

15 | | | | | |
|---|---|---|---|---|
| interficere | interficiō | interfēcī | interfectum | töten |
| afficere | afficiō | affēcī | affectum | *(mit etwas)* versehen |
| efficere | efficiō | effēcī | effectum | schaffen, bewirken |
| fugere | fugiō | fūgī | fugitum | fliehen, vermeiden, entgehen |

fuga – die Flucht

v-Perfekt:

cupere	cupiō	cupīvī	cupītum	wünschen, begehren

cupidus, a, um – begierig

u-Perfekt:

20 | | | | | |
|---|---|---|---|---|
| rapere | rapiō | rapuī | raptum | an sich raffen, fortreißen, rauben; mit Gewalt fortschleppen |
| ēripere | ēripiō | ēripuī | ēreptum | entreißen |

s-Perfekt:

cōnspicere	cōnspiciō	cōnspexī	cōnspectum	erblicken

spectāre – schauen, anschauen; conspectus, ūs – das Erblicken, der Anblick

ī-Konjugation

Ablaut-Perfekt:

advenīre   adveniō   advēnī   adventum   ankommen

venīre – kommen; adventus, ūs – die Ankunft

---

210 Cum vēr incipit, agrōs lūstrāre oportet.

Wenn der Frühling anfängt, gehört es sich, die Felder zu entsühnen. …, muß man die Felder entsühnen.

(cum *iterativum*
zur Bezeichnung der wiederholten Handlung oder des wiederholten Vorgangs)

211 agrōs circumagere   um die Felder treiben
(vgl. 173)

212 rogāre atque ōrāre   inständig bitten
(Hendiadyoin, „eins durch zwei": Verstärkung)

213 Fac, nē calamitātēs accipiāmus.   Mach, daß wir kein Unglück erleiden.
Effice, ut bene crēscant frūmenta.   Bewirke, daß das Korn gut wächst.
                                      Mach, daß das Korn gut wächst.

214 dīmidium factī   die Hälfte der Tat
(Genetivus partitivus, Genetiv des geteilten Ganzen)

215 in Galliam advenīre   in Gallien ankommen
(Frage: wohin? – Vgl. 68, 174 und 209.)   *(Frage: wo?)*

XXXVIII

A

cōnsulātus, ūs   das Konsulat, Amt des Konsuls
cōnsul, cōnsulis, m.   der Konsul

quoniam   da ja, weil ja
cum   da, weil
(altlat. quom)
iam   schon, nun, jetzt

īnferior,
īnferius   der untere;
untergeordnet,
(Komparativ) geringer
commūnis,
commūne   gemeinsam
mūnus, mūneris, n.   die Aufgabe, Pflicht; das Amt; Geschenk

5 centuria   die Zenturie, Hundertschaft
centum   hundert
centuriō, centuriōnis, m.   der Zenturio

optimātēs, optimātium, m. pl.   die Optimaten, Senatspartei
optimus, a, um   der beste, sehr gut

magistrātus, ūs   das Amt, der Beamte
magis   mehr

honōrem inīre   ein Amt antreten
collēga, m.   der Kollege, Amtsgenosse
legere   sammeln, lesen

10 largītiō, largītiōnis, f.	die Schenkung, Spende	līctor, līctōris, m.	der Liktor, Amtsdiener
quoad	(so lange,) bis; solange	citerior, citerius *(Komparativ)*	diesseitig
quō? ad *b. Akk.*	wohin? zu, an, bei	invītus, a, um	nicht wollend, unwillig
ēdictum	die Bekanntmachung, Verfügung	20 tribūnus	der Tribun
dīcere	sagen, sprechen; nennen	tribuere	zuteilen; erweisen, gewähren
versus, ūs	der Vers, die Zeile	plēbs, plēbis, f.	die Plebs, das einfache Volk
vertere	wenden		
quīdam, quaedam, quiddam *(subst.)*	ein gewisser, jemand; *Plur.:* einige	tribūnus plēbis	der Volkstribun

Ü

quis, quid *(s. Gr. Beih. 24)*	jemand, etwas	ordo, ordinis, **m.**	die Ordnung, Reihe, der Stand
15 arbitrium	der Schiedsspruch; das Gutdünken, Belieben	ornāre	schmücken
		clādēs, clādis, (ium), f.	die Niederlage; der Schaden, Verlust
contrā *(Adv.)*	dagegen	calamitās, calamitātis, f.	das Unglück, die Not
contrā *b. Akk.*	gegen		

---

konsonantische Konjugation

s-Perfekt:

25 adiungere	adiungō	adiūnxī	adiūnctum	verbinden
iungere – verbinden				
extrahere	extrahō	extrāxī	extractum	herausziehen, herausschleppen
trahere – ziehen, schleppen				

Perfekt mit Reduplikation:

abdere	abdō	abdidī	abditum	verbergen
dăre – geben; addere – hinzutun, hinzufügen				
expellere	expellō	expulī	expulsum	hinaustreiben, vertreiben
pellere – treiben, vertreiben				

Perfekt ohne Veränderung des Präsensstammes:

metuere	metuō	metuī	–	fürchten, sich fürchten
metus, ūs – die Furcht				
30 īnstituere	īnstituō	īnstituī	īnstitūtum	einrichten, bestimmen; anfangen
statuere – hinstellen, festsetzen, beschließen; īnstitūtum – die Einrichtung				

konsonantische Konjugation, Präsensstamm auf ĭ

Ablaut-Perfekt:

iacere	iaciō	iēcī	iactum	werfen
iactāre – werfen				
inicere[1]	iniciō[1]	iniēcī	iniectum	hineinwerfen

---

1 *Sprich* injicere, injiciō.

ī-Konjugation

s-Perfekt:

sentīre	sentiō	sēnsī	sēnsum	fühlen, empfinden;
sentential – die Meinung				meinen
cōnsentīre	cōnsentiō	cōnsēnsī	cōnsēnsum	übereinstimmen
cōnsēnsus, ūs – die Übereinstimmung				

Verbum anomalum

35 fierī   fīō   factus sum   1. werden
2. geschehen
3. gemacht werden

---

216 *Formen des Ablativus absolutus:*

a) hāc rē cognitā — als das bemerkt worden war, nachdem man das erfahren hatte

b) nūllō contrā dīcente — wobei keiner dagegen sprach, ohne daß jemand dagegen sprach

c) Caesare et Bibulō cōnsulibus — als Caesar und Bibulus Konsuln waren, im Konsulatsjahr des Caesar und Bibulus

d) concordī collēgā — wenn sein Kollege mit ihm einig war

217 *Übersetzungsmöglichkeiten des Abl. abs.:*

Galliam prōvinciam accēpit **invītīs adversāriīs.**

a) *konjunktionaler Nebensatz:*
Obwohl seine Gegner es nicht wollten, erhielt er Gallien als Provinz.

b) *Beiordnung:*
Seine Gegner wollten es zwar nicht; aber er erhielt **doch** Gallien als Provinz.

c) *präpositionaler Ausdruck:*
Gegen den Willen seiner Gegner erhielt er Gallien als Provinz.

218 Q. Caeciliō Metellō L. Āfrāniō cōnsulibus — im Konsulatsjahr des Q. Caecilius Metellus **und** des L. Afranius

(Asyndeton, ohne Bindewort nebeneinandergestellt)

219 Luccēium sibī adiungere — Luccejus für sich gewinnen, sich mit Luccejus zusammentun

220 Optimātēs metuēbant, **nē** Caesar in cōnsulātū omnia audēret. — Die Optimaten fürchteten, **daß** Caesar in seinem Konsulat alles wagen werde.

221 fit, ut — es geschieht, daß

222 Caesarem cōnsulem faciunt. — Sie machen Caesar zum Konsul.
Caesar cōnsul fit. — Caesar wird zum Konsul gemacht.
(vgl. 31, 108, 115, 152, 179) — Caesar wird Konsul.

223	domō abditus	in seinem Haus verborgen
	(Abl. instr.; im Deutschen Umstandsbestimmung des Ortes, vgl. 81)	
224	Bibulus nihil aliud quam obnūntiāvit.	Bibulus tat nichts anderes als Einspruch einlegen.
225	ad arbitrium	nach Gutdünken, nach seinem Belieben

XXXIX

A

niger, nigra, nigrum	schwarz
quīdam, quaedam, quoddam *(adj.)*	ein gewisser, ein; *Plur.:* einige
quīdam, quaedam, quiddam *(subst.)* *(s. Gr. Beih. 24)*	ein gewisser, jemand; *Plur.:* einige
pigritia	die Faulheit, Trägheit
piger, pigra, pigrum	faul, träge
ideō	deswegen, darum, daher
is, ea, id	er, sie, es; dieser, diese, dieses
5 pūnīre	bestrafen
poena	die Strafe
aliquī, aliqua, aliquod	(irgend)ein
aliquis, aliquid *(s. Gr. Beih. 24)*	jemand, etwas
rūmor, rūmōris, m. *(oft* **pl.***)*	das Gerücht, Gerede
quōmodo?	auf welche Weise? wie?
quī? quae? quod? modus	welcher? welche? welches? das Maß; die Art, Weise
inde	von dort; von da an, seitdem, dann; deshalb, darum
is, ea, id deinde	er, sie, es; dieser, diese, dieses darauf, dann

10 dolor, dolōris, m.	der Schmerz
dolēre	Schmerz empfinden, bedauern
vigilāre	wachen
vigilia	das Wachen, die Nachtwache; der nächtliche Post
ignis, ignis, (ium), m.	das Feuer
super *b. Akk.*	über, oben auf
superāre superbus, a, um	überwinden hochmütig, stolz
cum *b. Konj.*	obwohl
cum *b. Konj.*	1. als; 2. da, weil
15 tristis, triste	traurig

S

aut ... aut	entweder ... oder
aut	oder

Ü

absēns, absentis *(Part. Präs.* *zu* abesse)	abwesend
voluntās, voluntātis, f.	der Wille
velle	wollen
memorāre	⎫ in Erinnerung rufen,
20 commemorāre	⎭ erwähnen
memoria	das Gedächtnis, die Erinnerung
meminisse	sich erinnern

ē-Konjugation

s-Perfekt:

rīdēre	rīdeō	rīsī	rīsum	lachen, verlachen

konsonantische Konjugation

s-Perfekt:

claudere claudō clausī clausum schließen
permittere permittō permīsī permissum überlassen, erlauben
   mittere – schicken
dīligere dīligō dīlēxī dīlēctum hochachten, lieben
   neglegere – vernachlässigen; intellegere – einsehen, erkennen, verstehen
   legere, legō, lēgī, lēctum – sammeln, lesen

konsonantische Konjugation, Präsensstamm auf ĭ

Ablaut-Perfekt:

25 praecipere praecipiō praecēpī praeceptum vorschreiben,
   capere – fassen, nehmen, fangen; praeceptum – die Vorschrift, Lehre befehlen

recipere recipiō recēpī receptum aufnehmen

effugere effugiō effūgī – entfliehen, ent-
   fugere – fliehen kommen

Verba anomala

velle volō voluī – wollen
   vel – oder; invītus, a, um – nicht wollend, unwillig

nōlle nōlō nōluī – nicht wollen
30 mālle mālō māluī – lieber wollen

---

26 Ōstium hodiē apertum esse volō. — Ich will, daß die Tür heute offen ist.
Ōstium hodiē apertum esse cupiō. — Ich wünsche, daß die Tür heute offen ist.

27 Nōlī abīre! Nōlīte abīre! — Geh nicht weg! Geht nicht weg!
(verneinter Befehl; vgl. 155)

28 *a.c.i. im Relativsatz (vgl. 177):*
Maimundus, **quem pigerrimum fuisse** commemorāvimus, surgere nōluit. —
a) Maimundus, **der** – wie wir erwähnt haben – **sehr faul war,** wollte nicht aufstehen.
b) Maimundus, **der** – wie wir erwähnt – **sehr faul war,** ...
c) Maimundus, von dem wir erwähnt haben, **daß er sehr faul war,** ...

Quod tibī fierī nōn vīs, alterī nē fēceris! — Was du nicht willst, daß man dir tu', das füg' auch keinem andern zu!

229 Tū quōmodo effūgistī, **cum** tam piger sīs?
(Konzessivsatz; vgl. 65)

Du, wie bist du entkommen, **obwohl du**
doch so faul bist?

230 Oportet vēra velīs.
(asyndetische Unterordnung; vgl. 169)

Es gehört sich, daß du das Wahre willst.
Du mußt das Wahre wollen.

XL

A

umquam	jemals
numquam	niemals, nie
sapiēns,	weise
Gen. sapientis	
sapientia	die Weisheit
sūmptus, ūs	der Aufwand, die Kosten
sūmere	nehmen
num	*zur Einleitung eines Fragesatzes:* etwa
5 probus, a, um	rechtschaffen, tüchtig
probāre	prüfen, billigen
quisquam,	jemand, etwas
quicquam	*(in verneinten Sätzen)*
quis, quid	jemand, etwas
(s. Gr. Beih. 24)	
mōnstrāre	zeigen
dēmōnstrāre	zeigen, nachweisen, darlegen
abs *b. Abl.*	von
ā, ab *b. Abl.*	von
mortālis,	sterblich
mortāle	
mors, mortis, (ium), f.	der Tod
10 immortālis,	unsterblich
immortāle	
hinc	von hier
hīc	hier
hūc	hierhin
hic, haec, hoc	dieser, diese, dieses
temere *(Adv.)*	zufällig, planlos, unbesonnen
quīn?	warum nicht?
quis? quid?	wer? was?

equidem	ich für meine Person, ich jedenfalls
ego	ich
quidem	jedenfalls, wenigstens, zwar
(nachgestellt)	
15 iste, ista, istud	dieser da, diese da, dieses da
(s. Gr. Beih. 19)	
is, ea, id	er, sie, es; dieser, diese, dieses; der, die, das
extrā *b. Akk.*	außerhalb, außer
ex *b. Abl.*	aus
occāsiō,	die Gelegenheit
occāsiōnis, f.	
cadere	fallen
illūc	dorthin
ille, illa, illud	jener, jene, jenes
ut	wie, als, sobald
ut	wie
20 aiō *(s. Gr. Beih. 31)*	ich sage, behaupte
nōnne	*zur Einleitung eines Fragesatzes:* nicht
opus est	es ist nötig
opus, operis, n.	die Arbeit, das Werk

S

sors, sortis, (ium), f.	das Los, Schicksal

Ü

quōquō modō	wie auch immer
quisquis, quidquid	wer auch immer, was auch immer

ē-Konjugation

Perfekt mit Reduplikation:

25 pendēre   pendeō   pependī   –   hängen *(intrans.)*
   pondus, ponderis, n. – das Gewicht

konsonantische Konjugation

Perfekt mit Reduplikation:

fallere   fallō   fefellī   dēceptum   täuschen
   falsus, a, um – falsch

ostendere   ostendō   ostendī   ostentum   entgegenstrecken,
   contendere – eilen; sich anstrengen; kämpfen   zeigen

Perfekt ohne Veränderung des Präsensstammes:

ascendere   ascendō   ascendī   ascēnsum   hinaufsteigen,
      besteigen

dēscendere   dēscendō   dēscendī   dēscēnsum   hinabsteigen
   cōnscendere – besteigen

konsonantische Konjugation, Präsensstamm auf ĭ

s-Perfekt:

30 circumspicere circumspiciō circumspexī circum-   umhersehen, sich
   cōnspicere – erblicken   spectum   umsehen

Verba anomala

ferre   ferō   tulī   lātum   tragen, bringen;
   fortūna – das Schicksal, Glück   ertragen

afferre	afferō	attulī	allātum	herbeitragen, heranbringen
auferre	auferō	abstulī	ablātum	wegtragen, wegnehmen
differre	differō	distulī	dīlātum	aufschieben
35 efferre	efferō	extulī	ēlātum	hinaustragen, hinausbringen
īnferre	īnferō	intulī	illātum	hineintragen
offerre	offerō	obtulī	oblātum	anbieten; zufügen
perferre	perferō	pertulī	perlātum	hintragen; ertragen
prōferre	prōferō	prōtulī	prōlātum	vorwärtstragen; hervorholen; vorstrecken
40 referre	referō	rettulī[1]	relātum	zurückbringen; melden, berichten

---

231 a) Iam hunc nōn **audeam** praeterīre.   **Ich möchte** jetzt nicht **wagen,** an ihm
      vorbeizugehen.

b) dīcās }
   dīxeris }   man kann sagen

(Konjunktiv zur Bezeichnung der Möglichkeit: Potentialis)

---

1 rettulī < *re-tetulī.

232 *Konditionalsätze, potentialer Fall:*
Sī ita **faciant** cēterī dīvitiōrēs, multō **fīat** cīvitās concordior.

Wenn die übrigen Reichen so **handelten, dürfte** dic Bürgerschaft viel einträchtiger **sein.**

Pulchram praedam **agat,** sī quis illam aulam **invēnerit.**
(vgl. 89 und 90)

Wer diesen Topf **finden sollte, dürfte** eine schöne Beute **davontragen.**

233 Quō **curram?**
(Konjunktiv der überlegenden Frage: Deliberativus)

Wohin **soll ich laufen?**

234 a) Num audīvistī?
(erwartete Antwort: nein)
b) Nōnne tū eam aufers?
(erwartete Antwort: doch, ja)
(vgl. 13 und 146)

Hast du es etwa gehört?

Trägst du ihn nicht weg?

235 factū optimum
(Supinum II)

am besten zu tun, am besten

236 Nōn equidem quicquam sūmpsī.

Ich habe jedenfalls nichts genommen.

237 Tū modo cavē, cuīquam mōnstrēs aurum meum esse in tuō fānō, Fidēs!

Hüte du dich nur, jemand zu zeigen, daß mein Gold in deinem Heiligtum ist, Fides!

(asyndetische Unterordnung; vgl. 169 und 230)

238 multō maximus
(Abl. mensurae; vgl. 107, 166 und 168)

der bei weitem größte

239 Quid mihī opus est vītā?

(Wozu brauche ich das Leben?)
Wozu soll ich noch leben?

240 Ut hinc abiī, multō prior illō advēnī.
(vgl. 131)

Wie ich von hier wegging, kam ich viel früher an als jener.

241 sī vīvō

so wahr ich lebe!

242 a) Quid mē vīs?
(doppeltes Akkusativobjekt der Person und der Sache; vgl. 42)
b) Quid tibī vīs?

Was willst du von mir?

Was willst du eigentlich? Was fällt dir ein?

(Dativus ethicus: Dativ der gefühlsmäßigen Beteiligung, hier des Unwillens)

243 Aufer ista!

Laß das!

XLI

A

adversus *b.* Akk.	gegenüber, gegen *(in freundlichem und feindlichem Sinne)*
adversus, a, um	ungünstig; feindlich
lēnīre	besänftigen, mildern, lindern
lēnis, lēne	mild, sanft
tantum	nur
tantum	so viel, so sehr
tantus, a, um	so groß
remedium	das Heilmittel
5 fortāsse	vielleicht
fortūna	das Schicksal, Glück
forte *(Adv.)*	zufällig
simulātiō, simulātiōnis, f.	die Vorspiegelung, Vortäuschung
simulāre	vorspiegeln, vortäuschen
persōna	die Maske, Rolle; der Mensch, die Person
quemadmodum	auf welche Weise, wie
quī, quae, quod	der, die, das; welcher, welche, welches; wer, was
modus	das Maß; die Art, Weise
10 ingēns, *Gen.* ingentis	ungeheuer, gewaltig
gēns, gentis, f.	die Sippe, der Volksstamm

aliter *(Adv.)*	anders, sonst
alius, alia, aliud	ein anderer
crūdēlitās, crūdēlitātis, f.	die Grausamkeit
crūdēlis, crūdēle	grausam
cōram *b. Abl.*	in Anwesenheit von
fore	= futūrum, am, um (ōs, ās, a) esse (*Inf. Fut.* *zu* esse *und* fierī)
15 tālis, tāle	so beschaffen, solch ein
quālis, quāle	wie beschaffen, was für ein

Ü

officium	die Dienstleistung, Pflicht
(ops), opis, f.	die Macht, Hilfe
facere	machen, tun
improbus, a, um	unredlich; dreist
probus, a, um	rechtschaffen, tüchtig
cīvīlis, cīvīle	bürgerlich
cīvis, cīvis, **m.**	der Bürger, Mitbürger
20 bellum cīvīle	der Bürgerkrieg
fidēlis, fidēle	treu, anhänglich
fīdus, a, um	treu

ē-Konjugation

u-Perfekt:

continēre	contineō	continuī	**contentum**	zusammenhalten, umschließen; enthalten

tenēre – halten, festhalten; continuus, a, um – zusammenhängend

konsonantische Konjugation

s-Perfekt:

distrahere	distrahō	distrāxī	distractum	auseinanderreißen, zerreißen

trahere – ziehen, schleppen

u-Perfekt:

compōnere	compōnō	composuī	compositum	zusammenstellen, ordnen; vergleichen

pōnere – stellen, setzen, legen

Perfekt ohne Veränderung des Präsensstammes:

25 reprehendere reprehendō reprehendī reprehēnsum zurechtweisen,
comprehendere – ergreifen, fassen tadeln

minuere minuō minuī minūtum vermindern,
minor, minus – kleiner; minimus, a, um – der kleinste, sehr klein verringern

konsonantische Konjugation, Präsensstamm auf ĭ

Ablaut-Perfekt:

obicere[1] obiciō[1] obiēcī obiectum entgegenwerfen,
iacere – werfen vorwerfen

cōnfugere cōnfugiō cōnfūgī – flüchten, seine
fugere – fliehen, vermeiden, entgehen Zuflucht nehmen

---

244 *Partizip der Nachzeitigkeit:*
a) medicus morbum cūrātūrus | ein Arzt, der eine Krankheit behandeln will

īram plācātūrus | einer, der den Zorn beschwichtigen will
b) peritūrus | einer, dem es bestimmt ist, zugrunde zu gehen; einer, der zugrunde gehen soll

245 Rapī eum Vēdius iussit novō modō **peritūrum.** | Vedius befahl, ihn fortzuschleppen, **damit er** auf eine neue Art **zugrunde gehe.**

246 *coniugatio periphrastica (umschreibende Konjugation):*
a) Īram plācātūrus est. | Er hat vor, den Zorn zu beschwichtigen. Er will den Zorn beschwichtigen.

b) Fīet illud, quod futūrum est. | Es wird geschehen, was geschehen soll.

247 Spērāmus spatium prīmam īram lēnītūrum esse. | Wir hoffen, daß die Zeit den ersten Zorn lindern wird.
(Inf. Fut. zur Bezeichnung der Nachzeitigkeit)

248 Augustus exīstimābat Mārciānum aliquid iniūstē **rogātūrum.** | = Augustus exīstimābat Mārciānum aliquid iniūstē **rogātūrum esse.**
(verkürzter Infinitiv)

249 mihī persuāsum est | ich bin überzeugt
(vgl. 120 und 122)

250 mūrēnae, quās **ingentēs** in piscīnā continēbat | die **gewaltigen** Muränen, die er in seinem Fischteich hielt
(Das betonte Adjektiv ist nicht als Attribut zum Beziehungswort gesetzt, sondern in den Relativsatz eingefügt.)

---

1 *Sprich* objicere, objiciō.

110

251	Erat Caesarī persuāsum hōc tantum modō **fore, ut** amīcus sanārētur. *(vgl. 221)*	Augustus war überzeugt, nur auf diese Weise werde es geschehen, daß sein Freund wieder zur Vernunft komme. Augustus war überzeugt, nur auf diese Weise werde sein Freund wieder zur Vernunft kommen.
252	officiō deesse *(vgl. 38 und 70)*	seine Pflicht nicht tun, seine Pflicht verletzen

XLII

A

incolumis, incolume	unversehrt
calamitās, calamitātis, f.	das Unglück, die Not
certiōrem facere	benachrichtigen
certus, a, um	bestimmt, sicher
uter? utra? utrum? *(s. Gr. Beih. 25)*	wer von beiden? welcher von beiden?
utrum ... an ...? 5 -ne ... an ...? ... an ...?	... oder ...? *in abhängigen Fragen:* ob ... oder ...
speciēs, ēī	das Aussehen, die Gestalt, Erscheinung; der Schein
cōnspicere	erblicken
spectāre	schauen, anschauen
cōnsulāris, cōnsulāre	konsularisch, zu einem Konsul gehörig
cōnsul, cōnsulis, m.	der Konsul
nē ... quidem	nicht einmal
quidem	jedenfalls, wenigstens, zwar; *oft nur zur Hervorhebung des vorausgehenden Wortes*
10 intrā *b. Akk.*	innerhalb
inter *b. Akk.*	zwischen, unter, während
vīvus, a, um	lebendig, lebend
vīvere	leben
vīta	das Leben

domī	zu Hause
domus, ūs, **f.**	das Haus
recitāre	vorlesen, verlesen
incitāre	antreiben, erregen
magister equitum	der Magister equitum, Amtsgehilfe des Diktators
15 dīlēctus, ūs	die Auswahl, Musterung, Truppenaushebung
dīligere	(auslesen), hochachten, lieben
legere	sammeln, lesen
iūnior, iūniōris	jünger
iuvenis, iuvenis, (um), **m.**	der junge Mann
necessitās, necessitātis, f.	die Notwendigkeit, Notlage
necesse est	es ist notwendig
necessārius, a, um	notwendig
adhūc	bis jetzt
hūc	hierhin

S

nimium *(Adv.)*	zu sehr; sehr
nimius, a, um	zu groß
20 pār, *Gen.* păris	gleich, gleichgroß; angemessen

111

konsonantische Konjugation

s-Perfekt:

ēdīcere	ēdīcō	ēdīxī	ēdictum	ansagen, bekannt-

dīcere – sagen, sprechen; nennen
ēdictum – die Bekanntmachung, Verfügung

machen, anordnen

cōnscrībere	cōnscrībō	cōnscrīpsī	cōnscrīptum	eintragen; aus-

scrībere – schreiben

heben

v-Perfekt:

requīrere	requīrō	requīsīvī	requīsītum	fragen, sich

quaerere – suchen; fragen

erkundigen

Verba anomala

cōnferre	cōnferō	contulī	collātum	zusammentragen,

ferre – tragen, bringen; ertragen

vergleichen

25 sē cōnferre — sich begeben

tollere	tollō	sustulī	sublātum	hochheben, aufheben;

wegnehmen, beseiti-
gen

---

253 Appius et Scīpiō cōnsulem certiōrem faciunt decem mīlia mīlitum in oppidō Canusiō esse.
Cōnsul certior fit decem mīlia mīlitum in oppidō Canusiō esse.
(vgl. 222)

Appius und Scipio benachrichtigen den Konsul, daß 10 000 Soldaten in der Stadt Canusium sind.
Der Konsul wird benachrichtigt, daß 10 000 Soldaten in der Stadt Canusium sind.

254 Appius et Scīpiō cōnsulem rogāvērunt, exercitumne ad sē addūcī iubēret.
(abhängiger Fragesatz)

Appius und Scipio fragten den Konsul, ob er anordne, daß das Heer zu ihm geführt werde.

255 *Doppelfrage (vgl. 154):*
Utrum cīvis Rōmānus es **an** Latīnus socius?
Cīvisne Rōmānus es **an** Latīnus socius?
Cīvis Rōmānus es **an** Latīnus socius?

Bist du ein römischer Bürger **oder** ein latinischer Bundesgenosse?

256 *abhängige Doppelfrage:*
Dīc mihī, **utrum** cīvis Rōmānus sīs **an** Latīnus socius.
Dīc mihī, cīvisne Rōmānus sīs **an** Latīnus socius.
Dīc mihī, cīvis Rōmānus sīs **an** Latīnus socius.

Sag mir, **ob** du ein römischer Bürger bist **oder** ein latinischer Bundesgenosse.

257 in urbem nūntiāre
(Frage: wohin? – Vgl. 68, 174, 209, 215.)

in Rom melden
(Frage: wo?)

258 equitēs viā Appiā mittere
(Abl. instr.; im Deutschen Umstandsbestimmung des Ortes, vgl. 81 und 223)

Reiter auf der via Appia ausschicken

259	Equitēs mittuntur, **quī referant,** quae fortūna exercituum sit. *(Relativsatz mit finalem Nebensinn)*	Es werden Reiter ausgeschickt, **die berichten sollen,** wie das Schicksal der Heere ist.
260	ex auctōritāte patrum	auf Senatsbeschluß
261	Magistrātūs iūniōrēs ab annīs septendecim **cōnscrībunt.** *(Praesens historicum, erzählendes Präsens für Ereignisse der Vergangenheit)*	Die Beamten **hoben** junge Leute ab 17 Jahren **aus.**
262	pūblicē emere	auf Staatskosten kaufen
263	nīl nimium studeō *(adverbial gebrauchter Akkusativ)*	ich bemühe mich nicht sehr

XLIII

A

loca, **pl.** *(s. Gr. Beih. 2)*	die Orte, die Gegend
locus	der Ort, Platz, die Stelle
societās, societātis, f.	das Bündnis
socius	der Gefährte, Bundesgenosse
quondam	einst, einmal
quīdam, quaedam, quiddam	ein gewisser, jemand
aes, aeris, n.	das Erz, die Bronze; das Geld
5 cum ... tum	sowohl ... wie vor allem; ..., besonders aber; ... und obendrein
sānctus, a, um	heilig, unverletzlich; gewissenhaft
sacer, sacra, sacrum	heilig

aliquot *(undekl.)*	einige, ein paar
aliquis, aliquid quot?	jemand, etwas wie viele?
monumentum	das Denkmal
monēre	ermahnen, erinnern
laetitia	die Freude, Fröhlichkeit
laetus, a, um	fröhlich, freudig
10 grandis, grande	groß, großartig

Ü

iuventūs, iuventūtis, f.	die Jugend, Jugendzeit
iuvenis, iuvenis, **m.**	der junge Mann
fortitūdo, fortitūdinis, f.	die Tapferkeit
fortis, forte	tapfer

konsonantische Konjugation

s-Perfekt:

| coniungere | coniungō | coniūnxī | coniūnctum | verbinden |

iungere – verbinden; coniux, coniugis, f. – die Gattin

v-Perfekt:

conquīrere	conquīrō	conquīsīvī	conquīsītum	zusammensuchen

  quaerere – suchen; fragen

konsonantische Konjugation, Präsensstamm auf ī

Ablaut-Perfekt:

15	perficere	perficiō	perfēcī	perfectum	vollenden,

  facere – machen, tun ausführen

subicere[1]	subiciō[1]	subiēcī	subiectum	unterwerfen;

  iacere – werfen darunterlegen

Verba anomala

trānsferre	trānsferō	trānstulī	trānslātum	hinüberbringen,

  ferre – tragen, bringen; ertragen hinüberschaffen;
  übertragen

---

264 societās atque amīcitia ein Freundschaftsbündnis
(Hendiadyoin, „eins durch zwei": Verknüpfung zweier sich ergänzender Begriffe; vgl. 212)

265 *n.c.i.:*
Segestānī cognātiōne cum populō
Rōmānō coniūnctī esse putantur.

Man glaubt, daß die Einwohner von Segesta mit dem römischen Volk durch Blutsverwandtschaft verbunden sind. Die Bewohner von Segesta sollen durch Blutsverwandtschaft mit dem römischen Volk verbunden sein.

Scīpiō dīxisse dīcitur ...
Sōlem ē mundō tollere videntur.

Scipio soll gesagt haben, ...
Sie scheinen die Sonne aus der Welt zu nehmen.

266 ille taurus, quem Phalaris habuisse dīcitur
(n.c.i. im Relativsatz; vgl. 229)

jener Stier, den Phalaris gehabt haben soll

267 a) Segestae, Agrigentī
Carthāgine
(Frage: wo?)
b) Segestam
(Frage: wohin?)
c) Segestā
(Frage: von wo? woher?)

in Segesta, in Agrigent
in Karthago

nach Segesta

aus Segesta

268 ā Trōiā
ad Cannās

aus dem Gebiet von Troja
in die Gegend von Cannae; bei Cannae

---

1 *Sprich* subicere, subjiciō.

XLIV

A

prīscus, a, um	alt, ehrwürdig
prae *b. Abl.*	vor
prior, prius	der erste; frühere
cupiditās,	die Begierde,
cupiditātis, f.	Leidenschaft
cupidus, a, um	begierig
cupere	wünschen, begehren
perterrēre	sehr erschrecken *(transitiv)*
terrēre	erschrecken, abschrecken
gradus, ūs	der Schritt, die Stufe
5 ē mediō	beiseite schaffen, aus
tollere	dem Wege räumen
bona, **pl.**	das Hab und Gut, Vermögen
bonus, a, um	gut
mōrem solvere	eine Sitte aufheben
haud	nicht

maior	älter; *Plur.:* die Vorfahren
magnus, a, um	groß
10 vim afferre	Gewalt antun
sēsē	= sē
praestāns, *Gen.* praestantis	vortrefflich, ausgezeichnet
praestāre	übertreffen
servitūs, servitūtis, f.	die Sklaverei, Knechtschaft
servus	der Sklave
iugum	das Joch
iungere	verbinden; anschirren
15 rem pūblicam sustinēre	die politische Verantwortung auf sich nehmen
indignus, a, um	unwürdig
dignus, a, um	würdig

ē-Konjugation

Ablaut-Perfekt:

invidēre	invideō	invīdī	invīsum	neiden, beneiden
vidēre – sehen				

konsonantische Konjugation

s-Perfekt:

pergere	pergō	perrēxī	perrēctum	aufbrechen, weiter-
regere – lenken, leiten, beherrschen				ziehen; fortfahren

Ablaut-Perfekt:

cōgere	cōgō	coēgī	coāctum	zusammentreiben,
agere – treiben; betreiben, tun; verhandeln				zwingen
20 cōnsīdere[1]	cōnsīdō	cōnsēdī	cōnsessum	sich setzen, sich
sedēre – sitzen				lagern

Perfekt mit Reduplikation:

concurrere	concurrō	concurrī	concursum	zusammenlaufen
currere – laufen; concursus, ūs – das Zusammenlaufen, der Angriff				

---

1 cōnsīdere *mit Reduplikation im Präsensstamm* (< *cōn-si-sd-e-re).

Perfekt ohne Veränderung des Präsensstammes:

solvere	solvō	solvī	solūtum	lösen; bezahlen

konsonantische Konjugation, Präsensstamm auf ĭ

Ablaut-Perfekt:

dēicere[1]	dēiciō[1]	dēiēcī	dēiectum	hinabwerfen
iacere – werfen				

u-Perfekt:

dīripere	dīripiō	dīripuī	dīreptum	plündern
rapere – an sich raffen, fortreißen, rauben				

Das Gerundivum als Attribut bei einem Substantiv oder Pronomen:

269	agendae reī tempus	der Zeitpunkt, die Sache zu betreiben; die Zeit zum Handeln
	bellīs gerendīs	durch das Führen von Kriegen
	ad cōgendum senātum in cūriam redīre	in das Senatsgebäude zurückkehren, um den Senat zusammenzuhalten
	praedae faciendae causā	um Beute zu machen
270	occāsiō vestrī līberandī	eine Gelegenheit, euch zu befreien

271 *Das prädikative Gerundivum bei cūrāre, dare u.ä.:*

Templum Iovis aedificandum cūrāvit.　　Er sorgte dafür, daß ein Jupitertempel gebaut wurde. Er ließ einen Jupitertempel bauen.

272	**rēgī** invidēre *(vgl. 61 und 120)*	**den König** beneiden
273	Quid hoc reī est? *(vgl. 148)*	Was soll das?
274	**In sēde meā** cōnsēdistī. *(Frage: wo? – Vgl. 101 und 158.)*	Du hast dich **auf meinen Stuhl** gesetzt. *(Frage: wohin?)*
275	per gradūs dēicere	über die Stufen hinabwerfen, die Stufen hinabwerfen
276	**in forum** concurrere *(Frage: wohin?; im Deutschen: wo? – Vgl. 68, 174, 209, 215 und 257.)*	**auf dem Forum** zusammenlaufen

277 a) iniūriās Tarquiniī ⎱ meminisse　　sich an die Ungerechtigkeiten des Tarquinius erinnern
iniūriārum Tarquiniī ⎰
(Sachobjekt)

b) Tarquiniī meminisse　　sich an Tarquinius erinnern
(Personalobjekt)

278 Sed clausae portae exiliumque eī indictum.　　Aber die Tore waren verschlossen, und eine Verbannung wurde ihm mitgeteilt.

(Wegfall der Formen von esse *bei den mit dem Part. Perf. Pass. gebildeten Verbformen; vgl. 27 und 248)*

---

1 *Sprich* dējicere, dējiciō.

279 multī nostrum   viele von uns
pars vestrum   ein Teil von euch
(Gen. part., vgl. 214)

XLV

A

explōrāre	auskundschaften, erkunden, erforschen
implōrāre	anflehen
cōnstantia	die Standhaftigkeit, Beharrlichkeit
cōnstat	es steht fest
intervallum	der Zwischenraum, Abstand
inter *b. Akk.*	zwischen, unter, während
vallum	der Wall
facultās, facultātis, f.	die Gelegenheit, Möglichkeit
facere	machen, tun
facilis, facile	leicht *(zu tun)*
5 neque tamen	jedoch nicht
neque	und nicht, auch nicht
tamen	dennoch, trotzdem

aequāre	gleichmachen, gleichkommen
aequus, a, um	eben, gleich; gelassen, ruhig; gerecht, recht; günstig
inīquus, a, um	uneben, ungleich; ungerecht; ungünstig
clāmor, clāmōris, m.	das Geschrei, Rufen
clāmāre	schreien, rufen
velut	wie, zum Beispiel
ut	wie
10 sē recipere	sich zurückziehen
recipere	aufnehmen

S

virgo, virginis, f.	die Jungfrau, das Mädchen

---

konsonantische Konjugation

s-Perfekt:

omittere	omittō	omīsī	omissum	ziehen lassen, aufgeben
mittere – schicken				
dīvidere	dīvidō	dīvīsī	dīvīsum	teilen, trennen

Deponentien der ā-Konjugation

morārī	moror	morātus sum	sich aufhalten, aufhalten
mora – der Aufschub, die Verzögerung			

Ebenso die meisten Deponentien der ā-Konjugation.

15 cōnārī	versuchen	auxiliārī	helfen
arbitrārī	glauben, meinen	auxilium	die Hilfe
arbitrium	der Schiedsspruch; das Gutdünken; Belieben	mīrārī ⎫	sich wundern, bewundern
		20 admīrārī ⎭	
		mīrus, a, um	wunderbar, erstaunlich
hortārī	ermuntern, ermutigen, ermahnen	laetārī	sich freuen
		laetus, a, um	fröhlich, freudig

117

Deponentien der ē-Konjugation

verērī	vereor	veritus sum		sich scheuen, scheuen; sich fürchten, fürchten

Ebenso:

merērī	verdienen	dē patriā	sich um das Vaterland
merēre	verdienen	bene merērī	verdient machen

25 tuērī   tueor   –   anschauen; beschützen
    tūtus, a, um – sicher

rērī   reor   ratus sum   berechnen; glauben
    ratiō, ratiōnis, f. – die Berechnung, Rechenschaft; Art und Weise; Vernunft

fatērī   fateor   fassus sum   gestehen, bekennen

Semideponentien der ē-Konjugation

gaudēre	gaudeō	gavīsus sum	sich freuen
audēre	audeō	ausus sum	wagen

    audāx, *Gen.* audācis – waghalsig, kühn; audācia – die Kühnheit

30 solēre   soleō   solitus sum   gewohnt sein, pflegen

---

280 a) vir dē patriā bene meritus — ein Mann, der sich um das Vaterland verdient gemacht hat

    b) ratus — glaubend *(Gleichzeitigkeit)*

281 mīlitēs castrīs tenēre — die Soldaten im Lager halten
(Abl. instr.; im Deutschen Umstandsbestimmung des Ortes, vgl. 81, 223 und 258)

282 a) Minucius dictātōrem sēgnem ac timidum **appellāre veritus nōn est.** — Minucius **scheute sich nicht,** den Diktator lässig und furchtsam **zu nennen.**

    b) Fabius **verēbātur, nē** Minucius temere proelium committeret. *(vgl. 220)* — Fabius **fürchtete, daß** Minucius leichtfertig eine Schlacht beginne.

283 victor hostis — der siegreiche Feind

XLVI

A

certāmen,	der Wettkampf,	cēnsor, cēnsōris, m.	der Zensor
certāminis, n.	Kampf, Streit	cēnsēre	meinen; einen Antrag stellen; *(als Zensor)* eine Schätzung vornehmen
certāre	kämpfen, streiten		

cēnsūra	das Zensorenamt, die Zensur		acerbus, a, um	scharf, bitter, rücksichtslos

cēnsūra — das Zensorenamt, die Zensur

contentiō, contentiōnis, f. — die Anspannung, der Eifer; Kampf, Streit

  contendere — eilen; sich anstrengen; kämpfen

5 patricius — der Patrizier

  pater, patris, m. — der Vater

  patrēs — die Senatoren, Patrizier

plēbēius — der Plebejer

  plēbs, plēbis, f. — die Plebs, das einfache Volk

mīlitāris, mīlitāre — militärisch, Kriegs-

  mīles, mīlitis, m. — der Soldat

quīcumque, quaecumque, quodcumque — wer auch immer, was auch immer; jeder, der; alles, was

  quī, quae, quod — der, die, das; welcher, welche, welches; wer, was

īnsignis, īnsigne — ausgezeichnet, außerordentlich

  signum — das Zeichen, Feldzeichen; die Statue

10 perītus, a, um — kundig, erfahren

  comperīre — erfahren

acerbus, a, um — scharf, bitter, rücksichtslos

  ācer, ācris, ācre — scharf, heftig

acerbitās, acerbitātis, f. — die Schärfe, Bitterkeit, Rücksichtslosigkeit

immodicus, a, um — unmäßig, maßlos

  modicus, a, um — mäßig, maßvoll

invictus, a, um — unbesiegt, unbesiegbar

  vincere — siegen, besiegen

15 luxuria — die Genußsucht

avāritia — die Habsucht, der Geiz

flāgitium — das Vergehen, die Schandtat; Schande

nōbilitās, nōbilitātis, f. — die Berühmtheit; der Adel, die Adligen

  nōbilis, nōbile — berühmt, adlig, vortrefflich

aegrē *(Adv.)* — mit Mühe, kaum

20 minārī — drohen

S

intuērī — auf ... schauen, anschauen

  tuērī — anschauen, beschützen

---

konsonantische Konjugation

s-Perfekt:

reprimere   reprimō   repressī   repressum   zurückdrängen

  premere – drücken, bedrängen

Ablaut-Perfekt:

subigere   subigō   subēgī   subāctum   unterwerfen, bezwingen

  agere – treiben; betreiben, tun; verhandeln

Perfekt ohne Veränderung des Präsensstammes:

animadvertere   animadvertō   animadvertī   animadversum   bemerken

  vertere – wenden; animus – der Geist, Sinn, das Gefühl, der Mut

25 in complūrēs animadvertere   gegen mehrere vorgehen, mehrere bestrafen

Deponentien der konsonantischen Konjugation

sequī   sequor   secūtus sum   folgen

  secundus, a, um – der zweite; günstig

assequī   assequor   assecūtus sum   *(durch Anstrengung)* erreichen

nītī	nītor	nīsus (nīxus) sum	sich stützen; sich anstrengen; streben nach
fungī	fungor	fūnctus sum	verrichten, verwalten
30 ūtī	ūtor	ūsus sum	gebrauchen

ūtilis, ūtile – brauchbar, nützlich; ūsus, ūs – der Gebrauch, die Übung; der Nutzen; das Bedürfnis

| nāscī[1] | nāscor | nātus sum | geboren werden, entstehen |

nātus, a, um – geboren; nātūra – die Natur; nātiō, nātiōnis, f. – die Völkerschaft

| adipīscī[1] | adipīscor | adeptus sum | *(durch Anstrengung)* erlangen |

aptus, a, um – passend, geeignet

| oblīvīscī[1] | oblīvīscor | oblītus sum | vergessen |

Semideponentien der konsonantischen Konjugation

| revertī | revertor | revertī | zurückkehren |

vertere – wenden   *Part. Perf.:* reversus

| 35 fīdere | fīdō | fīsus sum | vertrauen |

fidēs, fideī – die Treue, das Vertrauen; fīdus, a, um – treu

Deponentien der konsonantischen Konjugation, Präsensstamm auf ĭ

| aggredī | aggredior | aggressus sum | angreifen |

gradus, ūs – der Schritt, die Stufe

| patī | patior | passus sum | leiden, dulden; zulassen |
| morī | morior | mortuus sum | sterben |

Part. Fut.: moritūrus

mors, mortis, (ium), f. – der Tod; mortālis, mortāle – sterblich; mortuus, a, um – tot

Deponentien der ī-Konjugation

| orīrī | orior | ortus sum | entstehen |

orīgo, orīginis, f. – der Ursprung, die Herkunft
Außer dem Inf. Präs. werden bei diesem Verb die Formen des Präsensstammes gewöhnlich wie bei den De
nentien der kons. Konj. mit Stammauslaut ĭ gebildet: oreris, orĭtur, orĭmur, orĭminī; orerer …; orere.

| 40 experīrī | experior | expertus sum | versuchen, erproben |

comperīre – erfahren; perītus, a, um – kundig, erfahren

Verbum anomalum

| coīre | coëō | coiī | coitum | zusammenkommen, sich zusammentun |

īre – gehen

---

1 nāscī, adipīscī *und* oblīvīscī *mit sc-Erweiterung im Präsensstamm.*

284 Catō, sī iūs **cōnsulerēs,** perītissimus fuit.	Cato zeigte, wenn man ihn um eine Rechtsauskunft bat, die größte Kenntnis.

(iterativer Konjunktiv: Konjunktiv zur Bezeichnung der wiederholten Handlung der Vergangenheit)

285 rem prīvātam gerere	eine Privatangelegenheit erledigen
rem pūblicam gerere	eine politische Aufgabe erledigen
286 summus imperātor	ein sehr tüchtiger Feldherr
287 a) mōrēs maiōrum ⎫	
mōrum maiōrum ⎬ oblīvīscī	die Sitten der Vorfahren vergessen
(Sachobjekt)	
b) maiōrum oblīvīscī	die Vorfahren vergessen
(Personalobjekt)	
(vgl. 277)	
288 a) censūrā fungī	das Zensorenamt ausüben
b) summā auctōritāte ūtī	höchstes Ansehen genießen
289 nātūram sequī	der Natur folgen
290 contentiōnum plēnus	angefüllt mit Streitigkeiten
(vgl. 63)	

XLVII

A

ūllus, a, um	(irgend)ein *(in*
(s. Gr. Beih. 25)	*verneinten Sätzen)*
ūnus, a, um	ein
nūllus, a, um	kein
dōnec	bis; solange
discrīmen,	die Unterscheidung,
discrīminis, n.	Entscheidung, Gefahr
dēcernere	entscheiden, beschließen
tacitus, a, um	schweigend, verschwiegen
tacēre	schweigen
5 minus *(Adv.)*	weniger
minimē	am wenigsten
minuere	vermindern, verringern
seu	= sīve
cāsus, ūs	der Fall, Zufall, Unglücksfall
cadere	fallen

clēmentia	die Milde, Nachsicht
decēre, decet, decuit	sich ziemen
dignus, a, um	würdig
10 praesēns, *Gen.*	anwesend,
praesentis	gegenwärtig
(Part. Präs.	
zu adesse *)*	
dēmum	erst, endlich
dē *b. Abl.*	von … herab; von, über
idōneus, a, um	geeignet

S

arx, arcis, (ium), f.	die Burg
arcēre	fernhalten, abwehren; schützen
orbis, orbis, (ium), **m.**	der Kreis

121

Ü

15 equitātus, ūs	die Reiterei		condiciō, condiciōnis, f.	der Vorschlag, die Bestimmung, Bedingung
equus	das Pferd			
comparāre	beschaffen, vorbereiten		dīcere	sagen, sprechen; nennen
parāre	bereiten, verschaffen			

---

konsonantische Konjugation

s-Perfekt:

praemittere	praemittō	praemīsī	praemissum	vorausschicken
mittere – schicken				

v-Perfekt:

cernere	cernō	crēvī	crētum	unterscheiden, sehen, erkennen
dēcernere – entscheiden, beschließen; certus, a, um – bestimmt, sicher				

konsonantische Konjugation, Präsensstamm auf ĭ

Ablaut-Perfekt:

20 suscipere	suscipiō	suscēpī	susceptum	unternehmen, übernehmen, auf sich nehmen
capere – fassen, nehmen, fangen				

Deponens der konsonantischen Konjugation

proficīscī[1]	proficīscor	profectus sum	aufbrechen, ziehen
facere – machen, tun			

Deponentien der konsonantischen Konjugation, Präsensstamm auf ĭ

ingredī	ingredior	ingressus sum	hineingehen, betreten
prōgredī	prōgredior	prōgressus sum	vorwärtsschreiten
aggredī – angreifen			

---

291 a) **Haec** erat ōrātiō magnifica.

Das war eine großartige Rede.

b) Paulus secundam **eam** victōriam putāvit.

Paulus hielt das für einen zweiten Sieg.

(Attraktion: Angleichung des Demonstrativpronomens an das substantivische Prädikatsnomen oder Prädikativum)

292 a) Paulus, quī secundam eam victōriam **putāret,** sacrum fēcit eō nūntiō.

Paulus, der das für einen zweiten Sieg hielt, brachte aufgrund dieser Nachricht ein Opfer dar.

(Relativsatz mit kausalem Nebensinn)

b) Perseus cum Rōmānīs, quōrum vim in bellō **expertus esset,** sibī bellum esse quam pācem māluit.

Perseus wollte lieber Krieg als Frieden mit den Römern, deren Stärke im Krieg er doch erfahren hatte.

(Relativsatz mit konzessivem Nebensinn)

---

1 proficīscī *mit sc-Erweiterung im Präsensstamm.*

c) Contrā populum Rōmānum bellum sus-cēpistī, quō tē rēgnumque tuum ad ultimum discrīmen **addūcerēs**. *(Relativsatz mit konsekutivem Nebensinn)* *(vgl. 259)*	Du hast einen Krieg gegen das römische Volk auf dich genommen, durch den du dich und dein Reich in die größte Gefahr brachtest.
293 Sē **quisque** extollere studēbat; eās dīvitiās **putābant**. *(constructio ad sensum: Konstruktion nach dem Sinn)*	Jeder wollte sich hervortun; das **hielten** sie für Reichtum.
294 Erant omnīnō itinera duo, quibus **itineribus** domō exīre possent. *(Wiederholung des Beziehungswortes im Relativsatz)*	Es gab insgesamt nur zwei Wege, auf denen sie ihr Gebiet verlassen konnten.

XLVIII

A

pollicērī	anbieten, versprechen		cōnsuētūdo, cōnsuētūdi-nis, f.	die Gewohnheit
quī, qua, quod *(s. Gr. Beih. 24)*	(irgend)ein		obses, obsidis, m./f.	die Geisel
quis, quid	jemand, etwas		sedēre	sitzen
uterque, utraque, utrumque *(s. Gr. Beih. 25)*	jeder von beiden		stipendium	die Steuer, der Sold
			pendēre	hängen
uter? utra? utrum?	wer von beiden?		suspicārī	vermuten, Verdacht haben
commodus, a, um	angemessen, zweckmäßig, bequem		cōnspicere	erblicken
modus	das Maß; die Art, Weise	10	etsī ⎫ etiamsī ⎭	wenn auch, auch wenn, obwohl, obschon
5 initium	der Anfang		et	und, auch
inīre	hineingehen, betreten; anfangen		etiam	auch
			sī	wenn

konsonantische Konjugation

s-Perfekt:

dēcēdere cēdere – gehen, weichen	dēcēdō	dēcessī	dēcessum	weggehen
dēdūcere dūcere – führen	dēdūcō	dēdūxī	dēductum	wegführen
vehere	vehō	vēxī	vectum	fahren *(trans.)*, fortbewegen
15 advehere	advehō	advēxī	advectum	heranschaffen

v-Perfekt:

cōnsuēscere[1]	cōnsuēscō	cōnsuēvī	cōnsuētum	sich gewöhnen

cōnsuētūdo – die Gewohnheit

cōnsuēvī   ich habe mich
                                                                          gewöhnt, ich bin
                                                                          gewohnt, ich pflege

u-Perfekt:

dēserere	dēserō	dēseruī	dēsertum	im Stich lassen

Ablaut-Perfekt:

dēligere	dēligō	dēlēgī	dēlēctum	auswählen

legere – sammeln, lesen

konsonantische Konjugation, Präsensstamm auf ĭ

Ablaut-Perfekt:

20
conicere[2]	coniciō[2]	coniēcī	coniectum	zusammenwerfen; werfen

iacere – werfen

reicere[2]	reiciō[2]	reiēcī	reiectum	zurückwerfen

Deponentien der konsonantischen Konjugation

loquī	loquor	locūtus sum	sprechen
colloquī	colloquor	collocūtus sum	sich besprechen, sich unterhalten

Semideponens der konsonantischen Konjugation

cōnfīdere	cōnfīdō	cōnfīsus sum	vertrauen

fīdere – vertrauen

Deponens der konsonantischen Konjugation, Präsensstamm auf ĭ

25
ēgredī	ēgredior	ēgressus sum	hinausgehen

aggredī – angreifen; ingredī – hineingehen, betreten; prōgredī – vorwärtsschreiten

---

oratio obliqua:

295 Ariovistus lēgātōs ad Caesarem mīsit: colloquium per sē fierī licēre. (*Aussagesatz*)

Ariovist schickte Gesandte zu Caesar: Von ihm aus könne eine Unterredung stattfinden.

296 Ariovistus postulāvit, nē quem peditem ad colloquium Caesar addūceret; uterque cum equitātū venīret. (*Begehrssatz*)

Ariovist forderte, Caesar solle keinen Fußsoldaten zu der Unterredung mitbringen; beide sollten mit Reiterei kommen.

297 Ariovistus Caesarī respondit ... Quid sibī vellet? Cūr in suās possessiōnēs venīret? (*Fragesatz*)

Ariovist antwortete Caesar ... Was wolle er von ihm? Warum komme er in seine Besitzungen?

---

1 cōnsuēscere *mit sc-Erweiterung im Präsensstamm.*
2 *Sprich* conjicere, conjiciō, rejicere, rejiciō.

298 Caesar docēbat ... Populī Rōmanī hanc esse cōnsuētūdinem, **ut sociōs atque amīcōs non dēsereret. Quod vērō ad amīcitiam populī Rōmānī attulissent,** id iīs ēripī quis patī posset?
(Nebensätze)

Caesar wies darauf hin ... Es sei die Gewohnheit des römischen Volkes, **Bundesgenossen und Freunde nicht im Stich zu lassen. Was sie aber schon vor der Freundschaft mit dem römischen Volk besessen hätten, daß** ihnen das entrissen werde, wer könne das dulden?

299 Sēdēs habēre in Galliā.
(verkürzter a.c.i.)

= Sēdēs **sē** habēre in Galliā.

300 diem colloquiō dīcere
(Dat. fin., vgl. 69)

einen Tag für die Unterredung bestimmen

301 aliā ratiōne

(auf andere Art), sonst

302 praesidium quam amīcissisum *(vgl. 283)*

einen möglichst zuverlässigen Schutz

303 passibus ducentīs ab eō tumulō
(Abl. mens., vgl. 107, 166, 168 und 238)

200 Schritt von diesem Hügel entfernt

304 Quem **exercitum** habēs, meī opprimendī causā habēs.
(Beziehungswort im Relativsatz)

Das Heer, das du hast, willst du dazu benutzen, mich zu unterdrücken.

305 Caesarem prō amīcō habēre

Caesar als seinen Freund betrachten

306 propius tumulum accēdere

näher an den Hügel herankommen

307 Quam quisque **nōrit** artem, in hāc sē exerceat.
(attractio modi: Angleichung des Modus)

Jeder soll die Kunst betreiben, auf die er sich versteht.

Zusammenstellung der Vokabeln des ersten Teiles nach Wortfamilien

1	**ā, ab** *b. Abl.*	von
2	**ācer,** ācris, ācre	scharf, heftig
	aciēs, ēī	Schärfe, Schlachtreihe
3	**ad** *b. Akk.*	zu, bei, an
	atque, ac	und, und auch
4	**aedēs,** is, (ium), f.	Tempel; *Plur.:* Haus
	aedificāre	bauen
5	**aequus,** a, um	eben, gleich; gelassen; gerecht, recht; günstig
6	**exīstimāre**	glauben, meinen; halten für
7	**aetās,** ātis, f.	Zeitalter, Lebensalter
8	**ager,** agrī	Acker
	peragrāre	durchziehen, durchwandern
9	**agere,** agō, ēgī, āctum	treiben; betreiben, tun, handeln; verhandeln
	igitur	also
	peragere	durchführen, vollenden
	agitāre	treiben; betreiben, verrichten; bedenken; verhandeln
	cōgitāre	denken, überlegen
10	**ait**	(er, sie, es) sagt, sagte
11	**altus,** a, um	hoch, tief
	altitūdo, inis, f.	Höhe, Tiefe
	adolēscere, adolēscō, adolēvī, adultum	heranwachsen
	adulēscēns, entis, (ium), m.	junger Mann
	adulēscentia	Jugend, Jugendzeit
12	**alius,** a, ud	ein anderer
	aliī, ae, a	andere
	aliī ..., aliī	die einen ..., die anderen
	aliēnus, a, um	fremd
	alter, altera, alterum	der eine (von zweien), der andere
13	**amāre**	lieben
	amor, ōris, m.	Liebe
	amīcus	Freund

	amīca	Freundin
	amīcitia	Freundschaft
	inimīcus	(persönlicher) Feind
	inimīcitia	Feindschaft
14	**ambulāre**	(spazieren)gehen
15	**amplus,** a, um	weit, geräumig, groß, bedeutend
16	**-ne ..., an**	..., oder
17	**angustus,** a, um	eng
18	**animus**	Geist, Sinn, Gefühl, Mut
19	**annus**	Jahr
	quotannīs	alljährlich, jedes Jahr
20	**ante** *b. Akk.*	vor
	a. Chr. n.	v. Chr.
	ante *(Adv.)*	vorher
	anteā	vorher, früher
	antīquus, a, um	alt
21	**aperīre,** aperiō, aperuī, apertum	öffnen
22	**aptus,** a, um	passend, geeignet
	apud *b. Akk.*	bei
23	**aqua**	Wasser, Wasserleitung
24	**arbor,** oris, f.	Baum
25	**arcēre**	fernhalten, abwehren, schützen
	coërcēre	zusammenhalten, in Schranken halten, zügeln
	exercēre	üben, ausüben, betreiben
	exercitus, ūs	Heer
26	**arēna**	Sand, Kampfplatz
27	**argentum**	Silber
28	**arma,** n. pl.	Waffen
	armātus	bewaffnet, Bewaffneter
29	**artificium**	Kunstwerk, Handwerk, Fertigkeit
	artus, ūs	Glied
30	**asper,** aspera, asperum	rauh
	rēs asperae	Schwierigkeiten

31	at	aber, dagegen
32	audēre	wagen
	audācia	Kühnheit, Frechheit
33	audīre	hören
	oboedīre	gehorchen
34	augēre, augeō,	vermehren, vergrößern
	auxī, auctum	
	auctor, ōris, m.	Gewährsmann, Urheber
	auctōritās, ātis, f.	Ansehen, Einfluß
	auxilium	Hilfe
35	aurum	Gold
36	aut	oder
	autem *(nachgestellt)*	aber
37	avus	Großvater
38	beātus, a, um	glücklich
39	bellum	Krieg
40	bēstia	Tier
41	bonus, a, um	gut
	Komparativ: melior, ius	
	Superlativ: optimus, a, um	
	bene *(Adv.)*	gut
	benīgnus, a, um	gütig, freundlich
	beneficium	Wohltat
42	bracchium	Arm, Unterarm
43	cadere, cadō, cecidī, cāsum	fallen
	accidere, accidit, accidit	sich ereignen, (zufällig) geschehen
44	caelum	Himmel; Witterung, Wetter
45	campus	freies Feld, Ebene
46	incendere, incendō, incendī, incēnsum	anzünden, entflammen
	incendium	Brand, Feuersbrunst
47	carmen, inis, n.	Lied, Gedicht
48	captīvus	gefangen; Kriegsgefangener
	occupāre	einnehmen, besetzen
	discipulus	Schüler
	disciplīna	Unterricht, Zucht, Disziplin
	prīncipium	Anfang

49	caput, itis, n.	Kopf, Haupt; Hauptstadt
	capitis damnāre	zum Tode verurteilen
50	carrus	Wagen, Karren
51	castra, n. pl.	Lager
	castellum	Kastell
52	causa	Grund, Ursache; Sache
	accūsāre	anklagen
53	cavēre, caveō, cāvī, cautum	sich hüten
54	cēdere, cēdō, cessī, cessum	gehen, weichen
	accēdere	herankommen, dazukommen
	concēdere	zugestehen, einräumen, erlauben
	discēdere	auseinandergehen, weggehen, abziehen
	necesse est	es ist nötig
	necessārius, a, um	notwendig
55	clam	heimlich
	occultāre	verstecken
	occultus, a, um	verborgen, heimlich
56	celebrāre	rühmen, preisen; festlich begehen
57	celer, eris, ere	schnell
	celeritās, ātis, f.	Schnelligkeit
58	centum	hundert
	ducentī, ae, a	zweihundert
	trecentī, ae, a	dreihundert
59	dēcernere, dēcernō, dēcrēvī, dēcrētum	entscheiden, beschließen
	certus, a, um	bestimmt, sicher
	incertus, a, um	unsicher, ungewiß
	certāre	kämpfen, streiten
60	cēterī, ae, a	die übrigen, anderen
	cēterum	im übrigen, aber
61	concilium	Versammlung
62	circus	Zirkus
	circum *b. Akk.*	um … herum
63	cito *(Adv.)*	schnell
	excitāre	aufwecken
	incitāre	antreiben, erregen
64	cīvis, is, (ium), m.	Bürger, Mitbürger
	cīvitās, ātis, f.	Bürgerschaft, Gemeinde; Stamm; Staat

65	**clāmāre**	schreien, rufen	
	acclāmāre	zurufen, zujubeln	
66	**clārus, a, um**	klar; berühmt	
	praeclārus, a, um	hochberühmt, herrlich, glänzend	
	dēclārāre	erklären, ausrufen	
67	**colere, colō, coluī, cultum**	pflegen, bebauen, verehren	
	incola, m.	Einwohner	
	colōnus	Bauer; Pächter; Siedler	
68	**cor, cordis, (ium), n.**	Herz	
	concordia	Eintracht	
	misericordia	Mitleid	
69	**cornu, ūs, n.**	Horn; Flügel (eines Heeres)	
70	**corpus, oris, n.**	Leib, Körper	
71	**crās**	morgen	
72	**crēscere, crēscō, crēvī, crētum**	wachsen	
	creāre	hervorbringen, schaffen; wählen	
	crēber, crēbra, crēbrum	häufig, zahlreich	
	crēbrō *(Adv.)*	häufig	
73	**cum** *b. Abl.*	(zusammen) mit	
	contrā *b. Akk.*	gegen	
74	**cum** *b. Konj.*	1. als; 2. da, weil	
75	**cūnctī, ae, a**	alle	
76	**cupidus, a, um**	begierig	
77	**cūra**	Sorge, Pflege; Sorgfalt	
	cūrāre	pflegen, behandeln, besorgen	
78	**cūria**	Senatsgebäude, Kurie	
79	**currere, currō, cucurrī, cursum**	laufen	
80	**custōs, ōdis, m.**	Wächter, Hüter	
	custōdīre	bewachen, behüten	
81	**damnum**	Schaden, Verlust	
	damnāre	verurteilen	
	capitis damnāre	zum Tode verurteilen	
82	**dāre, dō, dedī, dătum**	geben	
	poenās dare	büßen, bestraft werden	
	dōnum	Geschenk	
	dōnāre	schenken, beschenken	

	ēdere, ēdō, ēdidī, ēditum	herausgeben, von sich geben, gewähren	
	reddere	zurückgeben; machen	
	trādere	übergeben, überliefern, anvertrauen	
	mandāre	übergeben, anvertrauen	
	mandātum	Auftrag	
83	**addere, addō, addidī, additum**	hinzutun, hinzufügen	
	condere	erbauen, gründen	
	crēdere	glauben, vertrauen, anvertrauen	
	perdere	zugrunde richten, verderben	
84	**dē** *b. Abl.*	von … herab; von, über, hinsichtlich	
	dēnique	schließlich, endlich, zuletzt	
85	**decem**	zehn	
	duodecim	zwölf	
86	**dignus, a, um**	würdig	
87	**dēlēre, dēleō, dēlēvī, dēlētum**	zerstören, vernichten	
88	**deus**	Gott	
	dea	Göttin	
	dīvīnus, a, um	göttlich	
89	**dexter, dextra, dextrum**	recht(s)	
	dextra	rechte Hand, Rechte	
90	**dīcere, dīcō, dīxī, dictum**	sagen, sprechen; nennen	
	diem dīcere	einen Termin ansetzen, festsetzen	
	dictātor, ōris, m.	Diktator	
	iūdicāre	richten, urteilen, meinen; halten für	
91	**diēs, ēī, m.**	Tag	
	diēs, ēī, f.	Termin, Frist	
	in diēs	von Tag zu Tag	
	cottīdiē	täglich	
	hodiē	heute	
	postrīdiē	am folgenden Tage	
	diū	lange	
	diutius	länger	
92	**dīves, itis (kons. Dekl.)**	reich	
	dīvitiae, pl.	Reichtum	
93	**docēre, doceō, docuī, doctum**	lehren	

128

discere, discō, didicī	lernen	
94 dolēre	Schmerz empfinden, bedauern	
95 domus, ūs, f.	Haus	
domum	nach Hause	
dominus	Hausherr, Herr	
domina	Hausherrin, Herrin	
96 dormīre	schlafen	
97 dūcere, dūcō, dūxī, ductum	führen	
dux, ducis, m.	Führer, Feldherr	
addūcere	heranführen, veranlassen	
ēdūcere	herausführen	
prōdūcere	vorführen	
98 dum *b. Ind. Präs.*	während	
nōndum	noch nicht	
99 duo, ae, o	zwei	
duodecim	zwölf	
ducentī, ae, a	zweihundert	
bis	zweimal	
dubius, a, um	zweifelhaft, unentschieden	
dubitāre	zweifeln; Bedenken tragen, zögern	
100 dūrus, a, um	hart	
101 ē, ex *b. Abl.*	aus	
102 ego	ich	
103 emere, emō, ēmī, emptum	kaufen	
exemplum	Beispiel	
praemium	Belohnung	
104 epistula	Brief	
105 equus	Pferd	
eques, itis, m.	Reiter, Ritter	
106 errāre	irren, sich irren; umherirren	
107 esse, sum, fuī	sein	
abesse	abwesend sein, fehlen	
abesse ā	entfernt sein von	
adesse	anwesend sein; helfen	
deesse	wegsein, fehlen	
interesse	teilnehmen	
posse, possum, potuī	können	

praeesse	an der Spitze stehen, leiten, führen	
prōdesse, prō-sum, prōfuī	nützen	
108 et	und, auch	
et … et	sowohl … als auch; … und auch	
etiam	auch	
109 exilium	Verbannung	
110 factum	Tat	
facinus, oris, n.	Tat, Untat	
artificium	Kunstwerk, Handwerk, Fertigkeit	
beneficium	Wohltat	
aedificāre	bauen	
facilis, e	leicht *(zu tun)*	
profectō *(Adv.)*	sicherlich, wirklich	
magnificus, a, um	großartig, prächtig	
111 familia	Familie, Hausgemein-schaft, Dienerschaft	
familiāris, e	zur Familie gehörig, vertraut	
112 fābula	Erzählung, Fabel	
fātum	Schicksal, Schicksals-spruch	
fāma	Ruf, Kunde, Sage	
nefārius, a, um	frevelhaft, gottlos	
113 fēmina	Frau	
fīlius	Sohn	
fīlia	Tochter	
114 dēfendere, dē-fendō, dēfendī, dēfēnsum	verteidigen, schützen	
115 ferē *(gewöhnlich nachgestellt)*	fast, beinahe	
116 fortūna	Schicksal, Glück	
fūrtum	Diebstahl	
117 ferrum	Eisen	
ferreus, a, um	eisern	
118 fidēs, eī	Treue, Vertrauen	
fidem habēre	Vertrauen schenken	
fīdus, a, um	treu	
119 figūra	Gestalt, Figur	
120 fīnis, is, (ium), m.	Grenze, Ende; *Plur.:* Gebiet	
fīnitimus, a, um	benachbart; *Subst.:* Nachbar	

121	**firmus,** a, um	stark, sicher, zuverlässig	
	firmāre	stärken, sichern, ermutigen	
	affirmāre	versichern	
122	**flamma**	Flamme	
123	**dēflēre,** dēfleō, dēflēvī, dēflētum	beweinen	
124	**flōrēre**	blühen	
125	**flūmen,** inis, n.	Fluß, Strömung	
	fluvius	Fluß	
126	**forma**	Gestalt, Form, Schönheit	
127	**forum**	Markt(platz)	
128	**frangere,** frangō, frēgī, frāctum	(zer)brechen *(trans.)*	
129	**frāter,** tris, m.	Bruder	
130	**frūstrā** *(Adv.)*	vergeblich, umsonst	
131	**frūctus,** ūs	Nutzung, Genuß, Ertrag; Frucht	
	frūmentum	Getreide, Korn	
132	**fuga**	Flucht	
133	**fundāmentum**	Grundlage, Fundament	
134	**furor,** ōris, m.	Wut, Raserei	
135	**gaudēre**	sich freuen	
136	**genus,** eris, n.	Abstammung, Herkunft, Geschlecht, Art	
	gēns, gentis, (ium), f.	Sippe, Volksstamm	
	ingenium	Anlage, Begabung, Geist	
	benīgnus, a, um	gütig, freundlich	
	nātus, a, um	geboren	
	nātiō, ōnis, f.	Völkerschaft	
	nātūra	Natur	
137	**gerere,** gerō, gessī, gestum	tragen, ausführen	
	bellum gerere	Krieg führen	
138	**glōria**	Ruhm	
139	**nōscere,** nōscō, nōvī	kennenlernen, erkennen	
	cognōscere	kennenlernen, erkennen	
	nōtus, a, um	bekannt	
	ignōtus, a, um	unbekannt	
	ignōrāre	nicht wissen, nicht kennen	
	narrāre	erzählen	

140	**grātus,** a, um	dankbar; lieb, willkommen, angenehm	
	grātia	Dank, Gunst, Ansehen	
	grātiās agere	Dank sagen	
	grātiam habēre	dankbar sein	
141	**gravis,** e	schwer	
142	**ēgregius,** a, um	hervorragend, außergewöhnlich	
143	**habēre**	haben, halten	
	habitāre	wohnen, bewohnen	
	adhibēre	anwenden, hinzuziehen	
	dēbēre	müssen, schulden, verdanken	
	prohibēre	fernhalten, hindern; schützen	
144	**haerēre,** haereō, haesī, haesum	steckenbleiben, hängenbleiben, festsitzen	
145	**herba**	Kraut, Gras	
146	**hic,** haec, hoc	dieser	
	hīc	hier	
	hūc	hierhin	
	hodiē	heute	
147	**homo,** inis, m.	Mensch	
	nēmo	niemand, keiner	
	humus, f.	Boden, Erde	
	humī	auf dem Boden	
	hūmānus, a, um	menschlich; gebildet	
	hūmānitās, ātis, f.	Menschlichkeit	
148	**honor,** ōris, m.	Ehre, Amt	
	honestus, a, um	ehrenvoll	
149	**hōra**	Stunde	
150	**horridus,** a, um	garstig, gräßlich	
151	**hortus**	Garten	
	cohors, cohortis, (ium), f.	Kohorte, Gefolge	
152	**hospes,** itis, m.	Gast, Gastfreund	
153	**iactāre**	werfen	
	iacēre	liegen	
154	**ille,** a, ud	jener	
	ōlim	einst, einmal	
155	**in** b. Akk.	in, an, auf, zu, nach	
	in b. Abl.	in, an, auf	
	inter b. Akk.	zwischen, unter, während	
	intereā	inzwischen, unterdessen	

interim	inzwischen, unterdessen	
intrāre	eintreten, betreten	
156 inquit	(er, sie, es) sagt, sagte	
(in die Rede eingeschoben)		
157 īnsula	Insel	
158 iocus	Scherz	
159 īra	Zorn	
īrātus, a, um	zornig	
160 īre, eō, iī, ītum	gehen	
iter, itineris, n.	Weg, Marsch, Reise	
abīre	weggehen	
adīre	aufsuchen, hingehen, sich wenden an	
aditus, ūs	Zugang	
exīre	hinausgehen, verlassen	
exitus, ūs	Ausgang, Ende	
inīre	hineingehen, betreten; anfangen	
interīre	untergehen	
perīre	zugrunde gehen	
praetor, ōris, m.	Prätor; Feldherr	
praeterīre	vorübergehen, vorbeigehen, vorbeikommen	
redīre	zurückkehren	
reditus, ūs	Rückkehr	
subīre	auf sich nehmen	
subitō *(Adv.)*	plötzlich	
trānsīre	hinübergehen, überschreiten	
161 is, ea, id	1. er, sie, es; 2. dieser, diese, dieses; 3. der(jenige), die(jenige), das(jenige)	
eō *b. Komp.*	desto, um so	
adeō	so sehr	
īdem, eadem, idem	derselbe	
ipse, a, um	selbst	
iam	schon, nun, jetzt	
nōn iam	nicht mehr	
etiam	auch	
ibī̄	da, dort	
deinde	darauf, dann	
ita	so, auf diese Weise	
itaque	daher	
iterum	wieder, zum zweitenmal	
anteā	vorher, früher	

intereā	inzwischen, unterdessen	
posteā	danach, später, nachher	
praetereā	außerdem	
interim	inzwischen, unterdessen	
162 iungere, iungō, iūnxī, iūnctum	verbinden	
coniux, iugis, f.	Gattin	
163 iūs, iūris, n.	Recht	
iniūria	Unrecht, Ungerechtigkeit	
iūstus, a, um	gerecht	
iniūstus, a, um	ungerecht	
iūrāre	schwören	
iūdicāre	richten, urteilen, meinen; halten für	
164 iuvāre, iuvō, iūvī, iūtum	unterstützen	
adiuvāre	unterstützen	
iūcundus, a, um	angenehm, erfreulich	
165 iuvenis, is, m.	junger Mann	
166 labor, ōris, m.	Arbeit, Mühe	
labōrāre	arbeiten, sich abmühen, sich anstrengen	
167 dēlectāre	erfreuen	
168 lacrima	Träne	
169 laetus, a, um	fröhlich, freudig	
170 latus, eris, n.	Seite, Flanke	
171 lātus, a, um	breit	
lātitūdo, inis, f.	Breite	
172 laudāre	loben	
173 lavāre, lavō, lāvī, lautum	waschen	
174 legere, legō, lēgī, lēctum	sammeln, lesen	
religiō, ōnis, f.	Scheu, Gottesfurcht, Frömmigkeit, Gewissenhaftigkeit	
religiōsus, a, um	fromm, gottesfürchtig, gewissenhaft	
dīligēns, entis	sorgfältig, gewissenhaft	
dīligentia	Sorgfalt	
intellegere, intellegō, intellēxī, intellēctum	einsehen, erkennen, verstehen	
175 lēnis, e	mild, sanft	

176	**lēx**, lēgis, f.	Gesetz
	lēgātus	Gesandter, Unterfeldherr
177	**liber**, brī	Buch
178	**līber**, lībera, līberum	frei
	līberī, pl.	Kinder
	līberāre	befreien
179	**libenter** *(Adv.)*	gern
180	**licet**	es ist erlaubt
181	**lingua**	Zunge, Sprache
182	**relinquere**, relinquō, relīquī, relictum	zurücklassen, verlassen
183	**littera**	Buchstabe
	litterae, pl.	Brief, Literatur, Wissenschaft(en)
184	**locus**	Ort, Platz, Stelle
	collocāre	aufstellen, hinstellen
185	**longus**, a, um	lang, weit
186	**lūdus**	Spiel, Schule
	lūdere, lūdō, lūsī, lūsum	spielen
	illūdere	verspotten, verhöhnen
187	**lūx**, lūcis, f.	Licht

188	**magnus**, a, um	groß
	Komparativ:	
	maior, ius	
	Superlativ:	
	maximus, a, um	
	magis	mehr
	magister, trī	Lehrer
	magnificus, a, um	großartig, prächtig
189	**malus**, a, um	schlecht
	Komparativ:	
	peior, ius	
	Superlativ:	
	pessimus, a, um	
	malĕ *(Adv.)*	schlecht, schlimm
	malum	Übel, Unheil
190	**māne**	am Morgen
	mātūrus, a, um	reif, rechtzeitig
191	**manēre**	bleiben
192	**manus**, ūs, f.	Hand; Schar
	mandāre	übergeben, anvertrauen
	mandātum	Auftrag

193	**mare**, is, (ium), n.	Meer
194	**mātcr**, tris, f.	Mutter
	māteria	Bauholz, Material
195	**medius**, a, um	der mittlere
196	**mēns**, mentis, (ium), f.	Verstand, Geist, Gemüt
	meminisse	sich erinnern, gedenken
	monēre	ermahnen, erinnern
	admonēre	ermahnen, erinnern
	dēmōnstrare	zeigen, nachweisen, darlegen
	mōnstrum	Ungeheuer
197	**memoria**	Gedächtnis, Erinnerung
198	**metus**, ūs	Furcht
199	**meus**, a, um	mein
200	**mīles**, itis, m.	Soldat
201	**mīlle**; *Pl.* mīlia	tausend
202	**imminēre**	bevorstehen, drohen
	mōns, montis, (ium), m.	Berg
203	**minor**, minus	kleiner
	minimus, a, um	der kleinste, sehr klein
	minimē	am wenigsten, ganz und gar nicht
	nimis	zu sehr
	nimius, a, um	zu groß
204	**mīrus**, a, um	wunderbar, erstaunlich
205	**miscēre**, misceō, miscuī, mixtum	mischen, vermischen
206	**miser**, misera, miserum	elend, unglücklich, arm
	misericordia	Mitleid
207	**mittere**, mittō, mīsī, missum	schicken
	āmittere	verlieren
	committere	geschehen lassen, begehen; anvertrauen
	dēmittere	hinabschicken
	dīmittere	wegschicken, entlassen
	prōmittere	versprechen
	remittere	zurückschicken
208	**modus**	Maß; Art, Weise
	modo	eben; nur
	modo ..., modo	bald ..., bald
	nōn modo ..., sed etiam	nicht nur ..., sondern auch
	modicus, a, um	mäßig, maßvoll

09	moenia, ium, n. pl.	Stadtmauer
	mūnīre	befestigen, anlegen
	mūrus	Mauer
10	molestus, a, um	lästig, beschwerlich
11	mollis, e	mild, weich
12	mora	Aufschub, Verzögerung
13	morbus	Krankheit
14	mortuus, a, um	tot
	mors, mortis, (ium), f.	Tod
15	mōs, mōris, m.	Sitte
16	movēre, moveō, mōvī, mōtum	bewegen
	mōtus, ūs	Bewegung, Erregung; Aufstand
	commovēre	bewegen, veranlassen
17	mox	bald
18	mulier, eris, f.	Frau
19	multus, a, um	viel, zahlreich
	multī, ae, a	viele
	multitūdo, inis, f.	Menge
	melior, ius	besser
20	mūnus, eris, n.	Aufgabe, Pflicht; Amt; Geschenk
21	mūtāre	ändern, verändern, wechseln
22	nam	denn, nämlich
	enim (nachgestellt)	denn, nämlich
23	nauta, m.	Seemann
24	nē b. Konj.	nicht (b. Wünschen und Aufforderungen)
	nē b. Konj.	daß nicht, damit nicht
	neque, nec	und nicht, auch nicht
	neque … neque	weder … noch
	neque enim	denn nicht
	neque vērō	aber nicht
	negāre	verneinen; abschlagen, verweigern
	nihil, nīl	nichts
	nisi	wenn nicht
25	-ne (angehängt)	leitet eine Satzfrage ein
	-ne…, an	…, oder
26	necāre	töten
	perniciēs, ēī	Verderben
	nocēre	schaden

227	nōmen, inis, n.	Name
	nōmināre	nennen
228	nōs	wir
	noster, tra, trum	unser
229	novem	neun
230	novus, a, um	neu
	rēs novae	Neuerungen, Umsturz, Revolution
231	nox, noctis, (ium), f.	Nacht
	noctū	bei Nacht, nachts
232	nūmen, inis, n.	göttlicher Wille, göttliche Macht, Gottheit
233	numerus	Zahl, Anzahl
234	nunc	nun, jetzt
	nūper	neulich
235	nūntius	Bote; Botschaft, Nachricht
	nūntiāre	melden, verkünden, mitteilen
236	ō	o, ach
237	ob b. Akk.	wegen
238	octō	acht
239	oculus	Auge
240	odium	Haß
	ōdisse, ōdī	hassen
241	omnis, e	jeder, ganz; Plur.: alle
242	onus, eris, n.	Last
243	optāre	wünschen
244	(ops), opis, f.	Macht; Hilfe; Plur.: Macht, Machtmittel, Reichtum
	inopia	Mangel
	cōpiae, pl.	Truppen
	optimus, a, um	der beste, sehr gut
245	oppidum	Stadt
246	ōrāre	bitten, beten
	ōrāculum	Orakel
	ōrātiō, ōnis, f.	Rede
247	orīgo, inis, f.	Ursprung, Herkunft
248	ornāre	schmücken
	ornāmentum	Schmuck
249	ōs, ōris, n.	Mund, Gesicht
	ōra	Küste
250	ōtium	Muße, Ruhe, Friede
	negōtium	Geschäft, Beschäftigung, Auftrag

251	paenitet	es reut
252	parāre	bereiten, verschaffen
	parāre *m. Inf.*	sich anschicken, vor-haben, beabsichtigen
	vituperāre	tadeln
	imperāre	befehlen, herrschen
	imperātor, ōris, m.	Befehlshaber, Feldherr; Kaiser
	imperium	Befehl, Herrschaft, Reich
	pauper, eris *(kons. Dekl.)*	arm
253	pārēre	gehorchen
	appārēre	erscheinen
	appāret	es ist offenbar
254	pars, partis, (ium), f.	Teil, Seite
	partim	zum Teil, teils
255	parvus, a, um	klein
	Komparativ:	
	minor, minus	
	Superlativ:	
	minimus, a, um	
256	pāstor, ōris, m.	Hirt
257	pater, tris, m.	Vater
	patria	Vaterland, Vaterstadt
258	patēre	offenstehen, sich erstrecken
259	impetrāre	durchsetzen, erlangen
260	paucī, ae, a	wenige
	paulum *(Adv.)*	ein wenig
261	pāx, pācis, f.	Friede
262	pectus, oris, n.	Brust
263	pecus, oris, n.	Vieh; Kleinvieh, Schaf
264	impellere, im-pellō, impulī, impulsum	antreiben, bewegen, verleiten
	appellāre	nennen, anreden
265	pondus, eris, n.	Gewicht
266	per *b. Akk.*	durch
267	perīculum	Gefahr
	perīculōsus, a, um	gefährlich
268	pēs, pědis, m.	Fuß; *als Längenmaß:* 29,6 cm
	pedes, itis, m.	Fußsoldat
	impedīre	hindern, verhindern
269	petere, petō, petīvī, petītum	erstreben; erbitten; auf-suchen, nach … gehen; angreifen
	impetus, ūs	Angriff

	perpetuus, a, um	ununterbrochen
	in perpetuum	für immer
270	piger, gra, grum	faul, träge
271	plācāre	beruhigen, besänftigen; versöhnen
	placēre	gefallen
272	plānitiēs, ēī	Ebene
273	plēnus, a, um	voll
	implēre, impleō, implēvī, implētum	anfüllen
	plērīque, plēraeque, plēráque	die meisten
	plūs	mehr
	plūrimum	am meisten, sehr viel
274	supplicium	Buße, Todesstrafe
275	implōrāre	anflehen
276	pōculum	Becher
277	poena	Strafe
	poenās dare	büßen, bestraft werden
278	populus	Volk
	pūblicus, a, um	öffentlich, allgemein
	rēs pūblica	Staat
279	porta	Tor, Tür
	portus, ūs	Hafen
	portāre	tragen
	apportāre	herantragen, heran-schaffen, bringen
	dēportāre	hinabtragen, fortschaf-fen
280	poscere, poscō, poposcī, (postulātum)	fordern
	postulāre	fordern
281	post *b. Akk.*	hinter, nach
	post *(Adv.)*	später
	posteā	danach, später, nachher
	postquam	nachdem
	posterus, a, um	später, folgend; *Plur.:* die Nachkommen
	postrīdiē	am folgenden Tage
	postrēmō	schließlich, zuletzt
282	potius *(Adv.)*	lieber, eher
	posse, possum, potuī	können
	potentia	Macht

283	prae *b. Abl.*	vor
	prius	eher, früher, zuvor
	prius ... quam	eher ... als; bevor
	priusquam	bevor
	prīmus, a, um	der erste
	prīmum	zuerst, zunächst; zum ersten Mal
	prīmō	zuerst, anfangs
	prīncipium	Anfang
	praeter *b. Akk.*	an ... vorbei; außer
	praetereā	außerdem
284	comprehendere, comprehendō, comprehendī, comprehēnsum	ergreifen, fassen
	praeda	Beute
285	pretium	Preis; Lösegeld
286	prīvātus, a, um	privat
287	prō *b. Abl.*	vor, für
	probāre	prüfen, billigen
	procul	weit, von weitem
288	proelium	Kampf, Schlacht
289	prope *b. Akk.*	nahe bei, in der Nähe von
	prope *(Adv.)*	fast, beinahe
	proximus, a, um	der nächste, sehr nahe
	propinquus, a, um	nahe, benachbart, verwandt; *Subst.:* Nachbar, Verwandter
	appropinquāre	sich nähern
290	properāre	eilen
291	proprius, a, um	eigen, eigentümlich
292	prōvincia	Provinz
293	pudet	es verursacht Scham
294	puer, puerī	Junge
	puella	Mädchen
295	pūgna	Kampf, Schlacht
	pūgnāre	kämpfen
	expūgnāre	erobern
	oppūgnāre	angreifen, bestürmen
296	pulcher, chra, chrum	schön
	pulchritūdo, inis, f.	Schönheit
297	putāre	glauben, meinen; halten für

298	quaerere, quaerō, quaesīvī, quaesītum	suchen; fragen
299	quattuor	vier
	quadrāgintā	vierzig
	quārtus, a, um	der vierte
300	-que	und
301	quī, quae, quod	der, die, das; welcher, welche, welches; wer, was
	quī? quae? quod?	welcher? welche? welches? – was für ein? was für eine? was für ein?
	quis? quid?	wer? was?
	quid?	warum? wozu?
	quisquis, quidquid	wer auch immer, was auch immer
	quantus, a, um	wie groß
	quantum	wieviel
	quam	wie, als *(im Vergleich);* wie, wie sehr *(im Ausruf)*
	quamquam	obwohl, obschon, obgleich
	quandō?	wann?
	quandō	wenn; weil
	aliquandō	einmal
	priusquam	bevor
	postquam	nachdem
	numquam	niemals, nie
	nōnnumquam	manchmal, bisweilen
	quidem *(nachgestellt)*	jedenfalls, wenigstens; zwar
	quō?	wohin?
	quō *b. Komp.*	um wieviel, je
	quō ..., eō	je ..., desto
	quod	da, weil; daß
	quoque *(nachgestellt)*	auch
	quotannīs	alljährlich, jedes Jahr
	cottīdiē	täglich
	quot? *(undekl.)*	wie viele?
	cūr?	warum?
302	quīnque	fünf
	quīntus, a, um	der fünfte

303	recēns, entis	neu, frisch
304	regere, regō,	lenken, leiten,
	rēxī, rēctum	beherrschen
	rēctus, a, um	richtig, gerade
	regiō, ōnis, f.	Gegend, Richtung
	corrigere	berichtigen, verbessern
	ērigere	aufrichten, errichten
	surgere, surgō,	aufstehen, sich erheben
	surrēxī,	
	surrēctum	
	rēx, rēgis, m.	König
	rēgius, a, um	königlich
	rēgia	Königspalast
	rēgnum	Königsherrschaft,
		Alleinherrschaft;
		Königreich
	rogāre	fragen; erbitten, bitten
	interrogāre	fragen
	ergō	also, folglich
305	rēs, reī	Ding, Sache,
		Angelegenheit
	rēs adversae	Unglück
	rēs asperae	Schwierigkeiten
	rēs novae	Neuerungen, Umsturz,
		Revolution
	rēs pūblica	Staat
	rēs secundae	Glück
	reus	Angeklagter
306	rīpa	Ufer
307	ruere, ruō,	stürzen *(intrans.)*
	ruī, rutum	
	ruīna	Einsturz; *Plur.:*
		Trümmer
308	sacer, cra, crum	heilig
309	saeculum	Jahrhundert
310	saepe	oft
311	saevus, a, um	wütend, rasend,
		grimmig
312	salūs, ūtis, f.	Gesundheit, Wohl,
		Heil, Rettung
	salūtāre	grüßen
	salūber, bris,	gesund, heilsam
	bre	
313	sanguis, inis, m.	Blut
314	sānus, a, um	gesund; vernünftig
	īnsānus, a, um	wahnsinnig, verrückt,
		rasend
	īnsānia	Wahnsinn, Raserei
	sānāre	heilen

315	sapientia	Weisheit
316	satis *(Adv.)*	genug, recht
317	cōnscendere,	besteigen
	cōnscendō,	
	cōnscendī,	
	cōnscēnsum	
318	scelus, eris, n.	Verbrechen
319	schola	Schule
320	scīre	wissen
	nescīre	nicht wissen
	scientia	Wissen, Kenntnis
321	scrībere,	schreiben
	scrībō,	
	scrīpsī,	
	scrīptum	
322	saxum	Felsblock
	signum	Zeichen, Feldzeichen;
		Statue
323	sed	aber, sondern
324	sedēre, sedeō,	sitzen
	sēdī, sessum	
	sēdēs, is, f.	Sitz, Wohnsitz
	possidēre	besitzen
	īnsidiae, pl.	Hinterhalt, Falle
	praesidium	Schutz, Hilfe;
		Besatzung, Posten
325	semper	immer
	singulī, ae, a	einzeln, je einer
	singulāris, e	einzeln, einzigartig
	simul *(Adv.)*	zugleich
	simulāre	vorspiegeln, vortäu-
		schen
	simulācrum	Bild, Götterbild
326	senātus, ūs	Senat
327	sententia	Meinung
328	septem	sieben
	septimus, a, um	der siebte
329	secundus	der zweite; günstig
	rēs secundae	Glück
	socius	Gefährte, Kamerad;
		Bundesgenosse
330	sermō, ōnis, m.	Gespräch,
		Unterhaltung
331	sērō *(Adv.)*	spät, zu spät
332	servāre	bewahren, retten,
		erhalten
	cōnservāre	bewahren, retten,
		erhalten
333	servus	Sklave
	serva	Sklavin

334	sevērus, a, um	ernst, streng	
335	sex	sechs	
	sextus, a, um	der sechste	
336	sī	wenn	
	sīn (autem)	wenn aber	
	nisi	wenn nicht	
	sīve … sīve	sei es daß … oder daß; sei es … oder	
337	sīc	so	
	sīcut	wie	
338	dēsīderāre	sich sehnen nach, vermissen	
339	silva	Wald	
340	sine b. Abl.	ohne	
341	sinere, sinō, sīvī, situm	lassen, zulassen	
	situs, a, um	gelegen	
	dēsinere, dēsinō, dēsiī, dēsitum	aufhören, ablassen	
	pōnere, pōnō, posuī, positum	stellen, setzen, legen	
	expōnere	aussetzen, ausstellen; auseinandersetzen, darlegen	
	impōnere	daraufstellen, -setzen, -legen	
342	sōl, sōlis, m.	Sonne	
343	solēre	gewohnt sein, pflegen	
344	sōlus, a, um	allein	
	sōlum	nur	
345	soror, ōris, f.	Schwester	
346	spatium	Raum, Strecke; Zeitraum	
347	spectāre	schauen, anschauen	
	exspectāre	ausschauen, erwarten	
348	spernere, spernō, sprēvī, sprētum	verschmähen, zurückweisen	
349	spēs, eī	Hoffnung	
	spērāre	hoffen, erhoffen	
	dēspērāre	verzweifeln	
350	respondēre, respondeō, respondī, respōnsum	antworten	
351	meā (tuā, suā) sponte	von selbst, aus eigenem Antrieb; absichtlich	
352	stāre, stō, stetī, stătum	stehen	

	statim	sofort, sogleich	
	statua	Standbild	
	cōnstat	es steht fest	
	praestāre	übertreffen	
	statuere, statuō, statuī, statūtum	hinstellen, festsetzen, beschließen	
	cōnstituere	hinstellen, festsetzen, beschließen	
	resistere, resistō, restitī	widerstehen, Widerstand leisten, standhalten	
353	exstinguere, exstinguō, exstīnxī, exstīnctum	auslöschen	
354	īnstrūmentum	Gerät, Werkzeug	
355	studēre	sich bemühen	
	studium	Eifer, Beschäftigung, Studium, Bemühen	
356	stultus, a, um	töricht, dumm	
357	suādēre, suādeō, suāsī, suāsum	raten, empfehlen	
	persuādēre	überreden, überzeugen	
358	sub b. Akk.	unter; unmittelbar vor	
	sub b. Abl.	unter; während	
359	suī, sibī, sē, ā sē	Reflexivpronomen	
	suus, a, um	sein, ihr	
360	cōnsulere, cōnsulō, cōnsuluī, cōnsultum	befragen, um Rat fragen; sorgen für	
	cōnsul, ulis, m.	Konsul	
	cōnsilium	Rat, Plan, Absicht	
361	superāre	überwinden, besiegen, übertreffen	
	superbus, a, um	hochmütig, stolz	
	superbia	Hochmut, Stolz	
	summus, a, um	der oberste, höchste	
	summa	höchste Stelle, Höhepunkt; Summe	
362	tabula	Tafel, Brett, Gemälde	
363	tacēre	schweigen	
364	tam	so	
	tamen	dennoch, trotzdem	
	tandem	endlich	
	tantus, a, um	so groß	
	tantum	so viel, so sehr	

tum	da, damals, dann, darauf	tertius, a, um	der dritte
tunc	da, damals, dann	tertium *(Adv.)*	zum drittenmal
tot *(undekl.)*	so viele	ter	dreimal
365 **tangere, tangō, tetigī, tāctum**	berühren	tribuere, tribuō, tribuī, tribūtum	zuteilen; erweisen, gewähren
contingere, contingit, contigit	zuteil werden, widerfahren, gelingen	**381** **triumphus**	Triumph
		382 **tū**	du
integer, gra, grum	unberührt, unversehrt	tuus, a, um	dein
		383 **tumultus, ūs**	Aufruhr, Lärm, Unruhe
366 **tegere, tegō, tēxī, tēctum**	decken, bedecken	**384** **tūtus, a, um**	sicher
		385 **turba**	Getümmel, Masse; Unruhe
tēctum	Dach	perturbāre	verwirren
367 **tēlum**	Geschoß, Waffe	**386** **turpis, e**	häßlich, schändlich
368 **templum**	Heiligtum, Tempel	**387** **turris, is, (im, ium), f.**	Turm
extemplō	sofort, sogleich		
369 **temptāre**	versuchen, angreifen		
370 **tempus, oris, n.**	Zeit	**388** **ubī**	wo
371 **contendere, contendō, contendī, contentum**	eilen; sich anstrengen; kämpfen	ubī (prīmum)	sobald
		ubīque	überall
		undique	von allen Seiten
tenēre, teneō, tenuī, tentum	halten, festhalten	ut *im Vergleich und im Vergleichssatz*	wie
abstinēre	fernhalten, sich enthalten	ut *b. Konj.*	daß, damit; so daß
continuus, a, um	zusammenhängend, ununterbrochen, fortlaufend	utinam	wenn doch, (o) daß doch
		sīcut	wie
obtinēre	festhalten, innehaben, behaupten	**389** **unda**	Welle, Woge
		390 **ūnus, a, um**	einer
retinēre	zurückhalten, festhalten	ūniversus, a, um	ganz, gesamt; *Plur.:* alle
sustinēre	aushalten, auf sich nehmen	nōn	nicht
		nōn vērō	nein, keineswegs
372 **tergum**	Rücken	nōndum	noch nicht
373 **terra**	Land, Erde	nōn iam	nicht mehr
374 **terrēre**	erschrecken, abschrecken	nōn modo ..., sed etiam	nicht nur ..., sondern auch
375 **theātrum**	Theater	nūllus, a, um	kein
376 **timēre**	fürchten, sich fürchten	nōnnūllī, ae, a	einige
timidus, a, um	furchtsam	nōnnumquam	manchmal, bisweilen
377 **tolerāre**	erdulden, ertragen	**391** **urbs, urbis, (ium), f.**	Stadt
378 **tōtus, a, um**	ganz	**392** **urgēre, urgeō, ursī**	drängen, bedrängen
379 **trahere, trahō, trāxī, tractum**	ziehen, schleppen		
		393 **ūsus, ūs**	Gebrauch, Übung, Nutzen, Bedürfnis
tractāre	behandeln; betreiben	ūtilis, e	brauchbar, nützlich
380 **trēs, tria**	drei	**394** **uxor, ōris, f.**	Gattin
trecentī, ae, a	dreihundert		

395	vacuus, a, um	leer
396	valēre	gesund sein, stark sein
	valē, valēte	lebe wohl, lebt wohl
	validus, a, um	gesund, stark, mächtig, kräftig
	valdē	sehr
397	vallum	Wall
398	varius, a, um	verschieden
399	vexāre	quälen
	vehemēns, entis	heftig
400	vel	oder
	invītāre	einladen
401	venīre, veniō, vēnī, ventum	kommen
	adventus, ūs	Ankunft, Einwanderung
	convenīre	zusammenkommen, treffen
	ēventus, ūs	Ausgang, Erfolg
	invenīre	finden, entdecken
	pervenīre	hinkommen, gelangen
402	ventus	Wind
403	verbum	Wort
404	adversus, a, um	feindlich; ungünstig
	rēs adversae	Unglück
	dīversus, a, um	verschieden
	rūrsus (Adv.)	wieder
	ūniversus, a, um	ganz, gesamt; Plur.: alle
405	vērus, a, um	wahr, wahrhaft, echt
	vērō	wirklich, in der Tat, allerdings; aber, jedoch
	nōn vērō	nein, keineswegs
	neque vērō	aber nicht
406	vesper, vesperī	Abend
407	vestīgium	Fußstapfe, Spur
408	vetus, eris (kons. Dekl.)	alt
409	via	Straße
	obviam	entgegen
410	vigilia	Wachen, Nachtwache; nächtlicher Posten

411	vīlla	Landhaus, Landgut
412	vidēre, videō, vīdī, vīsum	sehen
	invidia	Neid, Mißgunst
	prōvidēre	vorhersehen; sorgen für
	prūdēns, entis	klug
	prūdentia	Klugheit
413	vincere, vincō, vīcī, victum	siegen, besiegen
	victor, ōris, m.	Sieger
	victōria	Sieg
414	vincīre, vinciō, vīnxī, vīnctum	fesseln
415	vindicāre	bestrafen
416	vīnum	Wein
417	vir	Mann
418	vīs, vim, vī Plur.: vīrēs, ium, f.	Kraft, Gewalt
419	vītāre	meiden, vermeiden
420	vituperāre	tadeln
421	vīvere, vīvō, vīxī, victum	leben
	vīta	Leben
422	violāre	verletzen, kränken, beleidigen
423	volāre	fliegen
	āvolāre	wegfliegen, davonstürzen
	advolāre	heranfliegen, herbeieilen
424	vōs	ihr
	vester, tra, trum	euer
425	vōx, vōcis, f.	Stimme, Äußerung
	vocāre	rufen, herbeirufen; nennen
	convocāre	zusammenrufen
	revocāre	zurückrufen, zurückholen
426	vulnerāre	verwunden

Verzeichnis der Eigennamen

A. (= Aulus) 20	römischer Vorname
Achaeī 15	die Achäer, Bewohner Achaias im Norden des Peloponnes; Mitglieder des Achäischen Bundes
Actium 17	Ort im Westen Griechenlands; bei Actium errang Octavian 31 v.Chr. den entscheidenden Sieg über M. Antonius und Kleopatra
Aegyptius 18	ägyptisch; der Ägypter
Aegyptus, f. 17	Ägypten
Q. Aelius Tūberō 47	Schwiegersohn des jüngeren L. Aemilius Paulus
Aemilia 1	Angehörige des römischen Geschlechts der Aemilier
basilica Aemilia (et Fulvia) 2	von M. Aemilius Lepidus und M. Fulvius Nobilior errichtete Basilika am Forum Romanum
via Aemilia 2	von M. Aemilius Lepidus angelegte Straße von Ariminum nach Placentia
Aemilius 1	Angehöriger des römischen Geschlechts der Aemilier
M. Aemilius Lepidus 2	187 v.Chr. Konsul, 179/8 v.Chr. Zensor
L. Aemilius Paulus 42	219 und 216 v.Chr. Konsul, 216 v.Chr. bei Cannae gefallen
L. Aemilius Paulus 1	Sohn des vorigen, 182 und 168 v.Chr. Konsul, 164/3 v.Chr. Zensor
Aenēās, ae 7	trojanischer Held, Sohn des Anchises und der Venus
Aethiops, pis 23	der Äthiope
Āfra 3	die Afrikanerin; häufig als Name von Sklavinnen
L. Āfrānius 38	Konsul 60 v.Chr.
Āfrica 1	Afrika
Āfricānus 43	s. P. Cornelius Scipio Africanus
Agrigentum 43	Agrigent, Stadt auf Sizilien, 406/5 v.Chr. von den Karthagern eingenommen und zerstört
Agrigentīnī 43	die Bewohner von Agrigent
Alba Longa 7	Stadt in Latium
Albis, is, m. 21	die Elbe
Alexander, drī 15	König von Makedonien (336–323 v.Chr.)
Alexandrīa 3	bedeutende Hafenstadt in Ägypten, von Alexander gegründet
Alfōnsus 39	Alfons I., 1101–1134 König von Aragón
Allobrogēs, um 34	die Allobroger, gallischer Volksstamm
Alpēs, ium, f. pl. 34	die Alpen
Alphēus 19	Fluß in Elis, einer Landschaft im westlichen Peloponnes
Anaxagorās, ae 22	griechischer Philosoph des 5. Jahrhunderts v.Chr.
Anchīsēs, ae 7	Vater des Aeneas

Ancus Mārcius *20*	s. Marcius
L. Annaeus Seneca *30*	römischer Schriftsteller (4 v.Chr.–65 n.Chr.)
Antiochus *47*	Antiochus III., 223–187 v.Chr. König von Syrien
Antōnia *1*	Angehörige des römischen Geschlechts der Antonier
Antōnīnus Pius *20*	römischer Kaiser (138–161 n.Chr.)
M. Antōnius *1*	römischer Staatsmann (82–30 v.Chr.), Freund Caesars, Gegner des Octavianus
Ap. (= Appius) *1*	römischer Vorname
Aper *39ZT*	Zeitgenosse Martials
Apollo, inis *24*	Sohn des Jupiter und der Latona, Bruder der Diana, Gott der Weissagung, der Dichtkunst und der Musik sowie der Heilkunst
Apollōnius *19*	griechischer Bildhauer (1. Jahrhundert v.Chr.)
Apollōnius Molō *36*	berühmter Lehrer der Redekunst im 1. Jahrhundert v.Chr.
aqua Appia *2*	von Ap. Claudius Caecus angelegte Wasserleitung nach Rom
via Appia *2*	von Ap. Claudius Caecus erbaute Landstraße zunächst von Rom bis Capua (312/1 v.Chr.), dann bis Brundisium
Āpulia *42*	Apulien, Landschaft im Südosten Italiens
Arabia *1*	Arabien
Arabs, Arabis *39*	der Araber
Arīminum *1*	Stadt an der Ostküste Italiens, jetzt Rimini
Ariovistus *48*	Suebenfürst, 58 v.Chr. von Caesar besiegt
Aristarchus *22*	griechischer Gelehrter des 3. Jahrhunderts v.Chr.
Asia *1*	Asien, vor allem Kleinasien
Athēnae, pl. *8*	Athen, Hauptstadt Attikas
Attica *8*	Landschaft im östlichen Mittelgriechenland mit der Hauptstadt Athen
Atticus *24*	attisch
Atuatucī *28*	die Atuatuker, germanischer Stamm in Belgien
Augusta Vindelicōrum *21*	Augsburg, Hauptstadt der römischen Provinz Raetia
Augustīnus *9*	berühmter christlicher Gelehrter (354–430 n.Chr.)
Augustus *7*	Großneffe Caesars, im Testament von ihm adoptiert: C. Iulius Caesar Octavianus; 27 v.Chr. erhielt er den Beinamen Augustus, d.h. der Erhabene; der erste römische Kaiser (27 v.Chr.–14 n.Chr.)
Aurēliānus *2*	römischer Kaiser (270–275 n.Chr.)
mūrus Aurēliānus *2*	Stadtmauer von Rom, die auf die Kaiser Aurelianus und Probus zurückgeht
M. Aurēlius Scaurus *48*	108 v.Chr. Konsul, 105 v.Chr. von den Cimbern und ihren Verbündeten vernichtend geschlagen
Aurōra *23*	Göttin der Morgenröte

Baccha *29*	Bacchantin, Frau oder Mädchen aus dem Gefolge des Dionysus
Bacchus *22*	Gott des Weins, s. auch Dionysus
Belgae, m. *28*	die Belger
Gallia Belgica *21*	römische Provinz
M. Bibulus *38*	59 v. Chr. Konsul zusammen mit Caesar
Bispella *39*	Hündin in einer Erzählung des Petrus Alfonsi
Boeōtī *15*	die Böoter, Bewohner Böotiens
Boeōtia *1*	die griechische Landschaft Böotien
Bōiī *34*	die Bojer, gallische Völkerschaft
Britannia *1*	Britannien
Brundisium *1*	Hafen im SO Italiens, jetzt Brindisi
Brūtus *44*	s. L. Iunius Brutus

C. (= Gāius) *1*	römischer Vorname
Caecilia Metella *1*	Angehörige des römischen Geschlechts der Caecilii Metelli
C. Caecilius Metellus *48*	Konsul 113 v. Chr.
Q. Caecilius Metellus *38*	Konsul 206 v. Chr.
Q. Caecilius Metellus *38*	Konsul 60 v. Chr.
Caesar, aris *2*	s. C. Iulius Caesar
Caesar *41*	s. Augustus
Caesar *39ZT*	Kaisertitel
Cāiēta *36*	Hafenstadt in Latium
Caligula *31*	römischer Kaiser (37–41 n. Chr.)
Campānus *32*	kampanisch, der Kampaner
Campānia *44*	Kampanien, Landschaft in Süditalien
Cannae, pl. *42*	Ort in Apulien
clādēs Cannēnsis *42*	die Niederlage bei Cannae 216 v. Chr.
Canusium *42*	Ort in Apulien
porta Capēna *2*	eines der Stadttore Roms
Capitōlium *13*	das Kapitol, Hügel in Rom mit den Hauptheiligtümern der Stadt
Capua *2*	Stadt in Kampanien
Caracalla *2*	römischer Kaiser (211–217 n. Chr.)
Carbō, ōnis *48*	s. Cn. Papirius Carbo
Carthāgo, inis, f. *10*	Stadt an der nordafrikanischen Küste, von Phönikern gegründet
Carthāginiēnsis *43*	karthagisch; der Karthager
L. Cassius Longīnus *47*	107 v. Chr. Konsul, im Kampf gegen die Cimbern und ihre gallischen Verbündeten gefallen
Castor, oris *20*	Sohn des spartanischen Königs Tyndareus und der Leda, Zwillingsbruder des Pollux
Castor, oris *38*	Römer aus der Zeit Martials
Catilīna *14*	s. L. Sergius Catilina

Catō, ōnis *3*	s. M. Porcius Cato
Catullus *27*	s. C. Valerius Catullus
Cenchreae, pl. *15*	der westliche Hafen von Korinth
Charybdis, is *37*	Meeresstrudel in der Straße von Messina, als Ungeheuer gedacht
Chrīstiānus *31*	christlich; der Christ
Chrīstus *14*	Christus
a. Chr. n. *14*	= ante Chrīstum nātum – vor Christi Geburt, vor Christus
Cicerō, ōnis *13*	s. M. Tullius Cicero
Cilicia *26*	Kilikien, Gebiet in Kleinasien
Cimbrī *48*	die Cimbern, großer germanischer Volksstamm
circus maximus *2*	der Circus Maximus in Rom
Cithaerōn, ōnis, m. *29*	Gebirge im Süden Böotiens
Claudia *1*	Angehörige des römischen Geschlechts der Claudier
Claudius *31*	römischer Kaiser (41–54 n. Chr.)
Ap. Claudius Caecus *2*	berühmter römischer Staatsmann, 312/1 v. Chr. Zensor (vgl. via Appia, aqua Appia)
Ap. Claudius Pulcher *42*	216 v. Chr. Militärtribun
P. Claudius Pulcher *46*	184 v. Chr. Konsul
Cleopatra *17*	letzte Königin von Ägypten (51–30 v. Chr.)
Clymenē, ēs *22*	Tochter des Oceanus, Mutter des Phaëton
Cn. (= Gnaeus) *1*	römischer Vorname
Cnidus, f. *36*	Hafenstadt in Kleinasien
Cnōsus *11*	s. Gnosus
Colōnia *1*	Köln, Hauptstadt der römischen Provinz Niedergermanien
Colophōn, ōnis, f. *36*	Hafenstadt bei Ephesus
Colossēum *2*	das Colosseum, das große Amphitheater in Rom (erbaut im 1. Jahrhundert n. Chr.)
Cōnstantīnus *31*	römischer Kaiser (306–337 n. Chr.)
Cōnus *27*	scherzhafter Name für den Koch Cylindrus (cōnus – der Kegel)
Nīcolāus Copernicus *22*	bedeutender Gelehrter (1473–1543); Wiederentdecker des heliozentrischen Weltsystems
Corcyraeus *24*	korkyräisch; der Korkyräer, Bewohner der Insel Korkyra
bellum Corcyraeum *24*	der Krieg mit Korkyra (um 483 v. Chr.)
Corinthius *15*	korinthisch; der Korinther
sinus Corinthius *15*	der Golf von Korinth
Corinthus, f. *15*	Korinth
Cornēlia *1*	Angehörige des römischen Geschlechts der Cornelier
P. Cornēlius Scīpiō Āfricānus *42*	der Ältere Scipio (ca. 236–184/3 v. Chr.), Sieger über Hannibal
P. Cornēlius Scīpiō Āfricānus *43*	der Jüngere Scipio (185–129 v. Chr.), Sohn des L. Aemilius Paulus; 146 v. Chr. Einnahme und Zerstörung Karthagos

P. Cornēlius Tacitus 21	römischer Geschichtsschreiber (um 55 n. Chr. geboren, gestorben nach 114)
Corsica 3	Insel im westlichen Mittelmeer
Crassus 48	s. M. Licinius Crassus
Crēta 11	Insel im östlichen Mittelmeer
Croesus 26	letzter König von Lydien (560–547 v. Chr.)
Cubus 27	scherzhafter Name für den Koch Cylindrus (cubus – der Würfel)
Cūmae, pl. 6	griechische Kolonie in Unteritalien, um 750 v. Chr. gegründet
Cylindrus 27	Lustspielfigur bei Plautus (cylindrus – der Zylinder, die Walze; der Name bedeutet also etwa „Tönnchen")
Cynoscephalae, pl. 47	Bergrücken in Thassalien
Cȳrus 26	Kyros der Große, König der Perser (559–529 v. Chr.)

D. (= Decimus) 21	römischer Vorname
Dācī 21	die Daker (im heutigen Rumänien)
Daedalus 11	kunstfertiger Athener, Erbauer des Labyrinths
Dānuvius 3	die Donau
Daphnē, ēs 25	Nymphe, Tochter des Penēus
Dārīus 24	Dareios I., Perserkönig (521–485 v. Chr.), 490 Feldzug gegen Griechenland
Dāvīd (undekl.) 41ZT	jüdischer König (um 1010–971 v. Chr.)
Delphī, pl. 25	berühmte Orakelstätte in Griechenland
ōrāculum Delphicum 6	das Orakel von Delphi
Deus 10	Gott
Diāna 25	Göttin der Jagd (griech. Artemis)
Dīdō, ōnis 12	Gründerin und erste Königin von Karthago
Dioclētiānus 20	römischer Kaiser (284–305 n. Chr.)
Dionȳsus 29	Sohn des Zeus und der Semele, Gott des Weins, vgl. Bacchus
Dominus 31	Gott der Herr
Domitiānus 48	römischer Kaiser (81–96 n. Chr.)
Drūsus 21	D. Claudius Drusus, Stiefsohn des Augustus (38–9 v. Chr.)

Q. Ennius 45	römischer Dichter (239–168 v. Chr.)
Epidamnus, f. 27	Hafenstadt in Illyrien, heute Durrës in Albanien
Erasmus 16	Erasmus von Rotterdam (1466–1536), berühmter Humanist
Ēridanus 23	sagenhafter Strom im äußersten Westen
Ēsquiliae, pl. 13	der Esquilin, einer der Hügel Roms
Etrūria 14	Etrurien, Landschaft in Mittelitalien
Etruscus 10	etruskisch; der Etrusker

Euboea *15*	große Insel im Osten von Mittelgriechenland
Eucliō, ōnis *40*	alter Mann, Lustspielfigur bei Plautus
Eurōpa *1*	Erdteil
Q. Fabius Maximus Aemiliānus *1*	Sohn des L. Aemilius Paulus, von Q. Fabius Maximus, dem Enkel des Cunctators, adoptiert
Q. Fabius Maximus Allobrogicus *1*	Sohn des vorigen, siegte 121 v. Chr. über die Allobroger in Gallien
Q. Fabius Maximus Verrūcōsus *1*	römischer Politiker und Feldherr, Diktator 217 v. Chr.; genannt Cunctator = der Zauderer (verrūca – die Warze)
Fabiāna aciēs *45*	das Heer des Fabius
Faustīna *20*	Gattin des Antoninus Pius
Fidēs, eī *40*	Göttin der Treue
L. Flaccus *46*	s. L. Valerius Flaccus
via Flāminia *2*	berühmte Landstraße in Italien von Rom nach Ariminum
C. Flāminius *2*	223 v. Chr. Konsul, 220/219 v. Chr. Zensor
circus Flāminius *2*	von C. Flaminius erbauter Zirkus in Rom
amphitheātrum Flā-vium *2*	das Flavische Amphitheater in Rom (Colosseum)
Fortūna *11*	Göttin des Schicksals und des Glücks
M. Fulvius Nōbilior *2*	179/8 v. Chr. Zensor
P. Fūrius Philus *42*	223 v. Chr. Konsul, 216 v. Chr. Prätor, 214 v. Chr. Zensor
Gāia *1*	zu Gaius gebildete weibliche Form (in der römischen Trauformel)
Gāius *1*	römischer Vorname (*abgekürzt* C.)
Galērius *31*	römischer Kaiser (Caesar 293–305 n. Chr.; Augustus 305–311 n. Chr.)
Gallia *3*	Gallien
Gallia Belgica *21*	s. Belgica
Gallia Citerior *38*	das Diesseitige Gallien (= Oberitalien)
Gallia Nārbōnēnsis *30*	die römische Provinz im Süden des Jenseitigen Gallien mit der Hauptstadt Narbo
Gallia Ulterior *34*	das Jenseitige Gallien
Gallicus *28*	gallisch
bellum Gallicum *28*	der Gallische Krieg (58–51 v. Chr.)
Gallus *21*	gallisch; der Gallier
Gela *43*	Stadt auf Sizilien, 405 v. Chr. von den Karthagern eingenommen und zerstört
Genava *34*	Genf
Germānia *1*	Germanien
Germānicus *48*	Sohn des Drusus, Vater des Caligula (15 v. Chr.–19 n. Chr.)
Ōceanus Germānicus *21*	der Ozean im Norden von Germanien

Germānus 21	germanisch; der Germane
Gnaeus 1	römischer Vorname (*abgekürzt* Cn.)
Gnōsus, f. 11	Knossos, Ort auf Kreta mit berühmter Palastanlage
Graecia 9	Griechenland
Graecus 6	griechisch; der Grieche

Hadriānus 21	römischer Kaiser (117–138 n.Chr.)
Haeduī 34	die Haeduer, gallischer Volksstamm
Halys 26	Fluß in Kleinasien
Hamilcar, aris 10	karthagischer Feldherr, Vater Hannibals, 229 v.Chr. in Spanien gefallen
Hannibal, alis 10	Feldherr der Karthager im 2. Punischen Krieg (218 –201 v.Chr.)
Hellēspontus 47	der Hellespont, Meerenge zwischen Europa und Kleinasien, jetzt Dardanellen
Helvētiī 28	die Helvetier, gallischer Volksstamm im Gebiet der Schweiz
Herminonēs, um 21	die Herminonen, germanische Stammesgruppe
Hērōdēs Agrippa 31	41–44 n.Chr. römischer Vasallenkönig von Judäa
Hērodotus 17	griechischer Historiker (5. Jahrhundert v.Chr.)
Hēsiodus 4	griechischer Dichter um 700 v.Chr.
Hibērus 3	der Ebro
Hierō, ōnis 8	Hieron II., 269–215 v.Chr. König von Syrakus
Hierosolyma, pl. 31	Jerusalem
Hīmera 43	Stadt auf Sizilien, 409 v.Chr. von den Karthagern eingenommen und zerstört; vgl. Thermae
Hippocratēs, is 4	berühmter griechischer Arzt (460–ca. 370 v.Chr.)
Hispānia 10	Spanien
Homērus 5	griechischer Dichter des 8. Jahrhunderts v.Chr., unter dessen Namen u.a. die Epen Ilias und Odyssee überliefert sind
Homēricus 30	homerisch, von Homer
Tullus Hostīlius 20	dritter König der Römer (672–640 v.Chr.)

Iācōbus 39	einer der Jünger Jesu
Iānus 37	Gott des Anfangs
Īcarus 11	Sohn des Dädalus
Iēsūs, ū, *Vok.* Iēsū 41ZT	Jesus
Illyricum 38	Gebiet östlich des Adriatischen Meeres
India 1	Indien
Indus 3	der Indus
Ingaevonēs, um 21	die Ingävonen, germanische Stammesgruppe
Īsocratēs, is 16	berühmter griechischer Redner (436–338 v.Chr.)
Istaevonēs, um 21	die Istävonen, germanische Stammesgruppe

Isthmia, pl. *15*	die Isthmischen Spiele
Isthmus *15*	der Isthmus, die Korinthische Landenge
Italia *1*	Italien
Iūdaea *31*	der südliche Teil Palästinas
Iūdaeus *15*	jüdisch; der Jude
Iūlia *1*	Angehörige des römischen Geschlechts der Julier
basilica Iūlia *2*	von C. Julius Caesar am Forum Romanum an Stelle der basilica Sempronia errichteten Basilika
Iūlius *1*	Angehöriger des römischen Geschlechts der Julier
Iūlius *39ZT*	Zeitgenosse Martials
C. Iūlius Caesar *2*	römischer Staatsmann, Feldherr und Schriftsteller (100–44 v. Chr.); 58–51 v. Chr. Eroberung Galliens
M. Iuncus *36*	75/4 v. Chr. Statthalter in Kleinasien
M. Iūnius *42*	230 v. Chr. Konsul, 225 v. Chr. Zensor, 216 v. Chr. Diktator
L. Iūnius Brūtus *13*	Befreier Roms von der Königsherrschaft (509 v. Chr.), erster Konsul
D. Iūnius Brūtus Pēra *32*	wohlhabender Römer, gestorben 264 v. Chr.
Iūnō, ōnis *44*	Gemahlin Jupiters (*griech.* Hera)
Iuppiter, Iovis *7*	Jupiter (*griech.* Zeus), Gott des Himmels und Vater der Götter
mōns Iūra *34*	der Schweizer Jura
Iūturna *20*	Quellgottheit
lacus Iūturnae *20*	die Quelle der Juturna auf dem Forum Romanum
Iōannēs Keplerus *22*	Mathematiker und Astronom (1571–1630)
L. (= Lūcius) *1*	römischer Vorname
T. Labiēnus *35*	Legat Caesars im Gallischen Krieg
Labyrinthus *11*	das Labyrinth, Gebäude in Kreta mit vielen Irrgängen
Lacedaemonius *24*	der Lakedämonier, Spartaner
Latīnus *2*	zu Latium gehörig, lateinisch; der Latiner
via Latīna *42*	alte Straße von Rom durch Latium
Latium *7*	Landschaft in Mittelitalien
Latobrīgī *34*	die Latobriger, kleiner gallischer Stamm
Lāvīnium *7*	Stadt in Latium
Lechaeum *15*	der östliche Hafen von Korinth
lacus Lemannus *34*	der Genfer See (*frz.* lac Léman)
Leōnidās, ae *24*	König von Sparta (488–480 v. Chr.)
M. Licinius Crassus *48*	bekannter römischer Politiker (115–53 v. Chr.), im Kampf gegen die Parther gefallen
L. Licinius Lūcullus *38*	römischer Politiker (117–56 v. Chr.), 74 Konsul, 74–67 Oberbefehlshaber im Krieg gegen Mithridates
T. Līvius *6*	römischer Geschichtsschreiber (59 v. Chr.–17 n. Chr.)

L. Luccēius *38*	67 v. Chr. Prätor
Lūcilius *32*	Freund Senecas
Lucrētia *44*	Angehörige des Geschlechts der Lucretier
Lūcullus *38*	s. L. Licinius Lucullus
Mārtīnus Lutherus *46*	der große Reformator (1483–1546)
Lycia *26*	Lykien, Gebiet in Kleinasien
Lycōnidēs, is *40*	Neffe des Megadorus, Lustspielfigur bei Plautus
Lȳdia *26*	Lydien, Gebiet in Kleinasien
Lȳdus, Lȳdia *3*	der Lyder, die Lyderin; auch Sklaven- bzw. Sklavinnenname

M. (= Mārcus) *1*	römischer Vorname
T. Maccius Plautus *27*	römischer Lustspieldichter (ca. 250–184 v. Chr.)
Macedonia *1*	Makedonien
Magnēsia *47*	Stadt in Kleinasien
Maimundus *39*	Negersklave in einer Erzählung des Petrus Alfonsi
Cn. Mallius Maximus *48*	105 v. Chr. Konsul, von den Cimbern und ihren Verbündeten vernichtend geschlagen
Mannus *21*	sagenhafter Stammvater der Germanen („der Mann, der Mensch"), Sohn des Tuisto
pūgna Marathōnia *24*	die Schlacht bei Marathon (490 v. Chr.)
Mārciānus *41*	Zeitgenosse des Kaisers Augustus
Ancus Mārcius *20*	vierter König der Römer (640–616 v. Chr.)
Mārcus *1*	römischer Vorname (*abgekürzt* M.)
Mārcus *31*	der Evangelist Marcus
Maria *31*	Mutter des Evangelisten Marcus
C. Marius *1*	römischer Politiker (156–86 v. Chr.); Sieger über die Cimbern und Teutonen
Marō *39ZT*	Zeitgenosse Martials
Mārs, Mārtis *37*	Kriegsgott; daneben auch Vegetationsgott, der die Bauern, das Vieh und die Früchte vor Unheil schützte
campus Mārtius *44*	das Marsfeld zwischen dem Tiber und der Servianischen Mauer
Mārtiālis *22*	s. M. Valerius Martialis
Massilia *3*	alte Hafenstadt in Gallien, heute Marseille
Maximus Mallius *48*	s. Cn. Mallius Maximus
Mediōlānum *3*	Mailand (*ital.* Milano)
Megadōrus *40*	alter Mann, Lustspielfigur bei Plautus
Philippus Melan-chthōn *46*	bedeutender deutscher Humanist (1497–1560)
Menaechmus *27*	Lustspielfigur bei Plautus
Mercurius *12*	Merkur (*griech.* Hermes), Bote der Götter
Messēniō, ōnis *27*	Lustspielfigur bei Plautus, Sklave des Menaechmus aus Syrakus

Metella *2*	s. Caecilia Metella
Metellus *38*	Angehöriger des römischen Adelsgeschlechts der Meteller, s. Caecilius
Mīlētus, f. *26*	Milet, griechische Stadt in Kleinasien
Minerva *19*	Schutzgöttin der Künste, der Wissenschaften und des Handwerks (*griech.* Athene)
Mīnōs, ōis *11*	König von Kreta
Mīnōtaurus *11*	Ungeheuer (taurus – der Stier)
M. Minucius Rūfus *45*	Magister equitum des Diktators Q. Fabius Maximus (217 v. Chr.)
Mīsēnum *36*	Hafenstadt in der Nähe von Neapel
Mogontiācum *21*	Mainz, Hauptstadt der römischen Provinz Obergermanien
L. Mummius *15*	146 v. Chr. Konsul
Mycēnae, pl. *6*	Mykene, Herrschersitz auf dem Peloponnes, nach dem die mykenische Zeit (ca. 1580–1200 v. Chr.) benannt ist
Cn. Naevius *38*	römischer Dichter, geboren ca. 265 v. Chr., gestorben wahrscheinlich zwischen 200 und 190 v. Chr.
Nāias, adis *23*	Najade, Wassernymphe
Nārbōnēnsis *30*	s. Gallia Narbonensis
Naucratis, is *17*	griechische Handelsniederlassung am westlichen Mündungsarm des Nil
Neāpolis, is *6*	Neapel
Neptūnus *8*	Gott des Meeres (*griech.* Poseidon)
Nerō, ōnis *15*	römischer Kaiser (54–68 n. Chr.)
Nerviī *35*	die Nervier, belgischer Stamm
Nervicum proelium *35*	die Nervierschlacht (57 v. Chr.)
Nīlus *2*	der Nil
Nōricum *21*	römische Donauprovinz vom Inn bis zum Wienerwald
Ōceanus *1*	der Ozean
Ōceanus Germānicus *21*	s. Germanicus
Octāviānus *17*	s. Augustus
Cn. Octāvius *47*	168 v. Chr. Prätor, 165 v. Chr. Konsul
Olympia *19*	berühmtes Heiligtum in der Landschaft Elis auf dem Peloponnes
Olympia, pl. *19*	die Olympien, die Olympischen Spiele
Olympus *19*	der Olymp, Bergmassiv zwischen Thessalien und Makedonien, Sitz der Götter
Orgetorīx, īgis *34*	bedeutendster helvetischer Adliger im 1. Jahrhundert v. Chr.
Ōstia *31*	Hafenstadt Roms an der Tibermündung
P. Ovidius Nāsō *19*	Ovid (43 v. Chr.–ca. 18 n. Chr.), römischer Dichter zur Zeit des Kaisers Augustus

Padus *3*	der Po
Palātium *2*	der Palatin, einer der Haupthügel Roms
Pannonia *21*	römische Donauprovinz, Gebiet zwischen Wienerwald, Donau und Save
Papīrius *33*	Angehöriger des römischen Geschlechts der Papirier
Cn. Papīrius Carbō *48*	113 v. Chr. Konsul, von den Cimbern und ihren Verbündeten vernichtend geschlagen
Parthī *48*	die Parther, Volk in Asien
Paula *39*	weiter nicht bekannte Römerin aus dem 1. Jahrhundert n. Chr.
Paulus *31*	der Apostel Paulus
Peloponnēsus, f. *15*	der Peloponnes
Pēnēus *25*	Fluß in Mittelgriechenland
Pentheus *29*	sagenhafter König von Theben
Persa, m. *24*	der Perser
Perseus *47*	179–168 v. Chr. König von Makedonien
Persicus *24*	persisch
bellum Persicum *24*	der Perserkrieg (490 v. Chr. 1. Perserkrieg; 480/479 v. Chr. 2. Perserkrieg)
Petrus *31*	der Apostel Petrus
Petrus Alfonsī *39*	Schriftsteller des frühen 12. Jahrhunderts
Phaedria *40*	Tochter des Euclio, Lustspielfigur bei Plautus
Phaëtōn, ontis *22*	Sohn des Sol und der Clymene
Phalaris, idis *43*	Tyrann von Agrigent (um 570–554 v. Chr.)
Phīdiās, ae *19*	griechischer Bildhauer des 5. Jahrhunderts v. Chr.
Philippus *47*	Philipp V., 221–179 v. Chr. König von Makedonien
Phoebus *11*	Name des Apollon als Sonnengott
Phoenīces, um *10*	die Phöniker
Phoenissa *12*	die Phönikerin
ager Pīcēnus *45*	das Picenische Gebiet, Landschaft in Mittelitalien
Pīraeus, m. *8*	der Hafen Athens
Placentia *2*	Stadt in Oberitalien (*ital.* Piacenza)
Plautus *27*	s. T. Maccius Plautus
C. Plīnius Caecilius Secundus *30*	römischer Schriftsteller (geboren 61 oder 62 n. Chr., gestorben um 113)
Poenus *10*	der Punier, Karthager
Pollūx, ūcis *20*	Sohn des Jupiter und der Leda, Zwillingsbruder des Castor
Polybius *18*	griechischer Historiker (ca. 200–ca. 120 v. Chr.)
Cn. Pompēius Magnus *1*	römischer Politiker und Feldherr (106–48 v. Chr.); im Jahre 60 erstes Triumvirat mit Caesar und Crassus; 49/48 im Bürgerkrieg von Caesar besiegt
M. Pompōnius *42*	216 v. Chr. Prätor
Pontiliānus *22*	römischer Dichter zur Zeit Martials
M. Porcius Catō *4*	römischer Politiker (234–149 v. Chr.), 184/3 Zensor

150

M. Porcius Catō *38*	Urenkel des vorigen (95–46 v. Chr.), leidenschaftlicher Gegner Caesars
L. Porcius Licinus *46*	184 v. Chr. Konsul
A. Postumius *20*	499 v. Chr. römischer Diktator, siegt am Regillus-See über die Latiner
Praetextātus *33*	Beiname eines Zweiges des Geschlechts der Papirier
Prīscus *42*	Zeitgenosse Martials
Probus *2*	römischer Kaiser (276–282 n. Chr.)
Ptolemaeī *17*	Nachkommen des Ptolemaeus, Herrscher von Ägypten
Ptolemaeus *17*	Heerführer Alexanders des Großen, nach 323 v. Chr. Herrscher von Ägypten
Pūnicus *10*	punisch, karthagisch
bellum Pūnicum prīmum *10*	der 1. Punische Krieg (264–241 v. Chr.)
Pydna *47*	Ort im Süden Makedoniens
Pyrrhus *10*	König von Epirus, 280–275 v. Chr. Krieg mit Rom
Pȳthia *24*	die Pythia, Priesterin von Delphi
Q. (= Quīntus) *1*	römischer Vorname
P. Quīnctīlius Vārus *48*	9 n. Chr. von den germanischen Cheruskern und ihren Verbündeten vernichtend geschlagen
T. Quīnctius Flāminīnus *32*	römischer Politiker, 198 v. Chr. Konsul, 189/8 v. Chr. Zensor
collis Quirīnālis *13*	der Quirinal, einer der Hügel Roms
Quirītēs, ium *44*	Quiriten (Bezeichnung der römischen Bürger)
Raetī *21*	die Räter (Völkergruppe im heutigen Bayern südlich der Donau, in der östlichen Schweiz und in Südtirol)
Raetia *21*	römische Donauprovinz
Rampsinītus *17*	Rampsinitus (= Ramses III.), 1183–1152 v. Chr. König von Ägypten
Rauracī *34*	die Rauracer, kleiner gallischer Stamm
Ravenna *3*	Stadt an der Ostküste Italiens
lacus Rēgillus *20*	der Regillus-See im Gebiet von Tusculum
Rhēnus *3*	der Rhein
Rhodanus *34*	die Rhone
Rhodē, ēs *31*	Mädchen aus der Christengemeinde in Jerusalem
Rhodus, f. *36*	Rhodos
Rōma *1*	Rom
Rōmānus *2*	römisch; der Römer
bellum Rōmānum *10*	der Krieg mit den Römern (z. B. der 1. Punische Krieg 264–241 v. Chr.)
Rōmulus *7*	sagenhafter Gründer Roms (753 v. Chr.) und erster König von Rom (753–715 v. Chr.)

Sabīnus *13*	sabinisch; der Sabiner
Salamīs, Salamīnis, f. *24*	Insel vor der attischen Küste (*Akk.:* Salamīna)
C. Sallustius Crispus *14*	römischer Geschichtsschreiber (86–35 v. Chr.)
Samnītēs, ium *48*	die Samniten, Bergvolk in Mittelitalien
Samothrācē *47*	Insel in der nördlichen Ägäis
Samus, f. *22*	griechische Insel vor der Küste Kleinasiens
Sardēs, ium, f. pl. *26*	Hauptstadt von Lydien
Sardinia *3*	Insel im westlichen Mittelmeer
Sārmatae, m. *21*	die Sarmaten, Völkerschaft in Osteuropa
Sāturnus *20*	altitalischer Gott
sinus Sarōnicus *15*	der Saronische Golf
Sāvus *21*	die Save, Fluß in Pannonien
Scaurus Aurēlius *48*	s. M. Aurelius Scaurus
Schoenūs, ūntis *15*	Hafen bei Korinth
Scīpiō, ōnis *42.43*	s. P. Cornelius Scipio Africanus
Scylla *37*	menschenfressendes Ungeheuer an der Straße von Messina
Segesta *43*	Stadt auf Sizilien – Wann Segesta von den Karthagern eingenommen und zerstört wurde, ist nicht bekannt.
Segestānī *43*	die Einwohner von Segesta
Semela *29*	Thebanerin, Mutter des Dionysus
Semprōnia *1*	Angehörige des römischen Geschlechts der Sempronier
basilica Semprōnia *2*	von dem älteren Ti. Semprōnius Gracchus errichtete Basilika am Forum Romanum (vgl. auch basilica Iulia)
Ti. Semprōnius *42*	216 v. Chr. Magister equitum, 215 und 213 v. Chr. Konsul
C. Semprōnius Gracchus *1*	berühmter römischer Politiker (154–121 v. Chr.), 123 und 122 Volkstribun
Ti. Semprōnius Gracchus *2*	169/8 Zensor; Vater der beiden berühmten Volkstribunen
Ti. Semprōnius Gracchus *1*	berühmter römischer Politiker (162–133 v. Chr.); 133 Volkstribun
Seneca *30*	s. L. Annaeus Seneca
Septimius Sevērus *20*	römischer Kaiser (193–211 n. Chr.)
Sēquanī *34*	die Sequaner, gallischer Volksstamm
L. Sergius Catilīna *14*	römischer Revolutionär (ca. 108–62 v. Chr.)
mūrus Serviānus *2*	Stadtmauer von Rom, die auf den König Servius Tullius zurückgeht
Q. Servīlius Caepiō *48*	105 v. Chr. Prokonsul in Gallien, von den Cimbern und ihren Verbündeten vernichtend geschlagen
Servius Tullius *2*	s. Tullius
Sibylla *41ZT*	die Sibylle (heidnische Seherin)
Sicilia *3*	Sizilien
Siculus *43*	sizilisch; der Sizilianer
Silvānus *40*	italischer Gott des Waldes
Sōl, Sōlis *22*	Sonnengott

152

Solō, ōnis *26*	Solon, athenischer Gesetzgeber (594 v. Chr.)
Sparta *1*	Hauptstadt Lakoniens auf dem Peloponnes
Strobīlus *40*	Sklave des Lyconides, Lustspielfigur bei Plautus
Suēbī *28*	die Sueben, große germanische Völkerschaft
Sychaeus *12*	Gatte der Dido
Syrācūsae, pl. *27*	Syrakus
Syria *47*	Syrien
Syrus *3*	der Syrer; auch Sklavenname

T. (= Titus) *1*	römischer Vorname
Tacitus *21*	s. P. Cornelius Tacitus
Tālus *11*	Neffe und Schüler des Daedalus
Tarentum *1*	Tarent, reiche Handelsstadt in Süditalien (*ital.* Taranto)
L. Tarquinius Prīscus *44*	L. Tarquinius der Ältere, der fünfte König von Rom (616–578 v. Chr.)
L. Tarquinius Superbus *20*	der letzte König von Rom (534–509 v. Chr.)
Tellus *26*	Tellos, athenischer Bürger
C. Terentius Varro *42*	216 v. Chr. Konsul
Terra *7*	die Erdgöttin
saltus Teutoburgiēnsis *21*	der Teutoburger Wald
Thais, idis *27*	Lustspielfigur, Freundin des Menaechmus von Epidamnus
Thapsus, f. *15*	Stadt in Afrika
Thēbae, pl. *29*	Theben, Hauptstadt der Landschaft Böotien in Mittelgriechenland
Thēbānus *29*	thebanisch; der Thebaner
Themistoclēs, is *24*	athenischer Staatsmann des 5. Jahrhunderts v. Chr., Schöpfer der athenischen Flotte
Thēra *11*	Insel im Mittelmeer, jetzt Santorin
Thermae, pl. *43*	Stadt auf Sizilien, 407 v. Chr. von den Karthagern gegründet; die Bewohner von Himera, die den Untergang ihrer Stadt überlebt hatten, fanden dort eine neue Heimat
Thermopylae, pl. *24*	die Thermopylen, Engpaß in Griechenland; 480 v. Chr. Kampf an den Thermopylen
Thessalia *1*	Thessalien, Landschaft in Mittelgriechenland
Thessalus *5*	griechischer Arzt in Rom
Thrācia *1*	Thrakien
Ti. (= Tiberius) *1*	römischer Vorname
Tiberis, is, m. *28*	der Tiber
Tiberius *21*	Ti. Claudius Nero, Stiefsohn des Augustus, 14 n. Chr.–37 n. Chr. römischer Kaiser
Titus *2*	römischer Kaiser (79–81 n. Chr.)
Trāiānus *48*	römischer Kaiser (98–117 n. Chr.)

Trallēs, ium, f. pl. *5*   Stadt in Kleinasien
lacus Trasumennus *45*   der Trasumennische See (im östlichen Etrurien)
Trebia *44*   Nebenfluß des Padus
Trōia *7*   Stadt im nordwestlichen Kleinasien
Trōiānus *7*   trojanisch; der Trojaner
Tucca *39ZT*   Zeitgenosse Martials
Tuistō, ōnis *21*   altgermanischer Urgott, Sohn der Erde
Tulingī *34*   die Tulinger, kleiner gallischer Stamm
M. Tullius Cicerō *13*   der größte Redner Roms (106–43 v. Chr.); 63 v. Chr. Konsul
Q. Tullius Cicerō *43*   Bruder des berühmten Redners (102–43 v. Chr.)
Servius Tullius *2*   sechster König von Rom (578–534 v. Chr.)
Tullus Hostīlius *20*   s. Hostilius
Tungrī *21*   die Tungern, germanischer Stamm im heutigen Belgien
Tyrus, f. *10*   phönikische Hafenstadt

Umbria *45*   Umbrien, Landschaft in Mittelitalien

Valeriānus *31*   römischer Kaiser (253–259 n. Chr.)
C. Valerius Catullus *27*   römischer Lyriker (87/84–ca. 54 v. Chr.)
L. Valerius Flaccus *46*   195 v. Chr. Konsul, 184/3 v. Chr. Zensor
M. Valerius Mārtiālis *22*   römischer Dichter (ca. 40–103/104 n. Chr.)
Valerius Paulīnus *30*   Freund des Plinius
Vārus *48*   s. P. Quinctilius Varus
ager Vāticānus *31*   das Gebiet des Vatikan in Rom
P. Vēdius Polliō *41*   reicher Freund des Kaisers Augustus
Venus, eris *7*   Göttin der Liebe und Schönheit
Venusia *42*   Stadt in Süditalien
P. Vergilius Marō *7*   römischer Dichter (70–19 v. Chr.), Verfasser der „Aeneis"
C. Verrēs, is *43*   73–71 v. Chr. Statthalter von Sizilien
M. Verrius Flaccus *13*   römischer Gelehrter zur Zeit des Kaisers Augustus
Vespasiānus *2*   römischer Kaiser (69–79 n. Chr.)
Vesta *20*   Göttin des Herdfeuers
Vulcānus *23*   Gott der Schmiedekunst

Xerxēs, is *24*   Xerxes I., Sohn Dareios' I., Perserkönig (485–465 v. Chr.); 480/479 Feldzug gegen Griechenland

Zōsimus *30*   Freigelassener des Plinius

Lateinisch – deutsches Wörterverzeichnis zum 1. und 2. Teil

Angeführt werden alle vorkommenden Wörter mit der Angabe ihres ersten Vorkommens. Bei den Wörtern, die vor der Angabe der Lektion ein Sternchen haben (z. B. abrogāre), handelt es sich um die in Fußnoten angegebenen Vokabeln, die nicht gelernt zu werden brauchen.

ā, ab *b. Abl.* — von 10
abdere — verbergen 38
dictātūrā sē ab- — das Amt des Diktators nie-
  dicāre — derlegen *45
abesse — abwesend sein, fehlen 16
  abesse ā — entfernt sein von 16
abīre — weggehen 11
abrogāre — abnehmen, aberkennen *20
abs *b. Abl.* — von 40
absēns — abwesend 39
abstinēre — fernhalten, sich enthalten 18
abstrūdere — in der Erde vergraben, verstecken *40
ac, atque — und, und auch 9
accēdere — herankommen, dazukom-
  men 22. 23
accidere — sich ereignen, geschehen 26
accipere — entgegennehmen, empfan-
  gen; vernehmen, erfahren 37
acclāmāre — zurufen, zujubeln 13
accumbere — sich zu Tisch legen *27
accūsāre — anklagen 8
ācer — scharf, heftig 30
acerbitās — Schärfe, Bitterkeit, Rücksichtslosigkeit 46
acerbus — scharf, bitter, rücksichtslos 46
a. Chr. n. — v. Chr. 14
aciēs — Schärfe, Schlachtreihe 14
diurna ācta — Tagesbericht *38
ad *b. Akk.* — zu, bei, an 6
ad *(bei Zahlen)* — an die, ungefähr *34
adamāre — liebgewinnen, sich verlieben *12
addere — hinzutun, hinzufügen 24
addūcere — heranführen, veranlassen 23
adeō — so sehr 22
adesse — anwesend sein; helfen 8
adhibēre — anwenden, hinzuziehen 5
adhūc — bis jetzt 42

adipīscī — *(durch Anstrengung)* erlangen 46
adīre — aufsuchen, hingehen, sich
  wenden an 16
aditus — Zugang 15
adiungere — verbinden 38
adiūtor — Helfer *20
adiuvāre — unterstützen 10. 24
administrāre — besorgen, ausführen; ver-
  walten 35
admīrārī — sich wundern, bewundern 45
admīrātus — verwundert *26
admittere — Zutritt gewähren, zulassen 32
admonēre — ermahnen, erinnern 18
adnuere — zunicken, beifällig nicken *25
adolēscere — heranwachsen 29
adulēscēns — Jüngling, junger Mann 29
adulēscentia — Jugend, Jugendzeit 24
adulēscentulus — Jüngling, junger Mann *15
advehere — heranschaffen 48
advenīre — ankommen 37
adventus — Ankunft, Einwanderung 15
adversārius — Gegner, Feind *15
adversus — ungünstig; feindlich 14
adversus *b. Akk.* — gegenüber, gegen 41
advocāre — herbeirufen, anrufen *10
advolāre — heranfliegen, herbeieilen 18
aedēs — Tempel; *Plur.:* Haus 29
aedificāre — bauen 6
aedificium — Gebäude *6
aegrē — mit Mühe, kaum 46
aegrōtāre — krank sein *30
aegrōtus — krank *5
aemula — Nachahmerin *25
aequāre — gleichmachen, gleich-
  kommen 45
aequus — eben, gleich; gelassen;
  gerecht, recht; günstig 7

aes	Erz, Bronze; Geld 43	amplus	weit, geräumig, groß,
aestus	Glut, Hitze *37		bedeutend 27
aetas	Zeitalter, Lebensalter 26	amputāre	abschneiden, abhauen *17
aeternus	ewig *2	… an …?	… oder …? in abh. Fragen:
afferre	herbeitragen, heranbringen		ob … oder … 42
	40	-ne …, an …	…, oder … 27
vim afferre	Gewalt antun 44	ancilla	Magd *22
afficere	(mit etwas) versehen 37	ancora	Anker *1
affīgere	anheften *36	angelus	Engel *31
affirmāre	versichern 18	angustus	eng 24
ager	Acker 19	animadvertere	bemerken 46
agere	treiben; betreiben, tun, han-	in complūrēs	gegen mehrere vorgehen,
	deln; verhandeln 22. 23	animadvertere	mehrere bestrafen 46
grātiās agere	Dank sagen 22	animōsus	mutig, tapfer *11
agger	Material zum Aufschütten	animus	Geist, Sinn, Gefühl, Mut 7
	eines Dammes; Damm *35	animum	aufpassen *27
aggredī	angreifen 46	attendere	
agitāre	treiben; betreiben, verrich-	animī magni-	Selbstvertrauen *36
	ten; bedenken; verhandeln	tūdo	
	18	annus	Jahr 9
agmen	Heer (auf dem Marsch),	ante (Adv.)	vorher 27
	Heereszug, Zug 35	ante b. Akk.	vor 12
lēx agrāria	Ackergesetz *38	anteā	vorher, früher 17
aiō	ich sage, behaupte 40	antepōnere	vorziehen *45
ait	(er, sie, es) sagt, sagte 22	antīquus	alt 2
āla	Flügel *11	anus	alte Frau *22
albus	weiß *42	aperīre	öffnen 31
aliēnus	fremd 6	apertus	offen, ungedeckt *35
aliquamdiū	eine Zeitlang *12	appārēre	erscheinen 18
aliquandō	einmal 16	appāret	es ist offenbar 24
aliquī	(irgend)ein 39	appellāre	nennen, anreden 14
aliquis	jemand, etwas 32	appellātiō	Benennung *21
aliquot	einige, ein paar 43	apportāre	herbeitragen, heran-
aliter (Adv.)	anders, sonst 41		schaffen, bringen 5
alius	ein anderer 22	appropinquāre	sich nähern 8
aliī	andere 5	aptus	passend, geeignet 30
aliī …, aliī	die einen …, die andern 6	apud b. Akk.	bei 5
allelūiā	liturgischer Jubelruf *45	aqua	Wasser, Wasserleitung 2
alligāre	anbinden *17	āra	Altar *10
alter	der eine (von zweien),	arāre	pflügen *4
	der andere 18	arātrum	Pflug *4
altitūdo	Höhe, Tiefe 28	arbitrārī	glauben, meinen 45
altus	hoch, tief 5	arbitrium	Schiedsspruch; Gutdünken,
amāre	lieben 5		Belieben 38
ambulāre	(spazieren)gehen 4	arbor	Baum 25
āmēns	von Sinnen, außer sich *41	arcēre	fernhalten, abwehren;
amīca	Freundin 27		schützen 5
amīcitia	Freundschaft 3	arcessere	herbeiholen 35
amictus	Obergewand, Mantel *47	ardēre	brennen *14. *44
amīcus	Freund 3	arduus	steil, beschwerlich *19
āmittere	verlieren 22. 23	arēna	Sand, Kampfplatz 1
amor	Liebe 25	argentum	Silber 17
amphitheātrum	Amphitheater *1	arma	Waffen 13
ampliāre	vergrößern *26	armāre	bewaffnen *42
amplius (Adv.)	weiter, mehr *48	armātus	bewaffnet; Bewaffneter 17

arripere	ergreifen, packen *44	barbarus	Barbar *24
ars	Kunst, Fertigkeit 33	basilica	Halle *2
artificium	Kunstwerk, Handwerk, Fertigkeit 11	basis	Sockel *43
		beātus	glücklich 26
artus	Glied 25	bellāre	Krieg führen *7
arx	Burg 47	bellum	Krieg 7
ascendere	hinaufsteigen, besteigen 40	bene (Adv.)	gut 6
ascopēra	Schlauch *18	benedīcere	preisen, segnen *31
asinus	Esel *18	beneficium	Wohltat 7
aspectus	Anblick *20	benīgnitās	Güte *31
asper	rauh 9	benīgnus	gütig, freundlich 3
asportāre	wegschaffen, mitnehmen *17	bēstia	Tier 1
		bibere	trinken *22
assequī	(durch Anstrengung) erreichen 46	bīnī	je zwei *43
		bis	zweimal 19
assignāre	zuweisen, zuschreiben *21	blandus	schmeichlerisch *25
astrum	Stern *9	bonus	gut 3
astūtia	Schlauheit, Verschlagenheit *18	bona, pl.	Hab und Gut, Vermögen 44
		bracchium	Arm, Unterarm 25
at	aber, dagegen 25	brevis	kurz 35
at (nach sī)	so doch wenigstens *48	brevī	in Kürze, nach kurzer Zeit *23
āter	schwarz *42		
atque, ac	und, und auch 9	brevitās	Kürze 35
attendere	hinspannen *27		
animum attendere	aufpassen *27		
a. u. c.	= ab urbe conditā, seit Gründung der Stadt *34	cadere	fallen 31
		cadus	Krug *40
auctor	Gewährsmann, Urheber 21	caedere	fällen, niederhauen 32
auctōritās	Ansehen, Einfluß 24	caedēs	Morden, Töten, Ermordung 32
audācia	Kühnheit, Frechheit 14		
audāx	waghalsig, kühn 32	caelum	Himmel; Witterung, Wetter 3
audācter (Adv.)	waghalsig, kühn 32		
		calamitās	Unglück, Not 37
audēre	wagen 16. 45	calix	Becher, Kelch *41
audīre	hören 31	callēre	große Erfahrung in etwas haben, etwas beherrschen *46
auferre	wegtragen, wegnehmen 40		
augēre	vermehren, vergrößern 10. 24		
		campus	freies Feld, Ebene 5
aula	Topf *40	candēla	Kerze *39
aurum	Gold 17	candidātus	Amtsbewerber, Kandidat *46
aut	oder 9		
aut	in Fragen und verneinten Sätzen: und *44	candidus	weiß *20
		canere	singen 37
aut ... aut	entweder ... oder 39	canis	Hund, Hündin *39
autem	aber 10	capere	fassen, nehmen, fangen 37
auxiliārī	helfen 45	captāre	fassen; auffangen *17
auxilium	Hilfe 12	captīvus	gefangen; Gefangener, Kriegsgefangener 26
avāritia	Habsucht, Geiz 46		
avē!	sei gegrüßt! lebe wohl! *46	caput	Kopf, Haupt; Hauptstadt *17. 23
āvertere	abwenden 36		
āvolāre	wegfliegen, davonstürzen 11	capitis damnāre	zum Tode verurteilen 29
		carcer	Kerker *29
avus	Großvater 5	cāritās	Zuneigung, Liebe *30
		carmen	Lied, Gedicht 21

carrus	Wagen, Karren *1*	citerior	diesseitig *38*
casa	Hütte, kleines Haus *13*	citŏ *(Adv.)*	schnell *13*
castellum	Kastell *1*	ultrō citrōque	hin und her *48*
castīgāre	züchtigen, tadeln *46*	cīvīlis	bürgerlich *41*
castra	Lager *14*	bellum cīvīle	Bürgerkrieg *41*
cāsus	Fall, Zufall, Unglücksfall *47*	cīvis	Bürger, Mitbürger *29*
catēna	Kette *31*	cīvitās	Bürgerschaft, Gemeinde;
causa	Grund, Ursache; Sache *13*		Stamm; Staat *21*
causam dīcere	einen Prozeß führen, sich in einem Prozeß verteidigen *46*	clādēs	Niederlage; Schaden, Verlust *38*
		clam	heimlich *11*
causam ōrāre	in einem Prozeß eine Rede halten *46*	clāmāre	schreien, rufen *13*
		clāmor	Geschrei, Rufen *45*
causā *(nachge-stellt) b. Gen.*	wegen, um … willen *33*	clārus	klar, berühmt *2*
		classis	Klasse; Flotte *33*
cautus	vorsichtig *16*	claudere	schließen *39*
cavēre	sich hüten *16*	clēmentia	Milde, Nachsicht *47*
cēdere	gehen, weichen *23*	clērus	Geistlichkeit *22*
celebrāre	rühmen, preisen; festlich begehen *13*	cloāca	Entwässerungsgraben, Abwasserkanal *44*
celer	schnell *31*	coërcēre	zusammenhalten, in Schranken halten, zügeln *18*
celeritās	Schnelligkeit *25*		
cēna	Mahlzeit *5*	cōgere	zusammentreiben, zwingen *44*
cēnāre	essen *41*		
cēnsēre	meinen; *(im Senat)* einen Antrag stellen; *(als Zensor)* eine Schätzung vornehmen, schätzen *33*	cōgitāre	denken, überlegen *10*
		cognātiō	Verwandtschaft *43*
		cognōmen	Beiname *33*
		cognōscere	kennenlernen, erkennen *23*
cēnsor	Zensor *46*	cohors	Kohorte, Gefolge *29*
cēnsūra	Zensorenamt, Zensur *46*	coīre	zusammenkommen, sich zusammentun *46*
cēnsus	Schätzung *46*		
centum	hundert *20*	colere	pflegen, bebauen, verehren *25*
centuria	Zenturie, Hundertschaft *38*	collēga	Kollege, Amtsgenosse *38*
centuriō	Zenturio *35*	colligāre	zusammenbinden, zusammenfügen *11*
cēra	Wachs *11*		
cernere	unterscheiden, sehen, erkennen *47*	collocāre	aufstellen, hinstellen *6*
		colloquī	sich besprechen, sich unterhalten *48*
certāmen	Wettkampf, Kampf, Streit *46*		
		colloquium	Gespräch, Unterredung *6*
certāre	kämpfen, streiten *6*	colōnia	Kolonie, Tochterstadt *6*
certus	bestimmt, sicher *15*	colōnus	Bauer, Pächter; Aussiedler *3*
certē *(Adv.)*	sicher, sicherlich *16*	columna	Säule *19*
certiōrem fa-cere	benachrichtigen *42*	combūrere	verbrennen *39*
		comes	Begleiter *36*
cēterī	die übrigen, anderen *15*	commeāre	kommen und gehen *15*
cēterum *(Adv.)*	im übrigen, aber *18*	commemorāre	in Erinnerung rufen, erwähnen *39*
chorus	Chor, Reigen *1*		
circum *b. Akk.*	um … herum *17*	commigrāre	hinwandern, hinziehen *13*
circumagere	um … herumtreiben *37*	commīlitō	Kamerad *41*
circumdăre	umgeben *7*	committere	geschehen lassen, begehen; anvertrauen *31*
circumdūcere	um … herumführen *26*		
circumspicere	umhersehen, sich umschauen *40*	commodum	Vorteil, günstige Gelegenheit *35*
circumvenīre	umzingeln, einschließen *35*	commodus	angemessen, zweckmäßig, bequem *48*
circus	Zirkus *1*		

commovēre	bewegen, veranlassen *12*	cōnsistere	sich hinstellen, stehen-
commūnis	gemeinsam *38*		bleiben *35*
cōmoedia	Komödie, Lustspiel **1*	cōnspectus	Erblicken, Anblick *35*
comparāre	beschaffen, vorbereiten *47*	cōnspicere	erblicken *37*
comperīre	erfahren *32*	cōnstantia	Standhaftigkeit, Beharrlich-
competītor	Mitbewerber **38*		keit *45*
complēre	anfüllen *35*	cōnstat	es steht fest *12. 24*
complūrēs	mehrere, einige *36*	cōnstituere	hinstellen, festsetzen,
compōnere	zusammenstellen, ordnen;		beschließen *22. 23*
	vergleichen *41*	cōnsuēscere	sich gewöhnen *48*
comprehendere	ergreifen, fassen *31*	cōnsuēvī	ich habe mich gewöhnt, ich
comprimere	zusammendrücken, unter-		bin gewohnt, ich pflege *48*
	drücken, niederwerfen **44*	cōnsuētūdo	Gewohnheit *48*
cōnārī	versuchen *45*	cōnsul	Konsul **14. 20*
concēdere	zugestehen, einräumen,	cōnsulāris	konsularisch, zu einem
	erlauben *26*		Konsul gehörig *42*
conciliāre	gewinnen, erwirken **19*	cōnsulātus	Konsulat, Amt des Konsuls
concilium	Versammlung *13*		*38*
concitāre	aufwiegeln **44*	cōnsulere	befragen, um Rat fragen;
concordia	Eintracht *14*		sorgen für *26*
concors	einig, einträchtig **38*	aliquid in ali-	mit jemand überheblich
concurrere	zusammenlaufen *44*	quem superbē	umgehen **47*
concursus	Zusammenlaufen, Angriff	cōnsulere	
	37	cōnsultāre	befragen; beraten **6*
condere	erbauen, gründen *29*	cōnsultum	Beschluß **15*
condiciō	Vorschlag, Bestimmung,	cōnsūmere	verbrauchen, verzehren *33*
	Bedingung *47*	contemnere	verachten *32*
cōnferre	zusammentragen,	contemptor	Verächter **46*
	vergleichen *42*	contendere	eilen; sich anstrengen;
sē cōnferre	sich begeben *42*		kämpfen *28*
cōnfertus	dicht **35*	contentiō	Anspannung, Eifer; Kampf,
cōnfīdere	vertrauen *48*		Streit *46*
cōnfirmāre	sichern, befestigen,	continēre	zusammenhalten,
	bestärken, ermutigen *35*		umschließen; enthalten *41*
cōnfluere	zusammenströmen,	contingere	zuteil werden, widerfahren,
	zusammenkommen *33*		gelingen *25*
cōnfugere	flüchten, seine Zuflucht	continuus	zusammenhängend, fort-
	nehmen *41*		laufend, ununterbrochen
conicere	zusammenwerfen; werfen *48*		*30*
coniungere	verbinden *43*	contrā *(Adv.)*	dagegen *38*
coniūrāre	sich verschwören **14*	contrā *b. Akk.*	gegen *14*
coniūrātus	Verschwörer **14*	contrahere	zusammenziehen **36*
coniux	Gattin *25*	contumēlia	Schande, Schmach **24*
conquīrere	zusammensuchen *43*	cōnūbium	Ehe, Recht zum Eingehen
cōnscendere	besteigen *23*		einer Ehe **13*
cōnscrībere	eintragen, ausheben *42*	convalēscere	stark werden, gesund
cōnsecrāre	weihen **19*		werden **33*
cōnsēnsus	Übereinstimmung *32*	convenīre	zusammenkommen, treffen
cōnsentīre	übereinstimmen *38*		*31*
cōnservāre	bewahren, retten, erhalten	convīva	Gast **27*
	10	convīvium	Gastmahl **12*
cōnsīderāre	betrachten, bedenken **18*	convocāre	zusammenrufen *13*
cōnsīdere	sich setzen, sich lagern *44*	cōpiae	Truppen *7*
cōnsilium	Rat, Plan, Absicht *13*	cor	Herz *29*
	auch: Kriegsrat **47*	cōram *b. Abl.*	in Anwesenheit von *41*

cornū	Horn; Flügel *(des Heeres)* 15	damnāre	verurteilen 17
corpus	Leib, Körper 22	capitis damnāre	zum Tode verurteilen 29
corrigere	berichtigen, verbessern 22. 23	damnum	Schaden, Verlust 30
corrumpere	verderben, bestechen 32	dāre	geben 9. 24
corruptiō	Bestechung, Verführung *26	lūdōs dāre	Spiele veranstalten *15
		poenās dāre	büßen, bestraft werden 18
cortex	Rinde *25	dē *b. Abl.*	1. von ... herab; von, über 6
corvus	Rabe *40		2. hinsichtlich 8
cottīdiē	täglich 9	dea	Göttin 8
crās	morgen 25	dēbēre	müssen, schulden, verdanken 4
creāre	hervorbringen, schaffen; wählen 11		
crēber	häufig, zahlreich 28	dēcēdere	weggehen 48
crēbrō *(Adv.)*	häufig 28	decem	zehn 12
crēdere	glauben, vertrauen, anvertrauen 22. 23	dēceptum	*Part. Perf. Pass. zu* fallere 40
crēscere	wachsen 25	decēre, decet	sich ziemen 47
crūdēlis	grausam 32	dēcernere	entscheiden, beschließen 28
crūdēlitās	Grausamkeit 41	dēclārāre	erklären, ausrufen 18
crux	Kreuz *27	dēcurrere	hinablaufen *35
crystallinum	Gefäß aus Bergkristall *41	dēdicāre	weihen *20
cuī?	wem? 8	dēditiō	Unterwerfung *34
cuius?	wessen? 7	dēdūcere	wegführen 48
cum *b. Abl.*	(zusammen) mit 6	deesse	wegsein, fehlen 17
cum *b. Ind.*	1. als, wenn 33	dēfendere	verteidigen, schützen 24
	2. als; da *(mit Hauptsatz)* 36	dēflēre	beweinen 11. 12
	3. (jedesmal) wenn 37	dēicere	hinabwerfen 44
cum *b. Konj.*	1. als 17	dēicere honōre	die Wahl verhindern *46
	2. da, weil 17	dēiectus	Abhang *28
	3. obwohl 39	deinde	darauf, dann 5
cum ... tum	sowohl ... wie vor allem; ..., besonders aber; ... und obendrein 43	dēlectāre	erfreuen 5
		dēlēre	zerstören, vernichten 11. 12
		dēligere	auswählen 48
cūnctārī	zögern, zaudern *45	delphīnus	Delphin *8
cūnctātor	Zögerer, Zauderer *45	dēmittere	hinabschicken 23
cūnctī	alle 7	dēmōnstrāre	zeigen, nachweisen, darlegen 17
cupere	wünschen, begehren 37		
cupiditās	Begierde, Leidenschaft 44	dēmum	erst, endlich 47
cupidus	begierig 14	dēnique	schließlich, endlich, zuletzt 5
cūr?	warum? 11		
cūra	Sorge, Pflege; Sorgfalt 13	dēnūntiāre	ankündigen, prophezeien *36
cūrāre	pflegen, behandeln, besorgen, sorgen 4	dēnuō	von neuem, wieder *15
		dēpellere	hinabtreiben, wegtreiben, vertreiben; beseitigen, entfernen 35
cūrātiō	Behandlung, Kur *30		
cūria	Senatsgebäude, Kurie 2		
currere	laufen 23	dēportāre	hinabtragen, fortschaffen 24
currus	Wagen *15	dēscendere	hinabsteigen 40
custōdia	Wache, Bewachung *6	dēserere	im Stich lassen 48
custōdīre	bewachen, behüten 31	dēsīderāre	sich sehnen, vermissen 14
custōs	Wächter, Hüter 31	dēsinere	aufhören, ablassen 31
cymbalum	Becken *29	dēspērāre	verzweifeln 8
		dēspērātiō	Verzweiflung *38
		dētrahere	wegnehmen, herabnehmen *22

dētrīmentum	Schaden *45
deus	Gott 6
dexter	recht(s) 12
dextra	Rechte, rechte Hand 12
dī	= deī (Nom. Plur.) 12
dīcere	sagen, sprechen; nennen 22. 23
dīc	Imp. Sing. zu dīcere 32
diem dīcere	einen Termin ansetzen, festsetzen 31
causam dīcere	einen Prozeß führen, sich in einem Prozeß verteidigen *46
dictātōrem dīcere	einen Diktator ernennen *42
dictātor	Diktator 20
dictum	Ausspruch, Wort *9
diēs, m.	Tag 14
diēs, f.	Termin, Frist 31
in diēs	von Tag zu Tag 14
diēs fēstus	Festtag, Fest *19
differre	aufschieben 40
difficilis	schwierig 35
difficile est	es ist schwierig *5
difficultās	Schwierigkeit 35
dignus	würdig 12
dīlēctus	Auswahl, Musterung, Truppenaushebung 42
dīligēns	sorgfältig, gewissenhaft 30
dīligentia	Sorgfalt 13
dīligere	hochachten, lieben 39
dīmidium	Hälfte *37
dīminuere	zertrümmern *27
dīmittere	wegschicken, entlassen 26
dīripere	plündern 44
dīs	= deīs 26
discēdere	auseinander-, weggehen, abziehen 24
discere	lernen 30
discerpere	zerpflücken, zerreißen *29
disciplīna	Unterricht, Zucht, Disziplin 1
discipulus	Schüler 9
discordia	Zwietracht *6
discrīmen	Unterscheidung, Entscheidung, Gefahr 47
dispersus	zerstreut, einzeln *24
dissimilis	unähnlich, verschieden 32
distrahere	auseinanderreißen, zerreißen 41
diū	lange 7
diurna ācta	Tagesbericht *38
diutius	länger 14
diuturnus	lang, lange dauernd *8
dīversus	verschieden 20

dīves	reich 30
dīvidere	teilen, trennen 45
dīvīnus	göttlich 19
rēs dīvīnae	Gottesdienst *19
dīvitiae	Reichtum 8
docēre	lehren 4. 12
doctrīna	Unterricht, Gelehrsamkeit *9
dolēre	Schmerz empfinden, bedauern 10
dolor	Schmerz 39
dolus	List *12
domāre	zähmen *7
domesticus	häuslich, eigen, einheimisch *43
domina	Hausherrin, Herrin 3
dominus	Hausherr, Herr 3
domus	Haus 15
domī	zu Hause 42
domō	von Hause, aus der Heimat 34
domum	nach Hause 17
dōnāre	schenken, beschenken 18
dōnec	bis; solange 47
dōnum	Geschenk 12
dormīre	schlafen 31
dubitāre	zweifeln; Bedenken tragen, zögern 17
dubitātiō	Zweifel *22
dubium	Zweifel *20
dubius	zweifelhaft, unentschieden 20
ducentī	zweihundert 20
dūcere	führen 23
(in mātrimōnium) dūcere	heiraten (vom Mann) *39
dum	solange 37
dum b. Ind. Präs.	während 27
duo	zwei 9
duodecim	zwölf 19
dūrāre	andauern, fortbestehen *13
dūrus	hart 3
dux	Führer, Feldherr 20
ē, ex b. Abl.	aus 12
ēbrius	betrunken *18
ecce	siehe da *8
ecclēsia	Volksversammlung, Gemeinde *20
edere	essen *39
ēdere	herausgeben, von sich geben, gewähren 22. 23

ēdīcere	ansagen, bekanntmachen, anordnen 42	ēventus	Ausgang, Erfolg 15
		ēvertere	umwerfen, zerstören *26
ēdictum	Bekanntmachung, Verfügung 38	ēvocāre	1. herausrufen, anspornen *9 2. (zum Kriegsdienst) aufrufen *14
ēdūcere	herausführen 31		
efferre	heraustragen, herausbringen 40	ex, ē b. Abl.	aus 12
		excīdium	Zerstörung, Untergang *12
efficere	schaffen, bewirken 37	excipere	herausnehmen; aufnehmen 37
effodere	ausgraben *40		
effugere	entfliehen, entkommen 39	excitāre	aufwecken 31
		exclāmāre	ausrufen *11
ego	ich (betont) 1	exclāmātiō	Ausruf *26
ēgredī	hinausgehen 48	excruciāre	foltern, peinigen, quälen *42
ēgregius	hervorragend, außergewöhnlich 12		
		exemplum	Beispiel 1
ēheu	oh, ach *11	exercēre	üben, ausüben, betreiben 6
elementa	Grundwissen *9	animōs hominum exercēre	den Menschen keine Ruhe lassen *46
elephantus	Elefant *1		
ēloquēns	beredt, redegewandt *46	exercitus	Heer 15
ēloquentia	Beredsamkeit *9	exhērēdāre	enterben *24
em	da, nimm *40	exilium	Verbannung 20
ēmānāre	herausfließen *18	eximius	außergewöhnlich *43
emere	kaufen 27	exīre	hinausgehen, verlassen 14
ēmigrāre	auswandern *6	exīstimāre	glauben, meinen; halten für 28
ēnarrāre	erklären, auslegen, interpretieren *9		
		exitium	Untergang *8
enim	denn, nämlich 10	exitus	Ausgang, Ende 17
eō	dahin, dorthin 35	expedīre	losmachen *36
eō b. Komp.	desto, um so 30	pecūniam expedīre	Geld auftreiben *36
epistula	Brief 5		
epulae	Speisen *12	expellere	hinaustreiben, vertreiben 38
eques	Reiter, Ritter 20	experīrī	versuchen, erproben 46
equidem	ich für meine Person, ich jedenfalls 40	explicāre	entfalten *24
		explōrāre	auskundschaften, erkunden, erforschen 45
equitātus	Reiterei 47		
equus	Pferd 5	expōnere	aussetzen, ausstellen; auseinandersetzen, darlegen 30
ergō	also, folglich 8		
ērigere	aufrichten, errichten 24	expūgnāre	erobern 12
ēripere	entreißen 37	expulsus	vertrieben *20
errāre	irren, sich irren; umherirren 4	exspectāre	ausschauen, erwarten 20
		exstinguere	auslöschen 24
error	Irrfahrt, Irrtum *35	exstruere	erbauen, errichten *28
ērumpere	hervorbrechen, einen Ausfall machen *28	extemplō	sofort, sogleich 20
		extollere	herausheben, emporheben *45
ēsca	Futter, Essen *41	extrā b. Akk.	außerhalb, außer 40
esse	sein 4. 12	extrahere	herausziehen, hinausschaffen 38
est	(er, sie, es) ist 3		
sunt	(sie) sind 3	exul	Verbannter *20
et	und, auch 2		
et ... et	sowohl ... als auch; ... und auch 13		
etiam	auch 3	faber	Baumeister, Handwerker *17
etiamsī ⎫ etsī ⎭	wenn auch, auch wenn, obwohl, obschon 48	fābula	Erzählung, Fabel 1
		facere	machen, tun 37
ēvādere	entkommen *41	certiōrem facere	benachrichtigen 42

mentiōnem facere	erwähnen, von etwas sprechen *42	fluere	fließen 33
sacra facere	ein Opfer darbringen 37	flūmen	Fluß, Strömung 21
facilis	leicht *(zu tun)* 30	fluvius	Fluß 3
facile *(Adv.)*	leicht 33	fore	*Inf. Fut. zu* esse *und* fierī 41
facinus	Tat, Untat 26	forī	Sitzreihen *44
factum	Tat 9	forma	Gestalt, Form, Schönheit 1
facultās	Gelegenheit, Möglichkeit 45	fors	Zufall, Schicksal *40
fallere	täuschen 40	forsan	vielleicht *27
falsus	falsch 32	fortāsse	vielleicht 41
fāma	Ruf, Kunde, Sage 11	forte *(Adv.)*	zufällig 41
familia	Familie, Hausgemeinschaft, Dienerschaft 1	fortis	tapfer 33
		fortitūdo	Tapferkeit 43
familiāris	zur Familie gehörig, vertraut 30	fortūna	Schicksal, Glück 1
		fortūnae	Vermögen, Hab und Gut *14
fānum	Heiligtum *40	forum	Markt(platz) 2
fatērī	gestehen, bekennen 45	fossa	Graben 34
fatīgāre	ermüden, plagen *46	frangere	brechen, zerbrechen *(trans.)* 23
fātum	Schicksal, Schicksalsspruch 7		
		frāter	Bruder 22
favēre	begünstigen *44	frēnum	Zügel *23
fēcundus	fruchtbar *6	fretum	Meerenge *24
fēmina	Frau 13	frūctus	Nutzung, Genuß, Ertrag; Frucht 15
ferē *(gewöhnlich nachgestellt)*	fast, beinahe 6		
		frūgēs, *pl.*	Feldfrüchte *34
		frūmentum	Getreide, Korn 5
ferre	tragen, bringen; ertragen 40	frūstrā	vergeblich, umsonst 8
ferreus	eisern 31	fuga	Flucht 15
ferrum	Eisen 4	fugāre	in die Flucht schlagen, verscheuchen *15
ferus	wild, ungezähmt *7		
diēs fēstus	Festtag, Fest *19	fugere	fliehen, meiden 37
fidēlis	treu, anhänglich 41	fuge quaerere	frage nicht *42
fīdere	vertrauen 46	fulmen	Blitz *23
fidēs	Treue, Vertrauen 16	fundāmentum	Grundlage, Fundament 1
fidem habēre	Vertrauen schenken 16	fungī	verrichten, verwalten 46
fīdūcia	Vertrauen, Zuversicht *47	fūr	Dieb *40
fīdus	treu 3	furere	rasen *32
fierī	werden; geschehen; gemacht werden 38	furibundus	wütend, rasend *14
		furor	Wut, Raserei 29
figūra	Gestalt, Figur 1	fūrtum	Diebstahl 17
fīlia	Tochter 9		
fīlius	Sohn 7	galea	Helm *32
mī fīlī *(Vok.)*	mein Sohn *10	garrulus	schwatzhaft *39
fīnis	Grenze, Ende; *Plur.:* Gebiet 29	gaudēre	sich freuen 4. 45
		gaudium	Freude *14
fīnitimus	benachbart; *Subst.:* Nachbar 7	gēns	Sippe, Volksstamm 29
		genus	Abstammung, Herkunft, Geschlecht, Art 22
firmāre	stärken, sichern, ermutigen 6		
		gerere	tragen, ausführen 26
firmus	stark, sicher, zuverlässig 2	bellum gerere	Krieg führen 26
flāgitium	Vergehen, Schandtat; Schande 46	gladiātor	Gladiator *32
		gladius	Schwert 32
flagrāre	brennen, lodern, glühen *10	glōria	Ruhm 1
flamma	Flamme 1	gradus	Schritt, Stufe 44
flōrēre	blühen 14	grammaticus	Sprach-, Literaturlehrer *9

163

grandis	groß, großartig 43
grātia	Dank, Gunst, Ansehen 10
grātiam habēre	dankbar sein 10
grātiās agere	Dank sagen 22
grātulātiō	Freude, Glückwunsch, Dank *43
grātus	dankbar; lieb, willkommen, angenehm 10
gravis	schwer *(von Gewicht)* 30
gulōsus	gefräßig *39
habēre	haben, halten 6
cōnsilium habēre	eine Beratung abhalten, durchführen *37
grātiam habēre	dankbar sein 10
prō nihilō habērī	nicht gelten *32
ratiōnem habēre	eine Berechnung anstellen; Rücksicht nehmen 34
habitāre	wohnen, bewohnen 4
habitus	Beschaffenheit *20
haerēre	steckenbleiben, hängenbleiben, festsitzen 25
haud	nicht 44
hera	Frau *22
herba	Kraut, Gras 25
hercle	beim Herkules *27
herus	Herr *22
heus	hallo, he *32
hic, haec, hoc	dieser 27
hīc	hier 6
hinc	von hier 40
historia	Geschichtswerk *30
hodiē	heute 4
homo	Mensch 21
homo novus	Mann ohne adlige Ahnen, Emporkömmling *46
honestus	ehrenvoll 26
honor	Ehre, Amt 26
dēicere honōre	die Wahl verhindern *46
hōra	Stunde 1
horreum	Scheune *3
horridus	garstig, gräßlich 11
hortārī	ermuntern, ermutigen, ermahnen 45
hortus	Garten 5
hospes	Gast, Gastfreund 26
hospitium	Gastfreundschaft *7
hostia	Opfertier *37
hostis	Feind, Landesfeind 35
hūc	hierhin 18
hūmānitās	Menschlichkeit, Bildung 26
hūmānus	menschlich; gebildet 3
humāre	beerdigen *11

humus	Boden, Erde 18
humī	auf dem Boden 18
iacēre	liegen 18
iacere	werfen 38
iactāre	werfen 8
sē iactāre	sich rühmen *22
iam	schon, nun, jetzt 7
ibī	da, dort 1
ictus	Schlag, Hieb, Stoß *32
īdem, eadem, idem	derselbe 25
ideō	deswegen, darum, daher 39
idōneus	geeignet 47
i. e. (= id est)	d. h. (= das heißt) *34
igitur	also 11
ignāvus	träge, feige *5
ignis	Feuer 39
ignōrāre	nicht wissen, nicht kennen 10
ignōtus	unbekannt 27
ille, illa, illud	jener *22. 27
illīc	dort *6
illūc	dorthin 40
illūdere	verspotten, verhöhnen 22. 23
imber	Regen, Regenschauer *37
immigrāre	einwandern *19
imminēre	bevorstehen, drohen 8
immodicus	unmäßig, maßlos 46
immortālis	unsterblich 40
immōtus	unbewegt, unverändert *7
impedīre	hindern, verhindern 31
impellere	antreiben, bewegen, verleiten 26
imperāre	befehlen, herrschen 16
imperātor	Befehlshaber, Feldherr; Kaiser 20
imperium	Befehl, Herrschaft, Reich 1
impetrāre	durchsetzen, erlangen 16
impetus	Angriff; Schwung 20
impiger	nicht träge, fleißig *16
impius	gewissenlos, gottlos *14
implēre	anfüllen 7. 12
implōrāre	anflehen 29
impōnere	daraufstellen, -setzen, -legen 23
imprīmīs	vor allem, besonders *6
improbus	unredlich; dreist 41
in *b.* Akk.	in, an, auf, zu, nach 6
b. Abl.	in, an, auf 6
incendere	anzünden, entflammen 23
incendium	Brand, Feuersbrunst 24
incertus	unsicher, ungewiß 26
incidere	hineinfallen, hineingeraten *37

incīdere	einschneiden, einmeißeln *43	īnsānus	wahnsinnig, verrückt, rasend 27
incipere	anfangen, beginnen 37	īnsidiae	Hinterhalt, Falle 16
incitāre	antreiben, erregen 8	īnsignis	ausgezeichnet, außer-
inclīnāre	ins Wanken kommen, weichen *20		ordentlich 46
incola	Einwohner 6	īnstituere	einrichten, bestimmen; anfangen 38
incolumis	unversehrt 42	īnstitūtum	Einrichtung 33
incrēdibilis	unglaublich 35	īnstruere	aufstellen, einrichten;
inde	von dort; von da an, seitdem, dann; deshalb, darum 39		unterrichten 35
		īnstrūmentum	Gerät, Werkzeug 1
indicāre	zeigen, offenbaren *42	īnsula	Insel 1
indīcere	ansagen, verkünden *44	integer	unberührt, unversehrt 17
indigena	Ureinwohner *21	intellegere	einsehen, erkennen, ver-
indignātiō	Entrüstung, Verärgerung, Unwille *36		stehen 24
		inter b. Akk.	zwischen, unter, während 6
indignus	unwürdig 44	intercēdere	dazwischentreten; zwischen
indōtātus	ohne Mitgift *40		... bestehen *48
īnfectus	ungeschehen *38	intereā	inzwischen, unterdessen 12
īnferior	der untere; untergeordnet, geringer 38	interesse	teilnehmen 15
		interficere	töten 37
īnferre	hineintragen 40	interim	inzwischen, unterdessen 27
īnfestus	feindselig *47	interīre	untergehen 8
īnfirmitās	Schwäche, Unpäßlichkeit, Krankheit *30	intermittere	unterbrechen 32
		interpellāre	Einspruch erheben *38
ingeniōsus	erfinderisch, geschickt *17	interrogāre	fragen 4
ingenium	Anlage, Begabung, Geist 11	intervallum	Zwischenraum, Abstand 45
ingēns	ungeheuer, gewaltig 41	intrā b. Akk.	innerhalb 42
ingredī	hineingehen, betreten 47	intrāre	eintreten, betreten 4
inhūmānus	unmenschlich 32	intrō	nach drinnen; hinein *40
inicere	hineinwerfen 38	introīre	hineingehen *47
inimīcitia	Feindschaft 19	intuērī	auf ... schauen, anschauen 46
inimīcus	(persönlicher) Feind 10		
inīquus	uneben, ungleich; unge- recht; ungünstig 45	intus	drinnen *40
		invādere	einfallen in, angreifen *24
inīre	hineingehen, betreten; anfangen 17	invenīre	finden, entdecken 31
		invictus	unbesiegt, unbesiegbar 46
cōnsilium in- īre	einen Plan fassen, einen Entschluß fassen 33	invidēre	neiden, beneiden 44
		invidia	Neid, Mißgunst 11
honōrem in- īre	ein Amt antreten 38	invītāre	einladen 13
		invītus	nicht wollend, unwillig 38
initium	Anfang 48	invius	unwegsam *21
iniūria	Unrecht, Ungerechtigkeit 10	iocus	Scherz 8
		ipse, ipsa, ipsum	selbst 25
iniūstus	ungerecht 20		
innocentia	Rechtschaffenheit *46	īra	Zorn 13
innuptus	unvermählt *25	īrātus	zornig 8
inopia	Mangel 6	īre	gehen 5. 12
inquīrere	untersuchen, nachforschen *33	irrīdēre	verlachen, verspotten *36
		irrītāre	reizen, erregen *26
inquit (in die Rede einge- schoben)	(er, sie, es) sagt, sagte 8	irrumpere	einbrechen, eindringen *35
		is, ea, id	er, sie, es; dieser, diese, dieses; der, die, das 24
īnsānia	Wahnsinn, Raserei 27	iste, ista, istud	dieser da 40
īnsānīre	verrückt sein *31	ita	so, auf diese Weise 31

itaque	daher *3*	lēnis	mild, sanft *30*
item	ebenso *34*	leō	Löwe **32*
iter	Weg, Marsch, Reise *23*	lepidus	nett; witzig, geistreich **33*
iterum	wieder(um), zum zweiten Mal *11*	levis	leicht *(von Gewicht) 32*
iubēre	beauftragen, befehlen *34*	lēx	Gesetz *20*
iūbilaeum	Jubiläum **1*	lēx agrāria	Ackergesetz **38*
iūcundus	angenehm, erfreulich *4*	lībāre	das Trankopfer spenden **37*
iūdex	Richter *33*	libellus	(kleines) Buch **22*
iūdicāre	richten, urteilen, meinen; halten für *26*	libenter	gern *10*
		liber	Buch *16*
iugum	Joch *44*	līber	frei *9*
iungere	verbinden *23*	līberī	Kinder *9*
iūnior	jünger *42*	līberāre	befreien *13*
iūrāre	schwören *9*	lībertās	Freiheit *35*
iūs	Recht *20*	lībertus	Freigelassener **9*
iussū	auf Befehl **12*	licet	es ist erlaubt *4*
iūstitia	Gerechtigkeit **7*	līctor	Liktor, Amtsdiener *38*
iūstus	gerecht *3*	ligneus	hölzern **24*
iuvāre	unterstützen *24*	lingua	Zunge, Sprache *1*
iuvat	es erfreut, hilft, nützt **27*	littera	Buchstabe *16*
iuvenis	junger Mann *20*	litterae	Brief, Literatur, Wissenschaft(en) *16*
iuventūs	Jugend, Jugendzeit *43*		
		lītus	Strand *36*
		locuplēs	reich **42*
labāre	wanken, schwanken **42*	locus	Ort, Platz, Stelle *19*
labor	Arbeit, Mühe *23*	loca, *pl.*	Orte; Gegend *43*
labōrāre	arbeiten, sich abmühen, sich anstrengen *4*	longitūdo	Länge, Weite **28*
		longus	lang, weit *25*
lac	Milch **30*	loquī	sprechen *48*
lacerāre	zerreißen, zerfleischen **41*	lūcēre	leuchten **31*
lacessere	reizen **45*	lucrum	Gewinn, Profit **8*
lacrima	Träne **11*	lūcus	Hain **19*
lacrimāre	weinen **33*	lūdere	spielen *22. 23*
lacus	See **20*	lūdus	Spiel, Schule *9*
laedere	verletzen *35*	lūdus litterārius	Grundschule **9*
laetārī	sich freuen *45*		
laetitia	Freude, Fröhlichkeit *43*	lūdōs dare	Spiele veranstalten **15*
laetus	fröhlich, freudig *12*	lupus	Wolf **21*
lapis	Stein **48*	lūstrāre	1. durchwandern, durchstreifen **25*
laqueus	Strick, Schlinge **17*		2. reinigen, sühnen, entsühnen **37*
largītiō	Schenkung, Spende *38*		
lātitūdo	Breite *28*	lūstrum	Sühnopfer **46*
lātus	breit *25*	lūx	Licht *23*
latus	Seite, Flanke *31*	luxuria	Genußsucht *46*
laudāre	loben *5*		
laurus	Lorbeer **25*		
laus	Lob *34*	magis	mehr *13*
lavāre	waschen *15. 24*	magister	Lehrer *9*
laxāmentum	Erholung, Entspannung **32*	magister equitum	Magister equitum, Amtsgehilfe des Diktators *42*
lēgātus	Gesandter, Unterfeldherr *13*		
legere	sammeln, lesen *30*	magistrātus	Amt, Beamter *38*
legiō	Legion *35*	magnificentia	Pracht, Herrlichkeit **15*
lēnīre	besänftigen, mildern, lindern *41*	magnificus	großartig, prächtig *12*
		magnitūdo	Größe *36*

animī magni- tūdo	Selbstvertrauen *36		merīdiānus	zur Mittagszeit *32
			merīdiēs	Mittag *32
magnus	groß 2		metallum	Metall *1
maior	größer 26		metuere	fürchten, sich fürchten 38
maior	älter; *Plur.:* Vorfahren 44		metus	Furcht 16
malĕ *(Adv.)*	schlecht, schlimm 16		meus	mein 3
maledīcere	verwünschen, verfluchen, beschimpfen *27		mihī	mir 8
			mīles	Soldat 22
maledictum	Schmähwort, Beschimp- fung *13		mīlitāre	Kriegsdienst leisten *42
			mīlitāris	militärisch, Kriegs- 46
mālle	lieber wollen 39		mīlle	tausend 22
malum	Übel, Unheil 12		minae	Drohungen *36
malus	schlecht 9		minārī	drohen 46
mandāre	übergeben, anvertrauen 8		minimē *(Adv.)*	am wenigsten; ganz und gar nicht 26
mandātum	Auftrag 12			
māne	am Morgen 17		minimus	der kleinste, sehr klein 26
manēre	bleiben 6. 24		minister	Diener *23
manifestus	handgreiflich *23		minor	kleiner 26
mānsuētūdo	Milde *43		minuere	vermindern, verringern 41
manus	Hand; Schar 15		minus *(Adv.)*	weniger 47
mare	Meer 28		mīrārī	sich wundern, bewundern 45
marītus	Gatte *12			
māter	Mutter *18. 22		mīrus	wunderbar, erstaunlich 17
māteria	Bauholz, Material 9		miscēre	mischen, vermischen 21
mātrimōnium	Ehe *18		miser	elend, unglücklich, arm 12
mātrōna	verheiratete Frau *33		miserērī	sich erbarmen *45
mātūrus	reif, rechtzeitig 21		misericordia	Mitleid 29
maximus	der größte, sehr groß 2		mītis	sanft, freundlich *34
maximē	am meisten, ganz und gar, besonders 32		mittere	schicken 22. 23
				auch: laufenlassen *41
mē *(Akk.)*	mich 10		modestia	Bescheidenheit *30
mēcum	mit mir 10		modicus	mäßig, maßvoll 16
medicāmentum	Medikament, Heilmittel *4		modo	eben; nur 23
medicīna	Medizin, Heilkunst *1		modo …, mo- do	bald …, bald 23
medicus	Arzt *4			
medius	der mittlere 19		modus	Maß; Art, Weise 14
ē mediō tollere	beiseite schaffen, aus dem Wege räumen 44		moenia	Stadtmauer 28
			molestus	lästig, beschwerlich 16
melior	besser 26		mollis	mild, weich 30
membrum	Glied *29		monēre	ermahnen, erinnern 9
meminisse	sich erinnern, gedenken 27		monitum	Ermahnung *23
mementō, me- mentōte	*Imp. zu* meminisse *33		mōns	Berg 29
			mōnstrāre	zeigen 40
memorābilis	erwähnenswert, denk- würdig *36		mōnstrum	Ungeheuer 11
			monumentum	Denkmal 43
memorāre	in Erinnerung rufen, er- wähnen 39		mora	Aufschub, Verzögerung 17
			morārī	sich aufhalten, aufhalten 45
memoria	Gedächtnis, Erinnerung 16		morbus	Krankheit 5
mendācium	Lüge *33		morī	sterben 46
mēns	Verstand, Geist, Gemüt 29		mors	Tod 29
mentiō	Erwähnung *42		mortālis	sterblich 40
merēre	verdienen 32		mortuus	tot 11
merērī	verdienen 45		mōs	Sitte 20
dē patriā bene merērī	sich um das Vaterland ver- dient machen 45		mōtus	Bewegung, Erregung; Auf- stand 19

mōtus terrae	Erdbeben *19	nefārius	frevelhaft, gottlos 14
movēre	bewegen 9. 12	negāre	verneinen; abschlagen, verweigern 13
senātū mo-vēre	aus dem Senat stoßen *46	neglegere	vernachlässigen, sich nicht kümmern um 35
mox	bald 7	negōtium	Geschäft, Beschäftigung; Auftrag 6
mulier	Frau 20		
multāre	bestrafen *44	nēmo	niemand, keiner 24
multī	viele 4	nepōs	Enkel *26
multus	viel, zahlreich 17	neque, nec	und nicht, auch nicht 16
multitūdo	Menge 24	neque ...	weder ... noch 11
mūlus	Maultier *39	neque	
mundus	Welt *38	neque enim	denn nicht 16
mūnīmentum	Schutzmittel, Schutz *32	neque tamen	jedoch nicht 45
mūnīre	befestigen, anlegen 31	neque vērō	aber nicht 12
mūnītiō	Befestigung, Befestigungs-anlage 34	nescīre	nicht wissen, nicht verste-hen 31
mūnus	Aufgabe, Pflicht; Amt; Geschenk 22		*auch:* nicht können *46
mūrēna	Muräne *41	niger	schwarz 39
mūrus	Mauer 2	nihil, nīl	nichts 15
mūtāre	ändern, verändern, wech-seln 19	nimis	zu sehr 11
		nimium *(Adv.)*	zu sehr; sehr 42
mūtātiō	Veränderung, Wandel *47	nimius	zu groß 22
mūtuus	gegenseitig *21	nisi	wenn nicht 18
		nītī	sich stützen; sich anstren-gen; streben nach 46
nam	denn, nämlich 4	nōbilis	berühmt, adlig, vortrefflich 36
narrāre	erzählen 5		
nāscī	geboren werden, entstehen 46	nōbilitās	Berühmtheit; Adel, Adlige 46
		nōbīs *(Dat.)*	uns 8
nāsus	Nase *1	nōbīs	*Abl. zu* nōs 13
natāre	schwimmen *8	nocēre	schaden 9
nātiō	Völkerschaft 21	noctū	bei Nacht, nachts 17
nātūra	Natur 1	nōlle	nicht wollen 39
nātus	geboren 9	nōmen	Name 21
nauta	Seemann 6	nōmināre	nennen 7
nāvigāre	segeln *6	nōminātim	namentlich *34
nāvigium	Schiff *8	*(Adv.)*	
nāvis	Schiff 36	nōn	nicht 3
-ne *(angehängt)*	*leitet eine Satzfrage ein 4*	nōn iam	nicht mehr 5
-ne ..., an ...	..., oder ... 27	nōn modo ..., sed etiam ...	nicht nur ..., sondern auch ... 9
-ne ... an ...	*in abh. Fragen:* ob ... oder ... 42	nōndum	noch nicht 7
nē *b. Konj.*	1. nicht *(bei Wünschen und Aufforderungen)* 16	nōnne	*zur Einleitung eines Frage-satzes:* nicht 40
	2. daß nicht; damit nicht 16	nōnnūllī	einige 5
nē ... quidem	nicht einmal 42	nōnnumquam	manchmal, bisweilen 16
nebula	Nebel *1	nōs *(Nom.)*	wir *(betont)* 18
nec	s. neque	nōs *(Akk.)*	uns 11
necāre	töten 11	nōscere	kennenlernen, erkennen 23
necessārius	notwendig 15	noster	unser 10
necesse est	es ist notwendig 6	nota	Zeichen, Kennzeichen *22
necessitās	Notwendigkeit, Notlage 42	nōtus	bekannt 2
necessitūdo	Notwendigkeit; enge Ver-bindung, Freundschaft *48	novem	neun 10
		novus	neu 2

homo novus	Mann ohne adlige Ahnen, Emporkömmling *46	octō	acht 28
		oculus	Auge 7
novissimī	die Soldaten in der hinteren Reihe; die Nachhut *35	ōdisse	hassen 27
		odium	Haß 10
nox	Nacht 29	offerre	anbieten; zufügen 40
nūbere	heiraten *(von der Frau)* *39	officium	Dienstleistung, Pflicht 41
nūdāre	entblößen *35	ōlim	einst, einmal 10
nūllus	kein(er) 16	olīva	Olive, Ölbaum *19
num	*zur Einleitung eines Fragesatzes:* etwa 40	ōmen	Vorzeichen, Vorbedeutung *21
nūmen	göttlicher Wille, göttliche Macht, Gottheit 25	omittere	ziehenlassen, aufgeben 45
		omnis	jeder, ganz; *Plur.:* alle 30
numerus	Zahl, Anzahl 1	omnīnō *(Adv.)*	im ganzen, ganz und gar, überhaupt 37
nummus	Münze *27		
numquam	niemals, nie 10	onerāre	beladen *18
nunc	nun, jetzt 10	onus	Last 28
nūntiāre	melden, verkünden, mitteilen 18	opīniō	Meinung, Vermutung, Erwartung 32
nūntius	Bote; Botschaft, Nachricht 16	oportēre, oportet	nötig sein, sich gehören 37
nūper	neulich 30	oppidum	Stadt 3
nupta	verheiratet *(von der Frau gesagt)* *33	opprimere	unterdrücken, bedrängen, überfallen 36
		opprobrium	Beschimpfung *22
		oppūgnāre	angreifen, bestürmen 13
ō	o, ach 11	(ops), opis	Macht, Hilfe; *Plur.:* Macht, Machtmittel, Reichtum 20
ob *b. Akk.*	wegen 24		
obdūrāre	ausharren, aushalten *40	opsōnāre	zum Essen einkaufen *27
obicere	entgegenwerfen, vorwerfen 41	optāre	wünschen 14
		optimātēs, *pl.*	Optimaten, Senatspartei 38
obligāre	verbinden, verpflichten *34	optimus	der beste, sehr gut 13
oblīvīscī	vergessen 46	opulentus	reich, mächtig *15
obnūntiāre	aufgrund ungünstiger Vorzeichen Einspruch erheben *38	opus	Arbeit, Werk; Kunst 35
		opus est	es ist nötig 40
		ōra	Küste 7
oboedīre	gehorchen 31	ōrāculum	Orakel 1
obsecrāre	beschwören, anflehen *12	ōrāre	bitten, beten 8
observāre	beobachten, beachten *6	causam ōrāre	in einem Prozeß eine Rede halten *46
obses	Geisel 48		
testimōnium obsignāre	in aller Form bestätigen *38	ōrātiō	Rede 30
		orbis	Kreis 47
obstāre	widerstehen *8	ordo	Ordnung, Reihe, Stand 38
obtemperāre	gehorchen *16	orīgo	Ursprung, Herkunft 21
obterere	zertreten *39	orīrī	entstehen 46
obtinēre	festhalten, innehaben, behaupten 10. 12	ornāmentum	Schmuck 15
		ornāre	schmücken 6
obviam	entgegen 29	ōs	Mund, Gesicht 23
obvius	entgegenkommend *42	ōsculum	Kuß *25
occāsiō	Gelegenheit 40	ostendere	entgegenstrecken, zeigen 40
occīdere	niederhauen, töten 32	ōstium	Haustür, Eingang *31
occultāre	verstecken 12	ōtiōsus	müßig, untätig *8
occultus	verborgen, heimlich 17	ōtium	Muße, Ruhe, Friede 7
occupāre	einnehmen, besetzen 13	ovis	Schaf *37
occupātus	beschäftigt 35		
occurrere	entgegeneilen, begegnen 35		

pācāre	befrieden, unterwerfen *28	perdere	zugrunde richten, verderben 27
paene	fast, beinahe 35		
paenitet	es reut 22	tempus perdere	Zeit vergeuden *44
palla	Umwurf *33		
pālus	Pfahl *17	perdūcere	hinführen; (einen Wall) anlegen *34
palūs	Sumpf *21		
pār	gleich, gleichgroß; angemessen 42	perferre	hinbringen; ertragen 40
		perficere	vollenden, ausführen 43
parāre	bereiten; verschaffen 5	perfidus	treulos, verräterisch *48
parāre m. Inf.	sich anschicken, vorhaben, beabsichtigen 10	pergere	aufbrechen, weiterziehen; fortfahren 44
parātus	bereit *14	perīclum	= perīculum *38
pārēre	gehorchen 8	perīculōsus	gefährlich 5
paries	Wand, Mauer *33	perīculum	Gefahr 7
pars	Teil, Seite 31	perīre	zugrunde gehen 8
partim	zum Teil, teils 24	perītus	kundig, erfahren 46
parum	zu wenig 32	permittere	überlassen, erlauben 39
parvus	klein 2	perniciēs	Verderben 14
pascha	Ostern *31	perpellere	dazu bringen *44
passim	überall *4	perpetuus	ununterbrochen 16
passus	Schritt, Doppelschritt; als Längenmaß: 1,50 m 34	in perpetuum	für immer 16
		perscrībere	genau niederschreiben, protokollieren *43
pāstor	Hirt 25		
pater	Vater *10. 22	perscrūtāre	durchsuchen *40
patrēs, pl.	Senatoren; Patrizier 33	persōna	Maske, Rolle; Mensch 41
patēre	offenstehen, sich erstrecken 4	personāre	widerhallen, laut erschallen *29
paternus	väterlich, vom Vater herrührend *10	persuādēre	überreden, überzeugen 24
		perterrēre	sehr erschrecken (trans.) 44
patī	leiden, dulden; zulassen 46	perturbāre	verwirren 29
patria	Vaterland, Vaterstadt 6	pervenīre	hinkommen, gelangen 31
patricius	Patrizier 46	pēs	Fuß; als Längenmaß: 29,6 cm 25
paucī	wenige 12		
paulum (Adv.)	ein wenig 16	pessimus	der schlechteste, sehr schlecht 26
pauper	arm 30		
pavor	Angst *42	petere	erstreben; erbitten; aufsuchen, nach … gehen; angreifen; um … werben 22. 23
pāx	Friede 26		
peccāre	sündigen *46		
pectus	Brust 29	philosophia	Philosophie *9
pecūnia	Geld 36	piger	faul, träge 9
pecus	Vieh; Kleinvieh, Schaf 25	pigritia	Faulheit, Trägheit 39
pedes	Fußsoldat 20	pīrāta	Pirat, Seeräuber *24
peior	schlechter 26	piscīna	Fischteich *41
pellere	treiben, vertreiben 35	pius	fromm, gut und treu *10
pellis	Fell, Haut *29	plācāre	beruhigen, besänftigen; versöhnen 13
pendere	abwiegen, bezahlen *26		
pendēre	hängen 40	placēre	gefallen 8
penna	Feder *11	plānitiēs	Ebene 19
per b. Akk.	durch 5	plēnus	voll 3
per deōs	bei den Göttern *10	plēbēius	Plebejer 46
per sē	von sich aus; allein *35	plēbs	Plebs, einfaches Volk 38
peragere	durchführen, vollenden 23	plērīque	die meisten 9
		plūrēs	mehr, mehrere 36
peragrāre	durchziehen, durchwandern 29	plūrimī	die meisten, sehr viele 36
		plūrimum	am meisten, sehr viel 30

plūs	mehr; *bei Zahlen auch:* mehr als 20	praedium	Landgut, Gut *30
pōculum	Becher 18	praeesse	an der Spitze stehen, leiten, führen 8
poena	Strafe 18	praemittere	vorausschicken 47
poenās dare	büßen, bestraft werden 18	praemium	Belohnung 1
poēta	Dichter *9	praesēns	anwesend, gegenwärtig 47
pollicērī	anbieten, versprechen 48	praesidium	Schutz, Hilfe; Besatzung, Posten 14
pondus	Gewicht 28		
pōnere	stellen, setzen, legen 23	praestāns	vortrefflich, ausgezeichnet 44
pōns	Brücke 34	praestāre	übertreffen 18. 24
pontifex	Pontifex *44	praestāre, praestat	besser sein 37
pontifex maximus	Oberpontifex *44		
		praeter *b. Akk.*	an ... vorbei, außer 19
populārī	verwüsten *45	praetereā	außerdem 13
populus	Volk 1	praeterīre	vorübergehen, vorbeigehen, vorbeikommen 5
porcus	Schwein *27		
porrigere	hinreichen, entgegenstrecken *47	praetermittere	vorübergehen lassen, ungenutzt lassen; unterlassen 35
porta	Tor, Tür 1	praetexere	vorn anweben, vorn ansetzen *33
portāre	tragen 8		
porticus	Säulenhalle *15	praetexta	die mit Purpurstreifen verzierte Toga *33
portus	Hafen 15		
poscere	fordern 22. 23	praetextātus	mit der Praetexta bekleidet *33
posse	können 14		
possessiō	Besitz, Besitzung *48	praetor	Prätor; Feldherr 24
possidēre	besitzen 17	praetōrium	Feldherrnzelt *47
post *(Adv.)*	später 20	premere	drücken, bedrängen 36
post *b. Akk.*	hinter, nach 7	pretium	Preis; Lösegeld 27
posteā	danach, später, nachher 14	prīdem	längst *14
posterus	später, folgend; *Plur.:* Nachkommen 13	prīmō	zuerst, anfangs 7
		prīmum	zuerst, zunächst; zum ersten Mal 6
posterior	der spätere, folgende *34		
posthāc	von nun an, in Zukunft *33	prīmus	der erste 14
postquam	nachdem 28	prīnceps	der erste, bedeutendste, angesehenste 34
postrēmō	schließlich, zuletzt 12		
postrīdiē	am folgenden Tage 13	prīncipium	Anfang 8
postulāre	fordern 10 *auch:* vor Gericht fordern *38	prior	der erste; frühere 34
		prīscus	alt, ehrwürdig 44
		prīstinus	früher, ehemalig *35
postulātum	Forderung *48	prius	eher, früher, zuvor 27
pōtāre	trinken *18	prius ..., quam	eher ..., als; bevor 27
potentia	Macht 14	priusquam	bevor 28
potestās	Macht, Gewalt; Möglichkeit 33	prīvātus	privat 9
		prō *b. Abl.*	vor, für 14
potius *(Adv.)*	lieber, eher 16	proavus	Urgroßvater, Ahnherr *7
prae *b. Abl.*	vor 31	probāre	prüfen, billigen 18
praebēre	darbieten, gewähren 32	probus	rechtschaffen, tüchtig 40
praeceptum	Vorschrift, Lehre 33	prōcēdere	vorwärtsschreiten, vorrücken 35
praecipere	vorschreiben, befehlen 39		
praecipitāre	stürzen *11	procella	Sturm, Unwetter *8
praeclārus	hochberühmt, glänzend, herrlich 19	prōcōnsul	Prokonsul, Statthalter 36
		procul	weit, von weitem 16
praecurrere	vorauslaufen *40	prōcūrātor	Verwalter *20
praeda	Beute 10	prōdesse	nützen 14
praeditus	mit ... versehen *43	prōdīre	vortreten *33

prōdūcere	vorführen *31*	putāre	glauben, meinen; halten
proeliārī	kämpfen **45*		für *8; 21*
proelium	Kampf, Schlacht *20*	puteus	Brunnen **39*
profectō	sicherlich, wirklich *8*		
prōferre	vorwärtstragen, hervor-		
	holen; vorstrecken *40*	quadrāgintā	vierzig *20*
proficīscī	aufbrechen, ziehen *47*	quaerere	suchen; fragen *26*
profūsus	verschwenderisch **24*	quaestiō	Untersuchung **31*
prōgredī	vorwärtsschreiten *47*	quālis	wie beschaffen, was für
prohibēre	fernhalten, hindern; schüt-		ein *41*
	zen *11*	quam	1. *im Vergleich:* wie, als *24*
prōmiscuus	vermischt, ohne Unter-		2. *im Ausruf:* wie, wie
	schied **42*		sehr *25*
prōmissum	Versprechen, Verheißung **7*	quam *b. Superl.*	möglichst *b. Positiv 34*
prōmissus	versprochen, verheißen **7*	quam ob rem	deswegen **11*
prōmittere	versprechen *27*	quamdiū?	wie lange? **9*
prōmulgāre	(einen Gesetzesvorschlag)	quamquam	obwohl, obschon, obgleich
	veröffentlichen **38*		*14*
prōnūntiāre	vortragen; ankündigen **30*	quandō	1. wann? *14*
prope *(Adv.)*	fast, beinahe *25*		2. wenn *27*
prope *b. Akk.*	nahe bei, in der Nähe von		3. weil *27*
	10	quantum	wieviel *30*
properāre	eilen *12*	quantus	wie groß *24*
propinquus	nahe, benachbart, ver-	quārē?	wodurch? warum? *32*
	wandt; *Subst.:* Nachbar,	quārtus	der vierte *26*
	Verwandter *12*	quaterniō	Abteilung von vier Mann
propitius	gnädig **8*		**31*
propius *(Adv.)*	näher **22*	quattuor	vier *9*
prōpōnere	öffentlich aufstellen, be-	-que	und *3*
	kanntmachen, in Aussicht	*(angehängt)*	
	stellen *35*	quemadmo-	auf welche Weise, wie *41*
vexillum prō-	die Fahne (auf dem Feld-	dum	
pōnere	herrnzelt) aufstecken **35*	quī, quae, quod	der, die, das; welcher, wel-
proprius	eigen, eigentümlich *21*		che, welches; wer, was *19*
propter *b. Akk.*	wegen *35*	quī? quae?	welcher? welche? welches?
prosper	glücklich, günstig **26*	quod?	was für ein? was für eine?
prōverbium	Ausspruch, Sprichwort **4*		was für ein? *19*
prōvidēre	vorhersehen; sorgen für *17*	quī, qua, quod	(irgend)ein *48*
prōvincia	Provinz *1*	quia	da, weil *32*
prōvolāre	hervorstürzen **13*	quia *(mittellat.)*	daß **39*
proximus	der nächste, sehr nahe *21*	quīcumque	wer auch immer; jeder,
prūdēns	klug *30*		der *46*
prūdentia	Klugheit *16*	quid?	warum? wozu? *28*
pūblicāre	veröffentlichen **38*	quīdam *(subst.)*	ein gewisser, jemand;
pūblicus	öffentlich, allgemein *6*		*Plur.:* einige *38*
pudet	es verursacht Scham *22*	quīdam *(adj.)*	ein gewisser, ein;
puella	Mädchen *9*		*Plur.:* einige *39*
puer	Junge *9*	quidem	jedenfalls, wenigstens,
pūgna	Kampf, Schlacht *24*	*(nachgestellt)*	zwar *11*
pūgnāre	kämpfen *13*	nē … quidem	nicht einmal *42*
pulcher	schön *9*	quiēscere	zur Ruhe kommen, sich
pulchritūdo	Schönheit *25*		ausruhen *32*
pullus	dunkel **47*	quīn?	warum nicht? *40*
pulsāre	klopfen **31*	quīndecim	fünfzehn **28*
pūnīre	bestrafen *39*	quīnque	fünf *9*

quīntus	der fünfte *19*	reditus	Rückkehr *15*
quis? quid?	wer? was? *3*	referre	zurückbringen; melden,
quis, quid	jemand, etwas *32*		berichten *40*
quisquam,	jemand, etwas *(in vernein-*	regere	lenken, leiten, beherrschen
quicquam	*ten Sätzen)* *40*		*22. 23*
quisque, quid-	jeder *35*	rēgia	Königspalast *12*
que		rēgīna	Königin **7*
quisquis	wer auch immer *27*	regiō	Gegend, Richtung *21*
quō?	wohin? *6*	rēgius	königlich *18*
quō *b. Komp.*	um wieviel, je *30*	rēgnāre	herrschen **11*
quō ..., eō	je ..., desto *30*	rēgnum	Königsherrschaft, Allein-
quoad	(so lange,) bis; solange *38*		herrschaft; Königreich *6*
quod	1. da, weil *14*	reicere	zurückwerfen *48*
	2. daß *31*	religiō	Scheu, Gottesfurcht,
quodsī	wenn nun, selbst wenn **30*		Frömmigkeit, Gewissen-
quōmodo?	auf welche Weise? wie? *39*		haftigkeit *29*
quondam	einst, einmal *43*	religiōsus	fromm, gottesfürchtig,
quoniam	da ja, weil *38*		gewissenhaft *19*
quoque	auch *10*	relinquere	zurücklassen, verlassen *23*
(nachgestellt)		reliquiae	Überreste **15*
quōquō modō	wie auch immer *40*	reliquus	übrig *34*
quot?	wie viele? *21*	remedium	Heilmittel *41*
quotannīs	alljährlich, jedes Jahr *20*	remissiō	Nachlassen, Entspannung
			*41
		remittere	zurückschicken *23*
radius	Strahl **11*	repellere	zurücktreiben, abwehren
rādīx	Wurzel **25*		**28*
rāmus	Zweig **19*	reperīre	finden *34*
rapere	an sich raffen, fortreißen,	repōnere	zurückstellen, hinstellen
	rauben; mit Gewalt fort-		**43*
	schleppen *37*	reportāre	zurückbringen, zurück-
raptāre	rauben **13*		schaffen **43*
ratiō	Berechnung, Rechenschaft;	reprehendere	zurechtweisen, tadeln *41*
	Art und Weise; Vernunft *34*	reprimere	zurückdrängen *46*
ratiōnem ha-	eine Berechnung anstellen;	requīrere	fragen, sich erkundigen *42*
bēre	Rücksicht nehmen *34*	rērī	berechnen; glauben *45*
recēdere	zurückweichen, sich ent-	rēs	Ding, Sache, Angelegenheit
	fernen, abweichen **35*		*14*
recēns	neu, frisch *30*	mihī rēs est	ich habe zu tun mit ... **16*
recipere	aufnehmen *39*	cum ...	
sē recipere	sich zurückziehen *45*	rēs adversae	Unglück *14*
recitāre	vorlesen, verlesen *42*	rēs asperae	Schwierigkeiten *14*
recreāre	erfrischen, stärken **16*	rēs dīvīnae	Gottesdienst **19*
rēctus	richtig, gerade *26*	rēs novae	Neuerungen, Umsturz,
reddere	zurückgeben; machen *30*		Revolution *14*
sanguinem	Blut spucken **30*	rēs pūblica	Staat *14*
reddere		rēs secundae	Glück *14*
redigere	zurücktreiben, (in einen	rem pūblicam	die politische Verantwor-
	Zustand) bringen **36*	sustinēre	tung auf sich nehmen *44*
in suam pote-	in seine Gewalt bringen **36*	resistere	widerstehen, Widerstand
stātem redige-			leisten, standhalten *24*
re		respondēre	antworten *4. 24*
redimere	zurückkaufen, loskaufen	respōnsum	Antwort **26*
	*36	restituere	wiederherstellen; zurück-
redīre	zurückkehren *13*		führen, zurückgeben *35*

retinēre	zurückhalten, festhalten 11. 12	sē *(Akk.)*	sich 6
reus	Angeklagter 20	per sē	von sich aus; allein *35
reverentia	Achtung, Ehrfurcht *13	sē	*Abl. des Refl.-Pron.* 31
revertī	zurückkehren 46	sēcrētum	Geheimnisvolles, Geheimnis *33
revocāre	zurückrufen, zurückholen 19	secundus	1. günstig 14
rēx	König 20		2. der zweite 15
rīdēre	lachen, verlachen 39	sed	aber, sondern 6
rigidus	starr, unbeugsam *46	sēdāre	zur Ruhe bringen *8
rīpa	Ufer 25	sedēre	sitzen 25
rogāre	fragen; erbitten, bitten um 13	sēdēs	Sitz, Wohnsitz 21
		seges	Saatfeld, Saat *37
rogus	Scheiterhaufen *26	sēgnis	säumig, lässig, träge *45
rota	Rad *23	semper	immer 3
ruere	stürzen *(intrans.)* 29	sempiternus	immerwährend, beständig *3
ruīna	Einsturz; *Plur.:* Trümmer 14		
rūmor	Gerücht, Gerede 39	senātor	Senator 33
rumpere	brechen, zerbrechen *(trans.)* 32	senātus	Senat 15
		senex	alter Mann, Greis 34
		sententia	Meinung 21
rūrsus	wieder 30	sentīre	fühlen, empfinden; meinen 38
rūsticus	ländlich, Land- *3		
		sēparāre	absondern, trennen *5
		sēparātim *(Adv.)*	getrennt, gesondert *34
sacer	heilig 19		
sacrificāre	opfern *10	septem	sieben 9
sacrum	Opfer, Opferhandlung 37	septentriō	Siebengestirn, Norden *21
saeculum	Jahrhundert 7	septimus	der siebte 20
saepe	oft 5	sequī	folgen 46
saevus	wütend, rasend, grimmig 8	sermō	Gespräch, Unterhaltung 27
saltem	wenigstens *23	sērō	spät, zu spät 21
saltus	Waldgebirge *21	serva	Sklavin 3
salūber	gesund, heilsam 30	servāre	bewahren, retten, erhalten 10
salūs	Gesundheit, Wohl, Heil, Rettung 20	servīre	dienen 33
salūtāre	grüßen 4	servitūs	Sklaverei, Knechtschaft 44
salvē	sei gegrüßt *8	servus	Sklave 3
sānāre	heilen 4	sēsē	= sē 44
sānctus	heilig, unverletzlich; gewissenhaft 43	seu	= sīve 47
		sevērus	ernst, streng 14
sanguis	Blut 30	sex	sechs 9
sānitās	Gesundheit, Vernunft *48	sextus	der sechste 26
sānus	gesund, vernünftig 27	sī	wenn 18
sapiēns	weise 40	sibī *(Dat.)*	sich 11
sapientia	Weisheit 26	sīc	so 6
sat	= satis *39	sīcut	wie 10
satis *(Adv.)*	genug, recht 16	signum	Zeichen, Feldzeichen; Statue 13
saxum	Stein, Felsblock 28		
scelus	Verbrechen 27	silentium	Schweigen, Stille 33
scēptrum	Zepter *37	silva	Wald 12
schola	Schule 1	similis	ähnlich 32
scientia	Wissen, Kenntnis 1	sīmius	Affe *8
scīre	wissen, verstehen 31	simul *(Adv.)*	zugleich 29
scrībere	schreiben 30	simulāre	vorspiegeln, vortäuschen 18
scūtum	Schild *32	simulācrum	Bild, Götterbild 19

simulātiō	Vorspiegelung, Vortäuschung 41	studēre	sich bemühen 9
		studium	Eifer, Beschäftigung, Studium, Bemühen 1
sīn (autem)	wenn aber 24		
sincērus	rein, unvermischt *21	stultitia	Torheit, Dummheit *35
sine b. Abl.	ohne 11	stultus	töricht, dumm 26
sinere	lassen, zulassen 23	suādēre	raten, empfehlen 24
singulāris	einzeln, einzigartig 30	sub b. Akk.	unter; unmittelbar vor 18
singulī	einzeln, je einer 19	b. Abl.	unter; während 18
sinister	link(s) 35	subicere	unterwerfen; darunter legen 43
sinus	Krümmung, Bucht *15		
situs	gelegen 9	subigere	unterwerfen, bezwingen 46
sīve … sīve	sei es daß … oder daß; sei es … oder 27	subīre	auf sich nehmen 8
		subitō (Adv.)	plötzlich 8
socer	Schwiegervater *44	submittere	herunterlassen, niederlassen *47
societās	Bündnis 43		
socius	Gefährte, Kamerad; Bundesgenosse 7	submovēre	entfernen; befehlen, Platz zu machen *42
sōl	Sonne 22	subsidium	Verstärkung, Hilfe; Reserve 35
sōlārium	Söller, Balkon *39		
solēre	gewohnt sein, pflegen 17. 45	sūmere	nehmen 33
solitus	gewohnt *23	supplicium dē captīvīs sūmere	an den Gefangenen die Hinrichtung vollziehen *36
sollicitāre	beunruhigen, aufregen 33		
sōlum	nur 14		
sōlus	allein 25	summa	höchste Stelle, Höhepunkt; Summe 20
solvere	lösen; bezahlen 44		
mōrem solvere	eine Sitte aufheben 44	summus	der oberste, höchste 7
soror	Schwester 22	sūmptus	Aufwand, Kosten 40
sors	Los, Schicksal 40	sunt	(sie) sind 3
spargere	ausstreuen, zerstreuen *29	suovetaurīlia, pl.	Reinigungsopfer *37
spatium	Raum, Strecke; Zeitraum 23		
speciēs	Aussehen, Gestalt, Erscheinung; Schein 42	super b. Akk.	über, oben auf 39
		superāre	überwinden, besiegen, übertreffen 7
spectāculum	Schauspiel *32		
spectāre	schauen, anschauen 18	superbia	Hochmut, Stolz 13
spērāre	hoffen, erhoffen 11	superbus	hochmütig, stolz 20
spernere	verschmähen, zurückweisen 25	superesse	übrig sein 34
		superior	höher; der obere; frühere 35
spēs	Hoffnung 16	supplicātiō	Dankfest *28
splendēre	glänzen *4	supplicium	Buße, Todesstrafe 11
spolia, pl.	die erbeutete Rüstung *42	suprēmus	der höchste *20
meā (tuā, suā) sponte	von selbst, aus eigenem Antrieb; absichtlich 29	surdus	taub *41
		surgere	aufstehen, sich erheben 31
stabulum	Stall *5	sūs	Schwein *37
stadium	Stadion *19	suscipere	unternehmen, übernehmen, auf sich nehmen 47
stāre	stehen 10. 24		
statim	sofort, sogleich 5	suspicārī	vermuten, Verdacht haben 48
statua	Standbild 1		
statuere	hinstellen, festsetzen, beschließen 23	sustinēre	aushalten, auf sich nehmen 24
statūra	Gestalt, Größe, Wuchs *28	rem pūblicam sustinēre	die politische Verantwortung auf sich nehmen 44
stēlla	Stern *23		
stipendium	Steuer, Sold 48	suus	sein, ihr 7
stola	Frauengewand *33		
strēnuus	tüchtig, fleißig *5	taberna	Laden, Raum *9
strepitus	Lärm *29	tabula	Brett, Tafel, Gemälde 1

tacēre	schweigen 20	tollere	hochheben, aufheben; weg-
tacitus	schweigend, verschwiegen		nehmen, beseitigen 42
	47	ē mediō tolle-	beiseite schaffen, aus dem
talentum	Talent *36	re	Wege räumen 44
tālis	so beschaffen, solch ein 41	torpor	Erstarrung *25
tam	so 17	tot	so viele 11
tamen	dennoch, trotzdem 9	totidem	ebenso viele *24
tandem	endlich 11	totiēns	so oft *45
tangere	berühren 23	tōtus	ganz 2
tantulus	so klein *28	trabs	Balken *39
tantum	so viel, so sehr 17	tractāre	behandeln; betreiben 30
tantum	nur 41	trādere	übergeben, überliefern,
tantundem	ebensoviel *38		anvertrauen 26
tantus	so groß 12	trādūcere	hinüberführen, hinüber-
tardāre	aufhalten *35		ziehen 34
taurus	Stier *37	tragoedia	Tragödie, Trauerspiel *1
tē (Akk.)	dich 11	trahere	ziehen, schleppen 22. 23
tēctum	Dach 14	trānsferre	hinüberbringen, hinüber-
tēcum	mit dir 10		schaffen; übertragen 43
tegere	decken, bedecken 25	trānsīre	hinübergehen; über-
tēlum	Geschoß, Waffe 15		schreiten 10
temerārius	unbesonnen, leichtsinnig	trecentī	dreihundert 24
	*22	trepidāre	in Unruhe sein, sich
temere (Adv.)	zufällig, planlos, unbeson-		unruhig bewegen *33
	nen 40	trēs	drei 9
temeritās	Unbesonnenheit, Leicht-	tribuere	zuteilen; erweisen,
	sinn *45		gewähren 22. 23
templum	Heiligtum, Tempel 1	tribūnicius	tribunizisch *44
temptāre	versuchen, angreifen 17	tribūnicia po-	Amtsgewalt eines Tribunen
tempus	Zeit 20	testās	*44
	auch: Umstände *33	tribūnus	Tribun 38
ad tempus	rechtzeitig *38	tribūnus plēbis	Volkstribun 38
tenebrae	Finsternis *18	tribus	Dat./Abl. von trēs *27
tenēre	halten, festhalten 16	tribūtum	Abgabe, Steuer, Tribut *26
ter	dreimal 26	trīstis	traurig 39
terere	reiben *23	triumphāre	triumphieren *15
tergum	Rücken 8	triumphus	Triumph 1
termināre	begrenzen *7	truncus	Rumpf *17
terminus	Grenzstein, Grenze *37	tū	du (betont) 1
terra	Land, Erde 6	tuba	Trompete, Posaune *35
terrēre	erschrecken, abschrecken	tuērī	anschauen; beschützen 45
	13	tum	da, damals, dann, darauf 5
tertium	zum drittenmal 17	tumultus	Aufruhr, Lärm, Unruhe
tertius	der dritte 26		31
testimōnium	in aller Form bestätigen *38	tumulus	Hügel *48
obsignāre		tunc	da, damals, dann 21
theātrum	Theater 1	tunica	Tunica *33
thēsaurus	Schatz, Schatzkammer *17	turba	Getümmel, Masse; Unruhe
thyrsus	Thyrsusstab *29		29
tibī	dir 8	turpis	häßlich, schändlich 30
timēre	fürchten, sich fürchten 11	turris	Turm 28
timidus	furchtsam 25	tūtēla	Schutz *7
toga	Toga *33	tūtor	Schützer, Vormund *20
toga virīlis	Männertoga *33	tūtus	sicher 6
tolerāre	erdulden, ertragen 7	tuus	dein 3

tympanum	Tamburin *29	vallum	Wall 1
tyrannus	Tyrann, Alleinherrscher *6	vānus	grundlos, eitel *16
		varius	verschieden 15
		vāstāre	verwüsten *14
ubī	wo 1	vehemēns	heftig 30
ubī (prīmum)	sobald 25	vehere	fahren (trans.), fort-
ubīque	überall 25		bewegen 48
ūllus	(irgend)ein 47	vel	oder *16
ulterior	jenseitig 34	velle	wollen 39
ultimus	der äußerste, letzte 34	velut	wie, zum Beispiel 45
ultrā b. Akk.	jenseits, über ... hinaus *34	vēnātiō	Jagd *25
ultrō	hinüber; darüber hinaus,	vēndere	verkaufen 36
	von selbst *48	venia	Erlaubnis, Verzeihung *16
ultrō citrōque	hin und her *48	venīre	kommen 31
ululātus	Geheul *29	ventus	Wind 8
umquam	jemals 40	vēr	Frühling *37
unda	Welle, Woge 8	verberāre	schlagen *9
unde?	von wo? woher? 35	verbum	Wort 9
undique	von allen Seiten 13	verērī	sich scheuen, scheuen; sich
ūnicus	einzig *41		fürchten, fürchten 45
ūniversus	ganz, gesamt; Plur.: alle 24	vērō	1. wirklich, in der Tat,
ūnus	einer, ein 9		allerdings, jawohl 27
urbānus	städtisch, höflich *16		2. aber, jedoch 27
urbs	Stadt 29	nōn vērō	nein, keineswegs 27
urgēre	drängen, bedrängen 18. 24	versus	Vers, Zeile 38
ursus	Bär *32	vertere	wenden 36
ūsque (ad)	bis (zu) 32	vērus	wahr, wahrhaft, echt 3
ūsus	Gebrauch, Übung; Nutzen;	vesper	Abend 18
	Bedürfnis 15	vester	euer 16
ut	1. im Vergleich und im Ver-	vestīgium	Spur 23
	gleichssatz: wie 16	vestīmentum	Gewand, Kleid *31
	2. wie, als, sobald 40	vetāre	verbieten 35
ut b. Konj.	1. wenn doch *38	vetus	alt 30
	2. daß 16	vexāre	quälen 12
	3. damit 16	vexillum	Fahne *35
	4. (so) daß 20	vexillum prō-	die Fahne (auf dem Feld-
utcumque	wie auch immer *47	pōnere	herrnzelt) aufstecken *35
uter?	wer von beiden? 42	via	Straße 2
uterque	jeder von beiden 48	viāticum	Reisegeld *30
ūtī	gebrauchen 46	victor	Sieger 21
ūtilis	brauchbar, nützlich 30	victōria	Sieg 1
utinam	wenn doch, (o) daß doch 16	vīcus	Dorf *34
utrum ... an ...?	... oder ...? in abhängigen	vidēre	sehen 5. 12
	Fragen: ob ... oder ... 42	vigilāre	wachen 39
uxor	Gattin 20	vigilia	Wachen, Nachtwache;
			nächtlicher Posten 14
		vīlla	Landhaus, Landgut 1
vacuus	leer 18	vincere	siegen, besiegen 24
vae	wehe, ach *38	vincīre	fesseln 31
vagārī	umherschweifen *45	vindicāre	bestrafen 10
valdē	sehr 4	vīnea	Weinberg, Weinstock *37
valēre	gesund sein, stark sein 16	vīnum	Wein 12
valē! valēte!	lebe wohl! lebt wohl! 30	violāre	verletzen, kränken,
validus	gesund, stark, mächtig,		beleidigen 12
	kräftig 13	vir	Mann 9

virgo	Jungfrau, Mädchen 45	vix	kaum 35
virtūs	Mannhaftigkeit, Tapfer- keit; Tüchtigkeit, Tugend 35	vōbīs (Dat.)	euch 12
		vocāre	rufen, herbeirufen; nennen
vīs	Kraft, Gewalt 28		5
vīscera, pl.	Eingeweide *37	volāre	fliegen 11
vīsitāre	besuchen *5	voluntās	Wille 39
vīsum	Traum, Gesicht *31	voluptās	Vergnügen, Lust 32
vīta	Leben 3	vōs (Nom.)	ihr (betont) 13
vītāre	meiden, vermeiden 25	vōs (Akk.)	euch 12
vitium	Fehler, Laster 32	vōtum	Gelübde, Wunsch *22
vituperāre	tadeln 5	vōx	Stimme, Äußerung 22
vīvere	leben 22. 23	vulnerāre	verwunden 29
vīvus	lebendig, lebend 42		

Bildnachweis

1 MD-Archiv, 2 K. Winkler, Saarbrücken; 3 Verkehrsamt der Stadt Trier; 5 Römisch-Germanisches Zentralmuseum, Mainz; 6 Hirmer Fotoarchiv, München; 7 Römisch-Germanisches Zentralmuseum, Mainz; 8 Scala, Florenz; 11 MD-Archiv; 12 Prenzel-IFA, München; 13 Bavaria-Verlag, Gauting; 15 Ny Carlsberg Glyptothek, Stockholm; 16 Foto Marburg; 17 Foto Marburg; 19 Bayer. Staatsbibliothek, München; 20 Dr. Hans Jürgen Hillen, Neuss; 21 Hirmer Fotoarchiv, München; 23 Scala, Florenz; 24 L. v. Matt, Buochs; 27 Scala, Florenz; 29 M. Jeiter, Aachen; 30 MD-Archiv; 35 aus: Antike Fabeln, dtv Text-Bibliothek; 36 L. v. Matt, Buochs; 39 Scala, Florenz; 41 L. v. Matt, Buochs; 43 L. v. Matt, Buochs; 44 Scala, Florenz (2); 46 aus: Das Rom der Cäsaren, Bonechi Edizioni, Florenz; 47 L. v. Matt, Buochs; 49 Foto Marburg; 52 R. Berger, Köln; 54 aus: Antike Fabeln, dtv Text-Bibliothek; 56 Hirmer Fotoarchiv, München; 58 Ed. Sterghiopoulos, Thessaloniki; 59 Universitäts-Bibliothek, Amsterdam.

987 654 3